Divining a Way to the Realm of Spirit

At last, here is a tarot deck that represents the blend of the magical thought of ancient Africa with Catholicism that resulted in the religions of Candomblé and Santería. The 13 deity Orixás, or Orishas, depicted here correspond to specific natural forces and human qualities, and are often syncretized with Catholic saints. For example, the warrior god Ogún is the destroyer of evil, identified with St. George—he symbolizes the human struggle for perfection, the hope of civilization. Oshún, goddess of rivers, symbolizes love, marriage, and the sweetness of life. The undiluted energy of the Orishas combines with many other archetypal symbols in this tarot deck to help you access a spiritual realm that only symbols are able to describe.

These cards were created by an initiate and high priest of Candomblé to be used for divination, magic or meditation. To that purpose, this book describes four different ways that you can "throw the cards" to divine answers to your questions—and to offer lessons for your day-to-day life that go beyond the material world, getting to the essence of all things: the spirit.

Adivinación hacia el Reino de lo Espiritual

Por fin, tenemos aquí un juego de cartas del Tarot que representa la fusión armonizadora del pensamiento mágico del Africa antigua con el Catolicismo lo que resultó en las religiones del Candomblé y Santería. Las 13 Deidades Orixás u Orishas, representados aquí, corresponden a específicas fuerzas naturales, cualidades humanas y, sincréticamente los Santos Católicos. Por ejemplo, el Dios guerrero Ogún, destructor de lo demoníaco, está identificado con San Jorge quien simboliza la lucha del ser humano para llegar a la perfección, la esperanza de la civilización. Oshún, la Diosa de los ríos, simboliza el amor, el matrimonio la dulzura, etc. La indiluible energía de los Orishas combina con muchos otros símbolos arquetipos en este mazo de cartas del Tarot para ayudarte hacia el reino espiritual que solamente los símbolos pueden describir.

Estas cartas han sido creadas por un sumo sacerdote del Candomblé para que se usaran en la adivinación, magia o meditación. Para estos propósitos, este libro describe cuatro maneras diferentes para que tú puedas "tirar las cartas" y adivinar las respuestas a tus preguntas y te ofrece lecciones para tu vida cotidiana que van más allá del mundo material, llegando a la esencia de todas las cosas: el espiritu.

About the Author

From a very young age, Zolrak followed a path which led him to spirituality, developing his mediumistic ability over the years. He studied and taught Kardecist Spiritualism, improving his skills as a medium, commencing a path which "I have not yet finished traveling," he said. He came to know Umbanda and embraced his faith before becoming a priest of Batuque and Candomblé (Afro-Brazilian Santería) and then later becoming a Babalorixa. "My faith does not discriminate against other faiths," he states. He does not limit his religious knowledge to Spiritualism but extends it to include various points of view. He graduated as a Professor of Cultural Parapsychology, Mental Control, and Scientific Astrology and holds a Doctorate in Parapsychology.

With a solid university background, he was accepted into the School of Law and Social Sciences at the Argentina University of Enterprises, U.A.D.E., and graduated with a License in Public Relations. Courses including sociology, psychology, and anthropology roused his interest and gained him recognition in these areas. His work in radio communications also helped in his studies of paranormal phenomena.

Acerca del Autor

Desde muy temprana edad se inició en el camino de la Espiritualidad desarrollando su mediumnidad con el correr de los años, incursionando en el Espiritismo Kardecista donde refina sus dotes como médium, comienza allí un camino que según él: "Todavía no terminé de recorrer." Conoce la Umbanda y abraza su Fé; más tarde comienza su camino al Sacerdocio en el Batuque y el Candomblé (Santería Afro-Brasileña) convirtiéndose en Babalorixa. Rescatando algunos de sus pensamientos como: "Mi fé no discrimina a las otras..."; trató de que su preparación en el terreno religioso no sólo se limitara a lo Espiritual, y buscando nuevos enfoques o nuevas respuestas se recibe de "Profesor de Parapsicología Cultural," "Profesor de Control Mental," "Profesor de Astrología Científica," hasta Doctorarse en el campo de la Parapsicología.

Teniendo una sólida preparación Universitaria, se recibe en la Facultad de Derecho y Ciencias Sociales de la Universidad Argentina de la Empresa, U.A.D.E. como Licenciado en RR.PP., donde materias como Sociología, Psicología y Antropología despiertan su interés recibiendo reconocimientos en tales áreas. Como comunicador social se desempeñó en el medio radial, éstas y otras facetas lo predisponen y preparan para la investigación y el estudio de la Fenomenología Paranormal.

THE TAROT OF THE ORISHAS
EL TAROT DE LOS

The Bi-Lingual English/Spanish Guide to All 77 Cards of the Orisha Tarot

Guía Bilingüe Español/Inglés con 77 Cartas del Tarot de los Orishas

ZOLRAK

Illustrated by: DÜRKÖN
Illustrado por:

1998
Llewellyn Publications
St. Paul, Minnesota 55164-0383, U.S.A

FIRST EDITION, 1994
Fourth Printing, 1998

PRIMERA EDICION, 1994
Tercera Impresión, 1998

Cover Illustration and Cards by Dürkön
Cover Design by Anne Marie Garrison
Book Layout by David Godwin
   and Connie Hill

Arte de Portada y Cartas por Dürkön
Diseño de Portada por Anne Marie Garrison
Diagramación y diseño por David Godwin
   y Connie Hill

Library of Congress Cataloging in Publication Data

Zolrak
   The tarot of the orishas / the bi-lingual English/Spanish guide to
all 77 cards of the orisha tarot = El tarot de los orishas : el
bilingüe español/inglés guía por los 77 tarjetas de tarot de los
orishas / Zolrak.
     p. cm.
   Includes bibliographical references.
   ISBN 1–56718–844–3 : $12.95
     1. Tarot cards.   2. Orixás—Miscellanea.   3. Santería—
—Miscellanea.   4. Yoruba (African people)—Folklore.   5. Divination.
I. Title.   II. Title: Tarot de los orishas.
BF1879.T2Z65 1994
133,3'2424—dc20
                                     94–34942
                                           CIP

Printed in the U.S.A.

Llewellyn Publications
A Division of Llewellyn Worldwide, Ltd.

Editorial Llewellyn
Una División de Llewellyn Mundial Ltda.

P.O. Box 64383, St. Paul, MN 55164-0383

God, I do not care
What name you have been given.
I know that you are there,
In a hidden place somewhere in
    space
And with that ... I am content.
— ZOLRAK

Dios, no me importa
El nombre que te hayan dado.
Sé, que estás ahí
En algun lugar recondito del
    espacio
Y con eso ... me basta.
— ZOLRAK

Dedication

To my Mother, who, with a mother's inherent wisdom, always understood and comforted me during this long and arduous journey....

To Victoria, my spiritual niece, hoping that she will know a better world.

To my friends: Daniel, Ester, Laura, Lisandro, Eddie, Mariaca, and Mercedes.

And, above all, to Father Oxalá and all other Saints or Orishas.

To all my spiritual leaders, to my guardian angel with his license, permission and help, without which none of this would have been possible.

Thank you.

Dedicatoria

Dedico este libro a mi madre, que con la sabiduría inherente a su rol, supo siempre comprenderme y alentarme en este arduo y largo camino....

A Victoria, mi sobrina espiritual, para que conozca un mundo mejor.

A mis amigos: Daniel, Ester, Laura, Lisandro, Eddie, Mariaca y Mercedes.

Y por sobre todas las cosas al Padre Oxalá y a todos los demás Santos u Orishas.

A todos mis guías espirituales, a mi ángel de la guarda, con su licencia, permiso y con su ayuda, sin la cual nada de esto hubiera sido posible.

Gracias.

Acknowledgements

I am deeply grateful to my illustrator, Mr. Dürkön, the artist who was able to capture the soul and spirit of everything I wanted to communicate. He was able to express through his art and talent whatever came from my imagination as well as whatever came in the form of teachings on different subjects.

His artistic gifts and his feeling for my stories made it possible for the images to convey all the information necessary.

I appealed to his vocation, to the "divine spark" every artist must have. I requested, begged, and many times demanded (what impudence!) accuracy in the strokes, the shadows, and lines, and his altruism and humility would often let me draw a sketch and cooperate in the outlines.

After long discussions where he tried to find an answer to reasonable questions and where I clarified what I wanted in his drawings (how, where, with such and such components, under these or other circumstances, etc.), the response I found was always positive, quick and extremely clever ... and when the work was completed, the results were truly "magical." I think that the Orixás wanted them so and, since I do not believe in coincidence but rather in causality, I hold to that opinion.

To Dürkön, a graduate from the National School of Fine Arts, a designer in advertising and graphic arts, a painter and sculptor, an artist covering almost the entire range of the fine arts, I cannot say other than "Thank you" ... for having grasped my message and helped me disseminate it.

Menciones

Tengo que agradecer de sobremanera al artista plástico Dürkön, quien supo captar el espíritu y el alma de todas las cosas que Yo trataba de transmitirle, sabiendo volcar con su Arte y su talento lo que mis conocimientos sobre los diferentes temas y mi imaginación le prodigaban.

Sus condiciones, sumadas a la atmósfera de mis relatos, hicieron posibles que las imágenes recepcionaran toda la información necesaria.

Apelé a su vocación, a la verdadera "Chispa Divina" que todo artista debe tener, pedí, rogué y muchas veces exigí (¡Qué descaro el mío!) la exactitud en trazos, sombras, líneas; dejándome muchas veces, por su gran altruismo y humildad, perfilar algunos esbozos y colaborar en sus trazos.

Cada carta terminada, luego de largas charlas y debates, donde trataba de saciar sus interrogantes lógicos, y le aclaraba qué quería Yo que él dibujara, cómo, dónde, con tales y cuales elementos, en éstas o aquellas circunstancias, etc., su respuesta era positiva, rápida, y por demás ingeniosa... y al concluir la tarea el resultado de la obra era realmente "mágico"..., pienso que los Orixás así lo querían, y como no creo en la casualidad sino en la causalidad así lo sostengo.

Dürkön, recibido en la Escuela Nacional de Bellas Artes, Diseñador Gráfico y Publicitario, Pintor, Escultor, un sensitivo que cubre casi todas las áreas de la Plástica, no me cabe otra cosa que decirte Gracias... por haber captado mi mensaje y ayudado a transmitirlo.

And if someone once said that art brings people together, here is a demonstration of that and of the effort it takes.

May God, Olorum, inspire you in your journey through this and other lives.

Y si alguien dijo alguna vez que el Arte unía a los pueblos, he aquí una demostración y un esfuerzo en ello.

Que Dios, Olorum, te inspiren en tu camino en ésta y en otras vidas.

Table of Contents

Indice de Materias

Preface

The contents of this book are based on Professor Zolrak's serious studies in parapsychology, theology, geology, and so on. He has poured all his wisdom into themes such as the origins of genetic life and studies of the DNA and RNA genes that are the source of the genetic code. His considerations have been accepted by important scientists in this field, from the pioneering Dr. Severo Ochoa to researchers active during the last few years. This publication deserves to be welcomed by many professionals—psychologists, geologists, parapsychologists, and physicians—as a tool with which to form a judgment, encompassing as it does many and various everyday facts .

On behalf of all such professionals, I thank the author for the publication of this work.

—DR. NICOLAS COSENTINO
General Practitioner
Sexologist
Cellular Therapist and Gynecologist

Prefacio

El contenido de este libro ha sido redactado en base a serios estudios y conocimientos de Parapsicología, Teología, Geología, etc. realizados por el Licenciado Zolrak; quien puso toda su sabiduría en temas como el origen de la vida genética, estudios de los genes ADN y ADRN, precursores de la descendencia genética.

Todos ellos son avalados por científicos importantes en la materia, desde su precursor, el Dr. Severo Ochoa, hasta investigadores de estos últimos años. Su publicación merece el reconocimiento de muchos profesionales, psicólogos, geólogos, parapsicólogos y médicos que le agradecen su emisión por poder contar con un libro a nuestro alcance con tantos y variados elementos que son de cotidiano acontecer.

En nombre de todos los profesionales agradezco su publicación.

—DR. NICOLAS COSENTINO.
Médico Clínico,
Sexólogo, Celuloterapeuta y Ginecólogo

Foreword

This book is addressed both to those who have already taken a certain position regarding the major philosophical issues concerning humanity and its origins, as well as to others who are not familiar with such issues but who need or desire to learn about them. At the same time, it expresses an individual point of view of a person's integration into society.

The opinions stated represent a rejection of intolerance and a respect for human diversity. Throughout history, humanity has usually resisted this ethical and philosophical position—rejecting and, worse still, crushing his fellow human being's ability to think.

The Professor sets forth a theory with scientific backing, which basically states that all religions and philosophical theories of the East and West focus on reducing or doing away with the anguish of ancestral fears and essential questions regarding life, death, fate, etc., showing that, in the end, the aim of all of this is to stop the excruciating pain of simply being.

The Professor's statement—that existence is somewhere else—opposes strongly held viewpoints and represents a challenge to the reader.

The free and responsible thoughts it conveys derive from his own talent and experience. An accurate study of humanity as a whole is achieved, drawing from subjects such as social anthropology, philosophy, folklore, and psychology.

One way the author has chosen to try to understand the complexities of human behavior is through the thinking of great philosophers such as

Prefacio II

La propuesta del autor en el libro está dirigida tanto a aquellos que tienen una posición tomada, como a los que desconocen, desean o necesitan comprender la problemática filosófica del Hombre y su origen, brindando a su vez una lectura particular de su actual inserción en el mundo.

El criterio expuesto es el del repudio a la intolerancia, proclamando el respeto por la diversidad de cada existencia humana. En general, el Hombre en su historia se ha resistido a esta postura ética y filosófica rechazando, y lo que es peor, anulando muchas veces la capacidad de pensar de su prójimo.

El Licenciado expone una teoría y una sustentación científica de la misma, que en esencia postulan que todas las religiones y teorías filosóficas del Hombre Oriental u Occidental apuntan a disminuir o suprimir la angustia que provocan los miedos ancestrales y todas aquellas preguntas esenciales en relación a la vida, la muerte, su destino, etc., mostrando en definitiva que todas apuntan a una solución que detiene la angustia del ser.

El planteamiento del profesor de que la existencia está en otra parte, moviliza las estructuras fuertemente adquiridas y posibilitan un desafío para el lector.

El pensar libre y responsable que logra transmitir, es logrado por su propio talento y experiencia, realiza un preciso estudio del Hombre como totalidad, abarcando temas como la antropología social, la filosofía, el folklore y la psicología profunda.

Para llegar a comprender la problemática conducta Humana, uno de los

Socrates and Plato. To be released from prison—represented by the latter in the allegory of the cave—is to be lifted from the depths of our ignorance which, paradoxically, we do not desire since it seems to be less of a risk, less of a commitment than to rush headlong into the intricate windings of knowledge.

This is inherent in the human creature faced with novelty or change; nonetheless, it is important to allow us to listen and to think beyond the shadows of our own inner cavern which we believe we know. And this, which I personally appreciate, should be emphasized since, beyond the fact of whether or not we agree with the book, it should certainly prod us to search for knowledge.

The Professor propounds a theory on the basis of deep philosophical thoughts and proposes a study of human psychology.

He is able to bring across clearly the idea that humanity is not divided into watertight compartments as if his mind, body, and outside world were not interrelated; on the contrary, his vision is that of a totality, and though symptomatic manifestations may be found in one of the three areas, all three are dynamically intertwined.

Among the symbols included in the text, we can find those corresponding to the personality of each individual person. These are based on Carl Jung's scientific theory that the human psyche contains archaic remnants of our evolution and that heritage is made up of archetypes and the collective unconscious.

According to Jung, archetypes are always universal, residing in the collective unconscious, inherited by every

caminos recorridos en el libro es por el pensamiento de los grandes filósofos como Sócrates y Platón. Liberarnos como prisioneros, desde la alegoría de la caverna del segundo filósofo citado, expuesta detalladamente en este libro, es sacarnos de la ignorancia en la que permanecemos sumergidos y de la cual, paradójicamente, nos resistimos a salir, ya que no saber parece ser menos riesgoso y menos comprometido que lanzarse temerariamente a recorrer los intrincados vericuetos del conocimiento.

Esta situación es inherente al ser humano ante lo nuevo o ante el cambio, aunque es importante permitirnos escuchar y pensar más allá de las sombras de nuestra propia caverna interior, a la que creemos conocer, hecho que debe destacarse al autor del libro y que agradezco en forma personal, ya que más allá de los acuerdos y divergencias a las que uno pueda llegar en su lectura, nos guiará hacia la búsqueda del conocimiento.

En base a este profundo conocer y pensamiento filosófico, el Licenciado plantea una postura y un estudio de la psicología Humana.

Logra transmitir en forma brillante, la idea de que el Hombre no se encuentra separado en compartimientos estancos como si su mente, cuerpo y mundo externo no se interrelacionaran, por el contrario, da una visión totalizadora en donde podrá haber una manifestación sintomática en alguna de las tres áreas, pero en donde están implicadas dinámicamente las tres.

Las figuras simbólicas propuestas en el texto a partir de las cuales se puede encontrar la que corresponde a la per-

individual. They are not just images but nuclei of strength and energy, which may adopt different symbolic shapes and come to the threshold of consciousness.

In short, I consider that the author of this book delves deeply into subjects which are fundamental for human beings, such as philosophy, parapsychology, depth psychology, and social anthropology, which allow him to make a scientific interpretation in order to understand individual and social problems and to study the personality of each individual.

PATRICIA A. YACOVONE
Graduate in Psychology, 1986
Universidad Argentina John F. Kennedy

sonalidad de cada individuo, se basa en la postura científica del Doctor Jung, de que hay residuos arcaicos de la evolución de la Humanidad en la psiquis Humana, y que dicha herencia está integrada por los arquetipos y el inconsciente colectivo.

Según Jung los arquetipos son siempre universales, residen en el inconsciente colectivo y se heredan, no siendo simples imágenes, sino núcleos de fuerzas, de energías, que adoptan distintas formas simbólicas, las que pueden acceder al umbral de la conciencia.

En resumen creo que el autor de este libro profundiza sobre aspectos fundamentales para el Ser Humano como la filosofía, la parapsicología, la psicología profunda y la antropología social que le permiten hacer una lectura e interpretación científica para tratar de comprender la problemática individual y social y hacer un estudio de la personalidad de cada individuo.

PATRICIA A. YACOVONE
Licenciada en Psicología,
de la Universidad
Argentina John F. Kennedy
en el año 1986.

INTRODUCTION

This deck of cards is a digest of knowledge. Each card, in addition to having a certain meaning, has a lesson for our daily lives which goes beyond the material world and reaches the essence of all things, "the spirit," and, through the spirit, the only Supreme Being: God.

Information from numerology, astrology, and other complimentary disciplines has been incorporated into these cards, and those who are already familiar with these techniques will find it easier to understand the meanings. I am convinced that all those seeking self-improvement, truth, and justice without encroaching upon the freedom of their fellow beings—even if they are mistaken in their approach or interpretation—leave humanity the possibility of not continuing to repeat the same mistakes over and over again. We can retain what is positive and worthwhile, irrespective of culture or belief. I think that we can learn even from an ignoramus. Each one of us must make their own internal journey, and that is the only possibility we have of a reunion at the end.

I want to bring Africa, with its mysteries and myths, closer to us, and I also want to bring humanity closer to Nature, which is no more and no less than God's creation.

Some readers will adopt these cards as something new, different from anything they have seen before, and allow them to reveal their entire symbology; others will reject them due to a fear of the unknown, not realizing that by doing so and not being able to overcome their fear, they may be closing their eyes to real and tangible truths.

INTRODUCCIÓN

Este mazo de cartas es un compendio de conocimientos, en donde cada una de ellas, aparte de revelar su significado, nos deja una enseñanza para ser aplicada a nuestra vida cotidiana, pero para que trascienda lo material llegando a la esencia de todas las cosas, "el espíritu," y a través de éste a un único Ser Supremo: Dios.

También comprobarán que se han aunado conocimientos en base a la numerología, la astrología y otras disciplinas complementarias; que para aquellos que ya manejan estas técnicas les será más fácil advertir y comprender el contenido de cada una de las representaciones. Es que particularmente estoy convencido de que todo lo que el Hombre ha experimentado en diversas manifestaciones buscando su superación como tal y en pos de la Verdad y la Justicia, sin cortar la libertad de los demás, aún habiéndose equivocado en la forma de encararlo o transmitirlo, o en sus resultados, ha dejado a la Humanidad la posibilidad de que con el ejemplo dado, no cometamos el mismo error; y de rescatar lo positivo y valedero, por más disímiles sean sus culturas o creencias, como así también pienso que desde el más ignorante también se aprende. Cada cual debe andar su propio camino interno, única posibilidad de reencontrarnos.

Quise acercar a Africa, con sus misterios, sus mitos, quise acercar al Hombre a la Naturaleza, que no es más ni menos que la creación de Dios.

Algunos cartomantes adoptarán estas cartas como algo nuevo, distinto a todo lo que hayan visto, dejando que ellas le revelen toda su simbología; otros

This book should attract the interest of those who are interested in paranormal phenomena, as well as folklorists, psychologists, philosophers, anthropologists, and students and researchers of Afro-American cultures.

And for believers, supporters, the initiated, participants, heads of *terreiros*[1], Saints' *Pai* or *Mãe*[2], *Santería* people[3,] and *Babalaos*[4], these cards will provide another fortunetelling technique that makes it unnecessary to resort to Tarot or Spanish cards (for those who did not receive their *jogo do buzios*[5], Ifá table, or *Dilogun*—for which many years of study and training are required), because they will, at long last, have a deck of cards that represents the magical thinking of our African ancestors. They will still need to request protection from the Saints or Orishas before each consultation, but they will also have at hand an amalgamation of all the foregoing techniques for a better understanding of the questions they may be required to answer.

---

1. Site for the ceremonies and rituals (name used in Brazil).

2. Father or mother of Saints.

3. *Santería's* priests and believers. Also, for practitioners of Afro-American cults, whatever their line or nation of influence, because they belong to Pueblo Yoruba.

4. A priest of high rank.

5. A system for consultation and fortunetelling of African origin, which employs seashells (cowries, *buzios*) generally brought from the western coast of Africa, through which the Orishas answer the required questions and give advice and leadership to the believers. The scientific name of this mollusk is *Cyprea moneta*. An important part of the ritual is making different objects, guides, collars, garments, fans, etc. with these shells.

las negarán, pues algunos seres temen lo que desconocen, y al hacerlo y no poder dominarlo quizás lleguen a rechazar las verdades más reales y tangibles.

Para aquellos interesados en la fenomenología paranormal, para folkloristas, psicólogos, filósofos, antropólogos, para los estudiosos e investigadores de las Culturas Afro-Americanas, esta obra resultará de sumo interés.

Y para los creyentes, simpatizantes, adeptos, participantes, jefes de Terreiros[1], Pai o Mãe de Santos[2], Santeros[3] y Babalaos[4]; será otra forma de adivinación o comprobación más a utilizar, sin tener que recurrir al tarot o a las cartas españolas (para aquellos que no recibieron su "jogo do buzios," Tabla de Ifá o Dilogun,[5] para lo cual se requieren muchos años de estudio y entrenamiento), teniendo por fin un

---

1. Lugar físico en donde se desarrollan las ceremonias y rituales. Denominación utilizada en el Brasil.

2. Padre o Madre de Santos.

3. Practicante de la Santería, denominación también utilizada para todos los creyentes y/o practicantes de los Cultos Afroamericanos que provengan del Pueblo Yoruba, sea cual fuere su linea o Nación por la cual se rigen.

4. Sacerdote de alto rango.

5. Sistemas de consulta y adivinación de los cultos de origen africano, en donde se utilizan caracoles conocidos con el nombre de buzios, cauris, y cuya denominación cientifica es *Cyprea moneta*. Traidos generalmente de la costa occidental africana, son parte importante de los rituales al formar con ellos diversos objetos-guias, collares, ropa, abanicos, etc. Mediante ellos, los Orishás responden a las preguntas requeridas, aconsejando y guiando a sus consultores.

And, finally, beginners in these arts will find a new, exciting world and discover that, as the old saying goes, "all roads lead to Rome." At different times humanity showed respect for certain energies (see table of parallelisms), and through them it sought the common welfare, even though in each of these different periods the name given to those energies may have been different.

Now, near the end of the 20th century, having celebrated the 500th anniversary of the discovery of America, the time has come for a new discovery: the discovery of knowledge that is remote but not lost in time, knowledge as old as humanity but as real and effective as the first ray of sun that created life on this planet. These and other reasons have led me to create these cards and write this book, which, above any other consideration, express a wish for fraternity and which, I hope, will make a contribution to our spiritual well-being. Five hundred years have elapsed, during which this continent has grown older and more mature, taking gigantic steps to match the countries of the Old World.

America is America, with its virtues and defects, which are uniquely its own despite the fact that it has received generation after generation of peoples coming from practically every part of the world with their own beliefs and ideals. This New World, as a fertile soil, sheltered them and allowed them to grow up freely.

The white man came to discover a New World after weighing his fears, fantasies, apprehensions, and scruples and, having overcome them, rushed to conquer? discover? preach the Gospel?

mazo de cartas que represente el pensamiento mágico de nuestros Ancestros Africanos, pidiendo la protección de los Santos u Orishás antes de cada consulta, pero también teniendo al alcance de su lectura la unificación de distintos sistemas ya mencionados, para una mayor y mejor comprensión de las preguntas a responder.

Y por fin, para aquellos neófitos en todas estas Artes, encontrarán un nuevo mundo apasionante, en donde descubrirán, como dice el antiguo refrán: "Todos los caminos conducen a Roma," que en distintas épocas la Humanidad respetó ciertas energías (ver tabla de paralelismos), que buscó a través de ellas el Bien, y el bienestar para su pueblo, aunque en distintos tiempos se las denominara de formas diferentes.

Finalizando ya casi el siglo XX, y habiéndose cumplido el quinto centenario del descubrimiento de América, tiempo más que oportuno como para que se descorran y tomen la fuerza de un nuevo descubrir, conocimientos lejanos pero no perdidos en el espacio y tiempo; antiguos como el Hombre en la tierra, pero reales y efectivos como el primer rayo de sol que insufló vida al planeta. Estos y otros motivos me llevaron a crear y escribir este libro, el cual por sobre todas las cosas desea la fraternidad, esperando que aporte algo más para el enriquecimiento espiritual. Cinco siglos pasaron, durante los cuales este continente fue madurando y creciendo a pasos agigantados para equipararse a aquellos países del Viejo Mundo.

América es lo que es, con sus virtudes y defectos, pero con características propias a pesar de que en su suelo se cobijaron generaciones y generaciones

In fact, the "primitive people" resisted him and tried to retain their own ways. Today, of those "Indians," as they were called, there remain only a few reservations throughout America, representing their right to keep a tiny portion of the land of their ancestors. Others have disappeared with the passing of time.

But were they really so primitive? In the area of Tucume, a village in northern Peru, along the Lambayeque Valley, many pyramids have been found. The works of art produced by the Chibchas in Colombia indicate an advanced level of social and cultural development. We can therefore assert that large civilizations had their own highly developed cultures, such as those of the Aztecs in Mexico, the Incas in Peru, the Mayas in Guatemala and the Yucatán, the Chibchas in Colombia, and the civilization that built the mysterious stone figures on Easter Island. Each of these had its own culture, a system of separate social classes. They were extremely learned in medicinal herbs and hallucinogenic plants which could very well be used today by traditional medicine as effective and harmless anesthetics. (Unfortunately, they took these secrets with them to the grave.) These cultures that populated the American continent may perhaps descend from other, higher cultures, as has been suggested by many scientists, parapsychologists, archaeologists, anthropologists, and other authorities. Some of them consider that one such higher culture was that of Atlantis. It is strange that not only did Plato speak of Atlantis but also other peoples independently agree that an Atlantic catastrophe occurred, among them the

de seres humanos (se podría decir de todo el Mundo), con sus creencias e ideales, con sus costumbres y arraigos … pero esta nueva tierra como todo terreno fértil los cobijó y les dejó o permitió que crecieran libremente.

El hombre blanco llega a descubrir un Nuevo Mundo, tras sopesar temores, fantasías, miedos, escrúpulos, los vence y ¿se lanza a conquistarlo? ¿A descubrirlo? ¿A evangelizarlo?

Lo cierto es que los "primitivos" oponen su resistencia, tratando de que sus costumbres no decaigan. Hoy día, de aquellos "indios" __así fueron denominados__quedan muy pocas reservaciones a lo largo de toda América, algunos reconocidos y con derecho a conservar una pequeña parte (casi ínfima) de la tierra de sus antepasados, y otros olvidados por el paso del tiempo se extinguen en toda la expresión de la palabra.

Pero, ¿eran tan primitivos? ¿Quizás rudimentarios? Lo que sí podemos aseverar es que grandes civilizaciones como la de los Aztecas en México, la de los Incas en Perú (en la zona de Tucume, aldea del norte peruano, en el valle de Lambayeque, se halló la mayor cantidad de pirámides), los Mayas en Guatemala y el Yucatán, los Chibchas en Colombia (que a través de sus obras de arte realizadas en oro y otros metales se deduce su alto grado de evolución sociocultural, los misteriosos ídolos de piedra de la Isla de Pascua perteneciente a Chile; tenían todas ellas su propia cultura, sus sistemas de clases sociales bien diferenciados, que conocían a la perfección hierbas curativas (cuyos secretos se llevaron a la tumba), plantas alucinógenas que podrían bien hoy ser utilizadas por

Hebrews, Sumerians, and Assyrians. And we can say nothing about Plato, Aristotle, and their disciples that is not also seen in the works of the Hebrews (such as the Kabbalah, numerology—although some consider that this knowledge was older than the Jews and was of Egyptian origin—the Old Testament, and the Talmud). So, with such antecedents, perhaps the New World cultures were not so primitive after all.

This is history, data, a reality we cannot ignore or fail to acknowledge. On the contrary, it helps us understand our present time and gives us a glimpse of our future.

> There was a big, civilized Old World; all of a sudden, a New World was found, the greatest and most amazing discovery recorded in the annals of mankind ...
> —C. Lunis

And, as Vázquez de Mella said: "The people embrace death on the same day they divorce from their history."

It has been scientifically ascertained that the earth and the solar system are between five and six billion years old. This is not a guess, but the result of comparing the uranium/lead ratio: the isotope of uranium 238 has revealed these figures when used on the oldest rocks and on meteorites that have essentially the same composition as the earth, by chemically changing the metal into lead. Because of its high radioactivity, it has been estimated that uranium will disappear from the earth in a few million years.

Is it just a coincidence, or a consequence of something else, that uranium is the metal corresponding to Aquarius,

la medicina tradicional como medio eficaz de anestesia sin riesgo alguno. Todas estas culturas que poblaron el continente americano quizás desciendan de otras muy superiores; así lo piensan muchos científicos, arqueólogos, parapsicólogos, antropólogos, etc. La mayoría de ellos piensan que lo hacen de la raza de los Atlantes, pero también lo más curioso es que no sólo Platón hablaba de la Atlántida en sus Diálogos, sino también otros pueblos coincidían en un cataclismo Atlántico, entre ellos los Hebreos, Sumerios, Asirios, etc. ¿Qué comentario podríamos hacer de Platón, de Aristóteles, de sus discípulos que no lo demuestren sus obras; de los Hebreos (la Kábala, la numerología—aunque se piensa que éstas son anteriores a ellos y pertenecientes a los Egipcios—, el Antiguo Testamento, el Talmud).

Esto es historia, información, una realidad que no podemos desconocer ni tratar de ignorar, al contrario, nos sirve para comprender nuestro presente y poder escudriñar y perpetuar nuestro futuro.

> Había un Viejo Mundo grande y civilizado; de repente, se halló un Nuevo Mundo, el más importante y pasmoso descubrimiento que registran los anales de la Humanidad ...
> —C. Lunis

Y como decía Vasquez de Mella: "Los pueblos se enlazan con la muerte el mismo día en que se divorcian de su historia."

Se sabe científicamente que la Tierra y el Sistema Solar tienen entre 5.000 y 6.000 millones de años; esto no es estimativo, tiene rigor científico

and that the famous and celebrated "Age of Aquarius" (which we have not yet reached, although some think otherwise) should involve a change in human thinking whereby barriers of race, religious belief, or geographical borders will no longer exist? All this seems to be unattainable in this "Communications Age," although cybernetics and science as a whole supply wide avenues of communication, because certain people seem to want to cut them off.

The earth is known to have come into being through the condensation of a cosmic cloud containing hydrogen and spatial dust, by the overheating of mass, and subsequently by the formation of the different land masses.

> Solar radiations and extremely violent electric discharges brought about chemical reactions in the oceans, giving rise to the first molecules of life.
> —"Las ciencias prohibidas," *Ediciones Quorum*, Madrid, 1987

That is to say, the chemical molecules became organized and reacted, and perhaps the first protein and the first nucleic acid joined together to produce the first living being. In 1959, Severo Ochoa, a Spanish physician and pharmacologist, was awarded the Nobel Prize for his discoveries concerning the biological synthesis of ribonucleic and desoxyribonucleic acids.

But we should bear in mind that:

> It is not unquestionable that the world is governed by physical laws, nor is it obvious that it will retain its control in future. In fact, it is a perfectly valid assumption

comparando la relación entre el uranio y plomo, así lo revela el isótopo del uranio 238 sobre las rocas más antiguas halladas y sobre los meteoritos que contienen esencialmente iguales materiales de composición que la tierra, transmutando el metal acaba convirtiéndose en plomo. Debido a la alta radioactividad del uranio en unos millones de años habrá desaparecido.

Será otra casualidad, o causalidad, que el uranio sea el metal que le corresponde a Acuario, y que la famosa y tan mentada "Era de Acuario" (en la cual todavía no entramos, aunque algunos piensan que ya sí lo hicimos) sea una gran transformación en el pensamiento humano, donde propone la no distinción de razas, credos y fronteras; en fin, un punto que pareciera inalcanzable en esta época, la tan llamada "Era de las Comunicaciones," en donde la cibernética y la Ciencia material toda nos da amplios caminos para comunicarnos, pero el hombre pareciera querer desecharlos.

Se sabe que la Tierra se formó por una condensación de nube cósmica, conteniendo hidrógeno y polvo espacial, luego el recalentamiento de las masas, y más tarde los diferentes reinos.

> Radiaciones solares y violentísimas descargas eléctricas provocaron reacciones químicas en los océanos, así surgieron las primeras moléculas de vida.
> —"Las ciencias prohibidas," *Ed. Quorum*, Madrid, 1987

O sea que las moléculas químicas fueron organizándose, reaccionando, y quizás la primer proteína y el primer ácido nucleico se unieron al mismo

that any day, due to an accident, nature may change her laws and science may be left with no option other than to go into bankruptcy. In Kant's words, science places the principle of causality among a priori categories, without which no knowledge is possible.

—*Initiation à la physique,* Max Planck (Flammarion, 1941)

Today, almost all philosophical and scientific theories and doctrines agree that the Big Bang was the beginning of matter, that God's action was like the detonator of a very small point which, nevertheless, contained all the building blocks of our universe.

May the Age of Aquarius, as the famous rock opera *Hair* says, "let the sun shine in." May a ray of divine light or universal cosmic consciousness penetrate each one of us, so that we may realize that humanity has always sought the Supreme Maker of all things. We seek to revere Him in many ways, but always with only one real purpose: to transcend. Some have desired this transcendence because they believed in an eternal paradise or feared a devastating hell. Others think that the real hell consists of the trials they have to go through on this earth. Some believe that, beyond physical death, the Spirit (which, they all agree, is eternal) will reincarnate as many times as necessary to expiate or make amends for sins, cleanse itself, and thus reach different worlds and dimensions. The final goal for all is to come to the Almighty and merge into one and the same essence.

I ask myself: What is hell?—And I insist that it is the torture of being unable to love.

—F. Dostoevski

tiempo formando el primer ser vivo; en el año 1959 a Severo Ochoa, médico y farmacólogo Español, le fue entregado el premio Nobel sobre sus descubrimientos acerca de los ácidos ribonucleicos y desoxirribonucleicos con respecto a su síntesis biológica.

Pero tengamos en cuenta que:

No es absolutamente evidente que el mundo obedezca a leyes físicas, tampoco es evidente que la continuidad de su imperio persista en el futuro. Efectivamente, es perfectamente concebible que un día cualquiera, a raíz de un suceso fortuito, la naturaleza nos juegue una mala pasada de modificar totalmente sus leyes, entonces a la ciencia no le quedaría más recurso que declararse en quiebra. Para utilizar el lenguaje de Kant, diremos que la ciencia pone el principio de causalidad entre las categorías a priori sin las cuales no es posible ningún conocimiento.

—*Initiation à la physique,* Max Planck (Flammarion, 1941)

Hoy por hoy, casi todas las creencias, doctrinas filosóficas y científicas concuerdan en que la teoría del Big-Bang fue el principio de los principios de la materia; habiendo una intervención divina que actuó como detonante de un punto muy diminuto, pero que a pesar de ello, allí se concentraría todo lo que formaría después nuestro universo.

Dios quiera que en la Era de Acuario, como dice la tan conocida opera rock "Hair," entre el Sol; que así sea, que entre un rayo de luz divina o conciencia cósmica universal en cada uno de nosotros para darnos cuenta

Africa: Mother Continent

Africa was possibly the cradle of the first man and the first woman or, in other words, of humanity. I say "possibly," because my scientific thinking always leaves the door open to questioning and to other hypotheses. "Never say never, or I will never drink this water."

What was formerly science fiction has become unadulterated reality today; for instance, we travel to the moon in rockets and spacecraft, cut through the oceans in submarines, and traverse the skies in airplanes. These and other developments were envisaged through the talent, creativity, and imagination of great individuals. Many of these people were considered visionaries, psychics, prophets, clairvoyants, or real geniuses. They foresaw the future and often laid the cornerstones on which their successors based their work. Among them mention should be made of Jules Verne, the famous French writer born in Nantes in 1828, who, giving a free rein to his "imagination," produced creations such as *Twenty Thousand Leagues Under the Sea, Five Weeks in a Balloon,* and *Journey to the Center of the Earth.* There was also Leonardo Da Vinci, with his famous model airplanes, the designs for what we would later know as parachutes, and so on.

But, returning to the matter at hand, while working in the University of New York, Severo Ochoa began to determine the manner in which nucleic acids joined phosphates. That was the beginning ... and one year later Arturo Kornberg, a former student of his, synthesized DNA. The year 1960 arrived with news about artificial RNA and, in

por fin que el Hombre siempre buscó al Supremo Hacedor de todas las cosas, que lo reverenció de distintas formas pero con un sólo fin, el trascender, algunos creyendo en un paraíso eterno o en su defecto un infierno devastador, otros pensando que el verdadero infierno son las diferentes pruebas a pasar en este planeta; y que más allá de la muerte física, el Espíritu (que es eterno, y en ello coinciden todos) reencarnará tantas veces como sean necesarias para pagar o reparar sus culpas, depurarlas, y alcanzar así la frecuencia vibratoria que lo hará escalar diferentes mundos, dimensiones, hasta llegar al Todopoderoso y fundirse en una misma esencia.

> Me pregunto: ¿Qué es el infierno?
> Y sostengo que es el tormento de
> la imposibilidad de amar.
> —F. Dostoievski

Africa: Continente Madre

El primer hombre y la primera mujer, o sea el comienzo de la Humanidad, sería posiblemente africano. Y digo posiblemente, porque mi pensamiento cientificista siempre deja una puerta abierta a la espera, al cuestionamiento, al planteo de una hipótesis. "Nunca digas nunca, o de esta agua no he de beber," pues lo que otrora era ciencia ficción hoy es una realidad pura y tangible; por ejemplo: el hombre viaja a la luna en cohetes y naves espaciales, en submarinos por los océanos, surca los cielos en aviones. Estos y otros hechos fueron previstos por el talento, la imaginación, la creatividad de grandes hombres, a los cuales muchos

1961, important biochemists such as Nirenberg and Matthaei were able to discover the genetic code. All of this was always based on Ochoa's work.

But the point of all this is that, since 1960, several scientists (among them Allan Wilson) have stated on the basis of the DNA of mitochondria that the history of the human race began on the African continent.

Years later their disciples carried out the appropriate tests and confirmed this theory, convinced that our first mother lived in South Africa approximately 200,000 years ago.

Not only that, but the French biologist Gerard Lucotte, in his introduction à *l'Anthropologie Moleculaire* (Paris: Ed. Lavoisier, 1990), takes matters one step further by stating, this time on the basis of the chromosome, that Adam was black.

What is the reason, therefore, for different races, skin colors, and facial features?

Well, it is easy to deduce that skin pigmentation responds to the need for protection against the strong sun in Africa, and that in places where it is not needed, skin color becomes lighter. As for the rest, we should bear in mind that we are what we eat or drink, and that this is the reason for mutations sustained through time.

We also know that anthropological investigations carried out by scientists in different African areas are increasing in number and depth. The aim of such activities is to get to the bottom of the mysteries still hidden there. Fossil remains found in those areas could provide the missing link between the human race and its ape-like progeni-

consideraron como visionarios, telépatas, inspirados divinos, clarividentes, verdaderos genios que se anticiparon al futuro, y en muchos casos fueron la piedra basal para que sus sucesores pudieran realizar sus inspiraciones. Entre ellos podemos mencionar a Julio Verne, famoso escritor francés, nacido en el año 1828 en Nantes.

Dejando volar su "imaginación," redacta verdaderas creaciones; entre sus excelentes obras podemos citar: "Veinte mil leguas de viaje submarino," "Cinco semanas en globo," "Viaje al centro de la Tierra," etc., … y también otro gran visionario como Leonardo Da Vinci, con sus famosas maquetas para aviones, esbozos de lo que luego conoceríamos como paracaídas, entre otras tantas cosas.

Pero volviendo al tema que nos ocupa, mientras Severo Ochoa trabajaba en la Universidad de Nueva York, empieza a estudiar de qué manera los ácidos nucleicos se incorporaban a los fosfatos; así comenzó todo… y un año después Arturo Kornberg, su ex alumno, sintetizaba el ADN. Llega el año 1960 con el conocimiento del ARN artificial hasta arribar en el 1961, donde importantes bioquímicos como Nirenberg y Matthaei, logran descubrir el código genético, basándose siempre en los estudios de Ochoa. Pero a partir de 1960, varios científicos, entre ellos Allan Wilson, afirmaban teniendo como base el ADN de los mitocondrios que la historia del Hombre se iniciaba en el continente Africano. Años más tarde sus discípulos consuman los experimentos concernientes, asegurando y reafirmando lo antedicho, convencidos de que la primer madre de todos nosotros vivió hace *aproximadamente* unos

tors and help resolve the question of our origin.

Also, the study of rocks, soils, chemical processes, temperature, pressure, and other such things could give us a clue as to the origin and diversity of the human race. We know that the lithosphere is made up of plates that can be separated from one another and also add components to the continental crust.

Thus, the continents could have separated and joined again several times. This would confirm Alfred Wegener's "continental drift" theory, based on the notion that Africa and South America fit perfectly together and that in these continents fossil remains have been found that are common to both.

Wegener published his theory in 1912 (in numerological terms: $1 + 9 + 1 + 2 = 13$) and got worldwide support in 1960 ($1 + 9 + 6 + 0 = 16$, that is $1 + 6 = 7$), but he died in 1930 ($1 + 9 + 3 + 0 = 13$). These figures, so important for the events they relate to, add up to 33 ($13 + 7 + 13 = 33$), which is the master figure *par excellence* (see "The Meaning of Numbers," pages 3–7).

Currently, Africa's surface rocks are drifting, and there is a 4,000-kilometer fault running from the south of Ethiopia to the north of Mozambique.

The Orixas or Orishas

What are the *Orixás,* also called *Orishas* or *Orichás?*

We call them Saints in our Western languages, but a more accurate translation of the Yoruba term would be "Supernatural Being," "Superhuman

200.000 años en Sudáfrica.

Por otro lado, en "Introduction a l'anthropologie Moleculaire," de Edit. Lavoisier, París, 1990, el biólogo francés Gerard Lucotte siguiendo la temática de Wilson, pero basándose en el cromosoma, asevera que Adán era negro.

¿Pero a qué se debería, entonces, las diferentes razas, los distintos colores de piel y diferentes rasgos?

Bueno, es fácil deducir que la pigmentación de la piel es debida a una protección contra el sol tan fuerte de Africa, y que en lugares donde no se necesita de ésta, el color de piel es más claro, en cuanto a lo demás tengamos en cuenta que somos lo que comemos o ingerimos, y que todas estas son las causas que van procurando mutaciones a través de los tiempos.

Estamos enterados también que la actividad antropológica llevada a cabo por científicos en diversas zonas de Africa es cada vez mayor y más intensiva, estando abocados a desentrañar los misterios que todavía guarda su tierra, ya que restos fósiles allí encontrados podrían representar el eslabón perdido de la raza humana, resolviendo las incógnitas del origen de los orígenes.

También a través del estudio de las rocas, los suelos y de los procesos químicos, de temperatura, presión y otros, se sabe que la litosfera se compone de placas que se pueden separar entre sí y asimismo agregar elementos de la corteza continental.

De ahí, que los continentes se hayan dividido y unido en varias ocasiones; esto vendría a confirmar la teoría de Alfred Wegener, llamada "Deriva Continental," y elaborada a partir de la idea de que Africa y América del Sur

Being," something higher up, sacred, powerful, beyond the Earth. The roots of the Orishas are lost in time. We could say that prehistoric humanity already worshiped them, perhaps unknowingly. This worship may not have been carried out in a suitable or appropriate manner, but humanity had an instinctive knowledge of supernatural beings just as a means of survival.

The Orixá is pure energy, energy detached from an even greater energy which created all things; the Orixá is God's energy or His creation on Earth. Thus, for instance, Yemayá is the Orixá of saltwater, the sea, and is the energy or vital force of that element of Nature. When a Saint's "son" or "daughter" is possessed by his or her Saint or Orixá, a millionth particle of that energy penetrates him or her. That is why two mediums may incorporate the same Orixá in the same place at the same time. This is only because they receive a very small portion of the energy and, even though all the people on earth could incorporate their different personal Saints at the same time, God's energy is inexhaustible. He is the Creator without having been created.

We have our protecting Saints, our guardian leaders, guardian angels, or spiritual leaders. We are connected with them, vibrating in unison when our thoughts are clean. Our physical composition includes spiritual particles belonging to some particular Orisha.

According to your stage of spiritual development, you are assigned a certain Guide who stamps his or her marks on your nature and personality and may often give you a physical archetype with certain physiognomic and bodily features.

encajan perfectamente una con otra y que en estos continentes se han encontrados restos fósiles comunes a ambos.

Wegener publica su teoría en el año 1912 (numerológicamente equivale a: 1 + 9 + 1 + 2 = 13) y se la reconoce mundialmente en el año 1960 (1 + 9 + 6 + 0= 16, o sea: 1 + 6 = 7), muriendo este científico en el año 1930 (1 + 9 + 3 + 0 = 13), la sumatoria de estas tres cifras tan importantes por los sucesos que demarcan nos da como resultado el número 33 (13+7+13= 33) que es maestro por excelencia (Ver el Por Qué de los Números).

En la actualidad, Africa sufre un desplazamiento de las rocas superficiales, contando ya con 4.000 Km. de falla que van desde el sur de Etiopía al norte de Mozambique.

Los Orixas u Orishas

¿Qué son los Orixas, también llamados Orishas u Orichas?

En nuestro vocabulario occidental lo denominamos Santos, pero en el origen Yorubano de la palabra significaría "Ser Sobrenatural," "Ser Sobrehumano," algo superior, supraterrenal, sagrado, poderoso. Las raíces de los Orishas se pierden en el tiempo; se podría decir que el hombre de la prehistoria ya los cultuaban, quizás sin saber que lo hacían, quizás no de la forma debida o conveniente, pero interiormente el saber estaba intrínseco como medio de supervivencia.

El Orixa es energía pura, energía que se desprende de una aún mucho mayor, de la cual todo fue creado, el Orixá es la energía de Dios o su creación en la tierra. Así, por ejemplo,

For Africans, God is Olorum , who is omnipresent, omnipotent, and omniscient and who has no images. Priests have him as a Saint or Orisha (remember that the Orishas are all the effect of a great cause: God). He has no temples, since He is present in all temples, all priests, the faithful or believer, and because, as He is pure energy, He lacks a definite shape.

His representative on Earth is Oxalá or Obatalá, who reigns or governs over all other Orixás and the planet Earth as such.

> God, the beginning, the middle,
> and the end.
>
> —Plato

Orishas settle on certain stones, which are eagerly sought in riverbeds. Sometimes they are seated before reaching the banks, by the sea, or up on the top of some mountain, where energy flows because Nature makes it happen spontaneously.

These stones vary in color and shape, and also in size, depending on the Saint or Orisha who is going to settle on them.

These stones are called *Otá* or *Otánes*. They are sacred stones, not because they are in themselves the Orishas, but because they are the means or foundations for the link. The energy is concentrated in them; they are the receivers of the living and latent forces of each of the natural elements. According to Yoruba thought, all is stone, all is foundation, and the stones possess firmness, stability, and certainty.

But not all stones are selected ones, even if they have the desired shape, size, and color. For this purpose, they must

Yemayá es el Orixá de las aguas saladas, el mar, y sería la energía, la fuerza vital de ese elemento de la Naturaleza, y cuando una hija de Santo o hijo es poseído por su Santo u Orixá, penetra por su cabeza una millonésima partícula de esta energía; es por eso que en el mismo lugar y al mismo tiempo dos médiums pueden incorporar a un mismo Orixá; porque sólo—como ya aclaré anteriormente—una ínfima parte de la totalidad de la energía del mismo lo posee, y aunque todos los habitantes de la Tierra incorporasen al mismo tiempo sus diferentes Santos, la energía de Dios es inagotable, porque EL es el Creador sin haber sido creado.

Es lo que llamamos nuestro Santo protector o guía de la guarda, ángel de la guarda o guía espiritual; y estamos en conexión con él vibrando al unísono cuando estamos limpios en pensamiento, ya que en nuestra constitución física se encuentran partículas espirituales que pertenecen a tal o cual Orishá.

De acuerdo a nuestro grado o evolución espiritual nos corresponderá determinado Guía, quien nos marca en carácter, personalidad y muchas veces nos da un arquetipo físico con ciertas características fisonómicas y de contextura.

Para el Africano, Dios era Olorum (Omnipresente, Omnipotente y Omnisciente), no tiene imágenes, sacerdotes que lo tengan como Santo u Orishá (recordemos que éstos son el efecto de una gran causa: Dios), ni templos, porque El está en todos los templos, en todos los sacerdotes, fieles o creyentes; y porque al ser pura energía no tiene forma definida.

be alive; that is, they must have that peculiar vibration which gives the sensation that this or that Otá is not on the whole inert, that in that condensation of matter something else also exists. In the same way, the stone has to be in relationship to us, and the reverse must be true as well; in other words, its spirit must be in relationship with ours.

The Santero/Santera (priest/priestess), being an expert in these arts, puts the stone in his or her open hands and senses whether that stone might become an Otá. (The hands contain an energy center—which is often ignored except for the "laying on of hands.") At the same time, however, the Santero/a must consult the cowrie shells in order to determine whether the stone will be accepted by the Orishas in general, and then to discover whether the particular Saint for whom the stone is intended will accept it or would prefer another one to route his or her energy. If the stone is accepted, it is subjected to special treatments. It is deposited on dishes or soup bowls of colored crockery or clay, all made under the auspices of the Orisha who will settle in the stone.

The stone is surrounded with the proper attributes, Orisha implements, and symbolic objects, so that the Saints can work and act with it with respect to the different areas and subjects to be dealt with.

The color of the soup tureens must be the Saint's favorite color, and in general they must have trimmings bearing the appropriate symbol; for example, starfish and fishes for Yemanyá, or hearts and yellow flowers for Ochún.

El que lo representa en la tierra es Oxalá u Obatalá, que reina o gobierna sobre todos los demás Orixás y el planeta tierra en sí.

Dios el comienzo, el medio y el fin.
—Platón

Los Orishas se asientan sobre determinadas piedras, que son afanosamente buscadas en los lechos de los ríos, a veces antes de llegar a sus orillas, en la vera del mar, o en lo alto de alguna montaña, en donde la energía fluye por el sólo contacto con la Naturaleza. Estas piedras varían en color y en forma, en tamaño dependiendo del Santo u Orisha a asentar en ella.

Reciben el nombre de "ota" u "otanes," y son las piedras consideradas sagradas, no porque ellas en sí sean los Orishas, sino porque en ella se encuentra el medio o la conexión en forma de fundamento y por las cuales las energías de los mismos se depositan allí, como receptoras de la fuerza viva y latente de cada uno de los elementos naturales. Según el pensamiento Yoruba, todo es piedra, todo es fundamento, en ellas está lo firme, lo estable, lo seguro. Pero no todas las piedras aún teniendo la forma, el tamaño y el color deseados son las requeridas. Para que así suceda éstas deben estar "vivas," es decir, esa vibración que nos deja la sensación de que en forma muy imperceptible, tal o cual Otá no está del todo inerte, de que en esa condensación de materia existe también algo más. Y así como uno debe tener afinidad con ella, la piedra debe tenerla con nosotros, debe existir correspondencia, no habiendo rechazo, sino muy por el contrario, atracción.

Cosmology

The Yoruba were able to perceive many things that our planet is plainly showing to us but that we do not see. They could easily observe that the world is alive, that it has movement, and that everything is related to something else. They understood the influences among things, and it was clear to them that nothing escapes from a Superior Intelligence, that we proceed from it and that someday we will return to it.

They recognized in Nature their excellent Mother and learned to love and respect Her. They knew that, without that love and respect, errors and failures would occur in the General Energetic Consensus. That would provoke all kinds of disasters, not only for life on this planet, but also for all life everywhere, which is all linked together. In their religious and mystical thought, the philosophic attitude prevailed that everything is energy, that the universal spirit is similar to it, and that it is found everywhere.

The old Yoruba people also had a Tripartite Conception, an idea that for us would be like that of the Holy Trinity. They believed in a universal principle, untouchable, unreachable, almost impossible to conceive because of its great power and presence, embracing all things, capable of fusing all of them into itself. This energy they called Olodumare (the Principle of Principles), generated by three parts, essences, or detached energies, and these they called Nzame, Baba Nkwa, and Olofi.

This principle created the Universe and everything in it—but it was necessary to have a certain form of existence

Por decirlo de alguna manera, su espíritu debe ser afín con el nuestro.

El Santero experto en estas artes con sólo tomarlas entre sus manos, apoyándolas sobre sus palmas (donde hay un centro de energía muy importante, el cual muchas veces no es considerado ni tomado en cuenta, excepto cuando se realiza "imposición de manos") sabe si esa piedra puede convertirse en un otá. Pero igualmente deberá consultar con los caracoles, si la misma es aceptada o no por los Orishas, y luego si el Santo a que va destinada es de su agrado o prefiere otra para canalizar su energía. Si es aceptada recibe tratamientos especiales, y es depositada en platos o soperas de loza de color o de barro, dependiendo esto del Orisha a asentar. Se la rodea de sus atributos, las herramientas de los Orishas, objetos simbólicos para que los Santos puedan trabajar y accionar mediante ellos en las diferentes áreas y asuntos en que tienen ingerencia. Las soperas son del color favorito del Santo, y generalmente tienen guardas con algún símbolo que le pertenece, por ejemplo: estrellas de mar y peces, para Yemayá, o corazones y flores amarillas para Ochún.

Cosmologia

Los Yorubas percibieron del mundo, lo que el planeta realmente nos demuestra: que es vida, que tiene movimiento, y que todo en él está concatenado, relacionado, con influencias entre las cosas que nada escapa a una Inteligencia Superior, que provenimos de esta fuente y que a ella volveremos algún día.

formed from the same matter that would govern the planet Earth. Taking this same density of energy, they created the first man and gave him liberty, intelligence, and physical perfection. They named him Omo Oba. Priding himself on his attributes, he lost his spiritual light and ceased to vibrate at the same intensity as the Creative Fountain. From this point in time, therefore, he lived within the Earth (see Devil card).

All the Santeros used to relate the same story, and it could be perceived in their voices how their cultural conceptions had been penetrated by these ideas. When an idea was communicated and a great secret was revealed, their voices became slower and graver, with the seriousness that the subject demanded. This manner of speaking made all these conceptions seem more credible and dependable.

The more I hear of it (and leaving Faith aside), the more I am convinced that the whole thing is just as they told it: there is a supreme God, having three rays from His own germ or source, a Being without any defined form yet in a position to adopt whatever form He wishes because He represents all forms centered in One. And furthermore, He is pure energy brightening and flashing continually in the endless inmensity.

Various mythologies of different cultures have had as their basis a Trinity, or a Tripartite Conception of the Cosmos. For example, the Scandinavians divided the world into three different parts. The old Egyptians, in their turn, reflected on Osiris, Isis, and Horus. The Hindu or Brahamic Trimurti (Trinity) was represented as Brahma, Vishnu, and Siva, and so on.

Reconocieron en la Naturaleza, a la Madre por excelencia y aprendieron a amarla y a respetarla desde siempre, sabiendo que si así no lo hacían, desarrollarían un sistema de fallas y errores dentro del Consenso Energético General, que provocaría desastres no sólo en la vida del Planeta, sino en todo el eslabonamiento de Vida. En su pensamiento místico y religioso, existe el fundamento filosófico que todo es energía, que el espíritu lo es, y que éste se encuentra en todas las cosas.

El antiguo pueblo Yoruba tenía también una concepción tripartita de lo que podría ser para nosotros la idea de la Santísima Trinidad, creían en un principio de todas las cosas, intocable, inalcanzable, casi impensable para la concepción de nuestra mente. Debido a su gran Poder y Presencia que abarcaba todas las cosas, fundiéndose todas en él. A esta Energía la llamaron Olodumare (principio de los principios), formado por tres partes, esencias, energías desprendidas, a las mismas le dieron el nombre de Olodumare Nzame, Baba Nkwa y Olofi.

El había creado el Universo y todas las cosas con vida que en él se encontraban... pero hacía falta una forma de existencia que rigiera sobre el Planeta Tierra, y con la misma materia constituyente, con la misma densidad de energía, crearon al primer hombre que lo habitó; otorgándole Libertad, Inteligencia y Perfección Física, denominándolo Omo Oba, quien envanecido por sus atributos pierde Luz Espiritual (al dejar de vibrar con la misma intensidad de la Fuente Creadora), y a partir de allí vive en el interior de la Tierra (ver la Carta del Diablo).

They all believed in two interrelated Worlds. The unique form of the only One is manifested in the lower world, because of our limited conceptions, in a differentiated manner, yet remains in reality only One.

Each of these Worlds, or both parts of the whole, is strongly active, and they are connected at one point or middle line that serves as a means of interaction between them.

In African terms, these two Worlds or Kingdoms are the *Aye* and the *Orun.* The *Aye* is where living things dwell and is the more concrete, material, real, or tangible of the two. The *Orun* is the World of invisible things, intangibles, and abstractions. Here live all the spiritual energies, the Orishas, the disembodied spirits of ancestors, and primary spirits.

These two Kingdoms, which represent the Cosmos and coesixt at the same time, cannot separate their respective goals or purposes. They are frequently symbolized by a squash or gourd: the two hemispheres have the ends farther away from each other and the nearest parts intimately interrelated.

The Yoruba believed in spiritual and material equilibrium. They believed that even the most condensed matter contains spiritual elements.

As mentioned above, a line or point of intersection splits and at the same time joins the Kingdoms, and that zone was named *Orita Meta.* The Worlds are connected and at the same time differentiated, without any kind of confusion.

These people also believed in reincarnation as a universal law that accomplishes the law of karma.

Todos los Santeros cuentan la misma historia, y en sus relatos se puede percibir como ha penetrado sus concepciones culturales, todos coinciden, y cuando la relatan transfieren un Gran Secreto, su voz se hace pausada y más grave, adoptando la seriedad que el tema impone, todo esto lo hace más creíble y confiable.

Cuanto más la he escuchado (apartando mi Fe) más me convenzo de que pudo ser así, un Dios Supremo, con tres Rayos de su propia simiente o fuente, un Ser sin forma determinada, pudiendo adoptar cualquiera, ya que EL son todas las formas en una. Siendo energía pura, destellando y vibrando sin cesar en la Inmensidad Sin Fin.

Varias Mitologías de diferentes Culturas, han tenido como base a una Trinidad, o a la concepción Tripartita del Cosmos, como la Escandinava que lo dividía en tres partes distintas, teniendo tres parcas, los Antiguos Egipcios reflejándolo en Osiris, Isis y Horus, la Trinidad Hindú o Brahamánica o Trimurti en Brahma, Vishnu y Siva, etc. Creían en dos mundos que se interrelacionaban entre sí, existiendo entre ellos una retroalimentación, que en realidad formaban uno sólo a pesar de diferenciarse, en concepciones. Cada uno de ellos o cada parte de ese Todo eran fuertemente Activos, y sus actividades algunas veces concomitaban en un punto o línea media, que servía de interacción entre ambos.

Estos dos Mundos o Reinos eran el Aye, en donde estaban las cosas vivas, el más material de ellos, el más concreto, real o tangible, y el otro, al cual llamaban Orun, el de las cosas invisibles, intangibles, abstractas, en

The Cosmic Sphere (as a demonstration that many lines must be used to shape an image) has an endless number of lines crossing one another like the highly complex net of the nervous system.

Orun, the other world, is ruled by Olodumare, also named Eleda, Olorun, Odumare, or Eleemi, Creator of everything. He supplied the energy for all living things, breathing the strength of all existence and ruling the whole Cosmos from the Superior Hemisphere.

The Sacred Kingdom intervenes in the human or terrestrial World. In the other World are the Gods of the Yoruba pantheon; the Ara-Orun (with their ancestors Osi, Oku, Orun, Babanla, and Iyanla); and also Oro, Egbe, Ajogun, and Iwin (who are primary life-spirits).

They believed in two types of Orishas: the Orisha Funfun (who were also called the Orishas of honey), who were "cold" and calm, with a tranquil personality, and the Orisha Gbigbona, "hot," with a hot temper. Most of these latter were of the masculine sex.

In the Yoruba World, no Orisha was more important than any other. They adopted particular cultures and were ruled by regions and bounderies. Sometimes they were replaced by others who were more obliging about answering petitions so as to satisfy the worshipers, increasing their reputation and fame all over their adopted areas.

Aye, the World of living things, is linked to *Orun* by sometimes receiving from the Eternal and Superior Worlds the sort of commnunication that is possible. The ancestors are able to communicate with the living through men wearing the Egungun masks.

donde moraban todas las energías espirituales, sus Orishas, los espíritus desencarnados de sus antepasados y espíritus primarios. Estos dos Reinos formaban el Cosmos, accionaban simultáneamente, no pudiendo separar los fines de uno con el otro, lo simbolizaban frecuentemente con la forma de una calabaza. Esta esfera tenía dos hemisferios en donde sus extremos más alejados y los más cercanos se relacionaban intrínsecamente.

Creían en el equilibrio de lo espiritual y lo material, y que aún en la materia más densa (por mucho que ésta lo fuere) contenía elementos espirituales. Una línea o punto de intersección separaba y a la vez unía los Reinos, dicha zona la llamaban Orita Meta.

Los conectaba, pero a la vez los diferenciaba, sin producir confusiones. Creían en la reencarnación, ésta como Ley Universal regiría como base para lo que hoy denominamos Ley del Karma.

La esfera del Cosmos (tal como una pantalla, que para formar una imagen debe formar secuencias de puntos) tenía innumerables líneas que se cruzaban entre sí, como red de un sistema nervioso de alta complejidad.

Orun, "El Otro Mundo," estaba regido por Olodumare, llamado también Eleda, Olorun, Odumare, Eleemi; creador de todas las cosas y el que daba la energía para que todo tuviera vida, insuflando la fuerza de todo lo existente, gobernaba desde el Hemisferio Superior hacia el Cosmos.

El reino Sacro o Sagrado intervenía en el Humano o terrenal, en el primero estaban las Deidades del Panteón Yoruba, y los Ara-Orun (sus ancestros, Osi, Oku Orun, Babanla, Iyanla); y los

There is also Ifá (Arunmila), who through her table enables intercommunication between men and the Orishas. Also, Elegba is a link between humanity and the Saints or Orishas.

In *Aye,* there are the Kings, the Priests, the Initiated, and so on, who have the knowledge and shape the Alawo Alase and the territory or portion of the unknown Ologberi (the people of other countries and lands, foreigners, and so on).

He Who Respects the Orixás Respects Nature

We can make this affirmation on the basis of all the above considerations about the Saints or Orixás.

But what happens to man, who fails to realize that, by destroying Nature, he is destroying himself? Because he himself is Nature, because all our components are part of Nature, we fall ill when there is an energy imbalance (whether we call this lack of vitamins and minerals or something else). That is also why, when man alters or causes damage to the environment, he makes Nature ill. He triggers the situation which the Spiritualists call bad karma. We all assume its effects in one way or another, because we are all part of it.

We have become estranged from the beginning from our innermost being. We live in "civilized" jungles of concrete where there is no respect for one's fellow creatures—or, in other words, we have no inherent respect for ourselves.

People are now computerized and labeled. If we try to move away from this situation, we fall under attack from

Oro, Egbe, Ajogun e Iwin (espíritus primarios, vinculados con la vida).

Consideraban también dos modalidades entre los Orishas, los Orisa Funfun, "lo frío," más tranquilos, serenos, más apacibles en personalidad (los que consideramos Orishas de miel), y los Orisa Gbigbona, "lo caliente," de gran temperamento, cuya mayoría eran Orishas masculinos. En el Mundo Yoruba, no había Orishas más importantes unos que otros, se cultuaban y regían por regiones, comarcas, y eran reemplazados a veces por otros que satisfacían con más exactitud los pedidos de sus cultores, de allí su reputación y fama.

Aye, "El Mundo de las cosas vivas," se intercomunicaba con Orun, recibiendo a menudo visitas del Mundo Superior o Eterno, como ser: los ancestros pueden comunicarse con los vivos mediante las fiestas a los difuntos, con las máscaras llamadas Egungun. También Ifá (Orunmila) a través de su tabla, intercomunicaba los Hombres con los Orishas y sus mensajes, o Elegba como intermediario entre la Humanidad y los Santos u Orishas.

En Aye, se encontraban los Reyes, los Sacerdotes, Iniciados, etc., quienes poseían el conocimiento, formando el Alawo Alase y el territorio o porción de lo desconocido Ologberi, la gente de otros pueblos, tierras, los extranjeros, etc.

Quien Respeta a los Orixas, Respeta a la Naturaleza

Así es, y lo podemos afirmar por todo lo anteriormente expuesto con respecto a los Santos u Orixas.

¿Pero qué le está pasando al hombre, que no se da cuenta que a través de

those who waste no time in considering us outdated.

How many evenings a year do you look at the sky?

Beware of quick answers, because to look is not to watch, to take time to reflect—in short, to think. If the occasions have been many, there will be no hesitation when you are asked about the time or condition of the moon, whether it was full or waning, and so on.

Most replies are: "Oh! ... I don't know; the truth is I didn't notice; I failed to read it in the newspapers." It used to appear in the morning newspaper and so on, which shows a total disregard or lack of interest. And this is the result of our detachment, our indifference to Nature as a whole: the rain, the sun, the plants, the animals—in short, to all things living or life-giving, to all things or beings that contribute to the pleasure of our earthly existence.

But this lack of interest is not as important as the threats to ecological stability represented by the actions of some individuals, who forget that each one of us makes a direct or indirect contribution to such stability. It is thus simple and complex at the same time, as a perfect mechanism where nothing is left to chance.

There is an acceleration of the trend towards the destruction of natural life and, therefore and transitively, the destruction of humanity.

I am not a fatalist. I do not believe in the end of the world. I do not want to. I refuse to believe in it, perhaps because of my great love for life, but undoubtedly the trend is there. This does not mean that it will succeed, because I trust in a law higher than that of the human being: the Law of God.

la destrucción de la naturaleza se destruye a sí mismo? Porque él mismo es naturaleza, porque cada parte de nosotros mismos le corresponde a ella, por eso es que cuando hay un desequilibrio energético (llámense falta de minerales, vitaminas, etc.) nos enfermamos; y por eso es que cuando el hombre produce deterioros y desfasajes ecológicos, enferma a la naturaleza, desencadenando lo que el Espiritualista denomina Karma colectivo, porque todos lo asumimos de alguna u otra forma, ya que todos formamos parte de él.

Nos hemos alejado del principio, de nuestra esencia, vivimos en selvas de cemento "civilizadas," en donde no respetamos al prójimo o sea, que no hay respeto inherente de nosotros mismos.

Estamos computarizados y con un rótulo puesto, y pasarse de estos parámetros, es ponerse en la mira de aquellos que no tardarán por su ignorancia de calificarnos como "demodé" o "pasados de moda."

Por ejemplo, nos preguntamos, ¿cuántas son las noches al año en que miramos el cielo?

Cuidado, con la respuesta inmediata y apresurada, pues mirar no es observar, detenernos a meditar, en fin, pensar ... Si fueran muchas veces, no titubearíamos cuando nos preguntan en ¿qué cielo de estadio de luna estamos? ¿Luna llena o menguante?

La mayoría de las respuestas es: ¡Ay! ... no sé, la verdad es que no me fijé, no lo leí, antes aparecía en el matutino, etc., demostrando una total desconección o desinterés.

El mismo estado es el reflejo de la relación que tenemos con la Naturaleza toda, con la lluvia, el sol, las plantas, los animales, en fin con todo lo que tiene

Since I am a universalist, I try to respect everyone and everything, to draw from all things whatever may be useful and leave the rest aside. From my humble position or role, I sing to life. I ask Jesus of Nazareth, Oxalá or Obatalá, Jehovah, Senhor do Bonfim, Our Virgen de las Mercedes, or whatever name we may give to God, to please enlighten the minds of men so that they may become wise and live peacefully.

Before the release of this, my first book, there has already taken place in Brazil, more precisely in Rio de Janeiro, the ECO '92, or "Earth Summit," where all without distinction debated this idea. Let us all become brothers and sisters and raise our thoughts to the Creator so that these high ideals may be achieved.

From an article published in the Argentine newspaper *Clarín* in 1992, I extract the following:

> 1992 will be one of the warmest years in history due to the changes brought about by atmospheric pollution. Such was the forecast of the Nigerian expert Mr. Godwin Obasi, Secretary General of the World Meteorological Organization, who reminded us that the six warmest years since records have been kept were all in the last decade, which increases the concerns of specialists concerning the global warming or greenhouse effect.

I think that no further comments are necessary. Do you?

> Man's responsibility is not only to himself but to the whole of mankind.
> —Jean-Paul Sartre

vida o nos la da. Con aquellas cosas o seres que contribuyen a que nuestra existencia en el Planeta Tierra sea más placentera y llevadera a la vez. Pero no tan sólo es problemático este desinterés, sino que lo es más, cuando algunos individuos atentan contra la estabilidad ecológica, olvidando que cada uno de nosotros en forma directa o indirectamente contribuye o no a la misma. Así es de sencillo y de complicado a la vez, como perfecto engranaje, en donde nada queda librado al azar.

Existe un aceleramiento hacia la destrucción de la vida natural y por ende, y por carácter transitivo hacia el aniquilamiento del Hombre.

No soy fatalista, no creo en el fin del mundo, me resisto, me niego a creerlo, quizás por mi gran amor a la vida, pero sí creo que vamos camino de ello, lo que no significa que sucederá, porque confío en una ley superior a la del ser humano: la Ley de Dios.

Porque soy Universalista, trato de respetar a todos y a todo, trato de extraer de todas las cosas lo que me pueda servir y desechar lo contrario; porque humildemente desde mi puesto o rol, hago un canto a la Vida, pidiendo a Jesús de Nazareth, Oxalá u Obatalá, Jehová, Senhor do Bonfim, Nuestra Señora de las Mercedes o como queramos llamarle, para que ilumine la mente de los Hombres, para alcanzar sabiduría y convivir en paz.

Antes de que salga la edición de éste mi primer libro, ya se habrá realizado en Brasil, más precisamente en Río de Janeiro, la ECO '92, "la cumbre de la tierra," en donde todos los hombres, sin distinciones, se abocarán a esta idea, hermanémonos todos con un pen-

Syncretism

Due to the fact that slavery was common in the Americas, men and women of color were forced to worship their Saints secretly and carefully.

When they came from Africa, they brought with them a great sadness and the knowledge that they were treated and transported like animals. The slave ships carried kings and ordinary men, "naturalist doctors" and priests, who were taken from their own land by force and without pity, for material interests.

They were harassed and forced to accept a faith they did not understand, while missing their Orishas more and more. They acquired strength from thinking about them and hoping to rescue their values as an ethnic group. Despite the prohibitions imposed by their enslavers, they went on venerating their Orishas by hiding them behind the images of Roman Catholic saints, or on shelves below them, concealed by embroidered altar cloths.

Thus they compared the fighting strength of Ogún with Saint George or Saint Anthony, the kindness of the mother of the Virgin Mary with Naná Burucú, etc., until they were able to draw a true parallelism between their faith, their conceptions, and the belief of the white man.

But the white man was not satisfied with just using black people as his slaves; he took away their dignity as human beings, forgetting that the soul has neither color nor sex. (These factors depend on the body that the spirit inhabits.) They also forgot that, at a council held during the reign of Justin-

samiento positivo hacia el Creador, para que se cumplan estos altos ideales.

Del periódico Argentino "El Clarín" extraigo una nota publicada en el año 1992, en donde decía: "El año 1992 será uno de los más calientes de la historia a causa de los cambios producidos por la contaminación atmosférica. El pronóstico fue hecho por el experto nigeriano Godwin Obasi, secretario general de la Organización Metereológica Mundial, quien recordó que los seis años más calientes de los que hay constancia se registraron en la década pasada, lo que aumenta la preocupación de los especialistas en relación con el efecto invernadero o calentamiento global de las temperaturas." Creo que no hacen falta más comentarios.

¿O sí?...

> La responsabilidad del hombre no se refiere sólo a sí mismo sino a toda la humanidad.
> —Jean-Paul Sartre

Sincretismo

Debido a la esclavitud que se asentó a lo largo de América, el hombre de raza negra, tuvo que rendir culto a sus Santos en forma callada y sigilosa.

Al llegar de Africa, traían consigo grandes penas, tristezas, y el sentimiento o sensación de ser tratados y transportados como verdaderos animales. En esos embarcos, venían Reyes y hombres comunes, "médicos naturistas" y Sacerdotes, que fueron obligados a dejar sus tierras por la imposición de la fuerza, la falta de piedad o por intereses materiales.

ian (482–565 AD), consideration had been given as to whether black people were also the offspring of Adam and Eve, and whether or not they had the right to embrace the Christian faith. They also disregarded what Saint Augustine (354–430 AD) had quite rightly asserted and convincingly held in *The City of God,* that all men are equal and have the same origin, despite the different color of their skin. Saint Augustine confirmed that none of his followers could forget these concepts or be in any doubt about them.

So it happened that, with the passing of time, syncretism was born out of two religious conceptions which were different but pointed in the same direction, and which subsequently merged into one concept.

Many Africans are opposed to syncretism, and there are also Christians who are disturbed by the comparison.

I do not consider syncretism a misguided or illogical theory because, as we have seen, at the beginning it was a need, and now all those values are embedded and interpenetrated in the mechanisms of faith. I believe this is a form of comparatively universal thinking. Syncretism froms a new faith similar if not equal to the original and provides a means of acceptance. It is enriching because it includes new sociocultural ingredients and spices. It adapts to the modes of a new land and age and contributes to the fraternization of cultures.

Slavery has left a dark and dirty spot in the history of humanity. The forced submission of one person to another, as if this human being were a thing, is the most execrable of human conduct. The slave was considered not

Fueron hostigados y emplazados a aceptar una Fe que no comprendían, añorando cada vez más a sus Orishas, se fortalecían pensando en ellos y en la esperanza de rescatar sus valores como grupo étnico. Sin embargo, siguieron rindiéndole culto pese a la prohibición impuesta por sus esclavizadores; y atrás de las imágenes de los Santos Católicos, o en estantes por debajo de ellos, disimulados por manteles bordados, colocaban los fundamentos de sus Orishas.

Así fueron comparando la fuerza abatalladora de Ogún con San Jorge, o San Antonio, la bondad de la madre de la Virgen María con Naná Burucú, etc., hasta hallar y formar un verdadero paralelismo entre su Fe, sus concepciones y la creencia del Hombre Blanco.

Pero éste último no se contentó solamente con servirse de la esclavitud del Negro, quitándole su dignidad como ser humano, olvidándose que nuestra alma no tiene color, ni sexo (estos factores dependerán del cuerpo que aloje este espíritu), y se olvidó también que en un concilio realizado durante el reinado de Justiniano (482-565 d.C.) se cuestionó si los Negros eran descendientes de Adán y Eva, y si tenían pleno derecho o no, de abrazar la Fe cristiana; es decir hicieron caso omiso a lo que San Agustín (354-430 d.C.) tan acertadamente formulaba en "La Ciudad de Dios," en donde afirmaba y sostenía con total convicción que todos los hombres son iguales, teniendo el mismo origen, a pesar de ser de diferentes colores de piel. Abocaba para que ninguno de sus fieles se olvidara de ello, para que no tuvieran duda sobre estos conceptos. Así fue que con el correr del tiempo, se fue formando el Sincretismo entre dos concepciones religiosas diferentes, pero que

only a thing that could be traded, but something that could also be lent, sold, rented, or interchanged just like any other possession.

They were not the owners of their own bodies or thoughts. They were appraised according to their race, physical strength, and sex. At the beginning of the 16th century, the slave trade was somehow restricted in Europe, but when the New World was discovered, the necessity arose for cheap labor for farming and ranching.

For a long time, Portugal carried out most of the trade in human beings. They were exported from Africa to Brazil to sow sugar cane, to the Antilles and to the southern part of North America to be employed in cotton growing.

Meanwhile, European traders trafficked in West Africa while the Arabs made their distribution among harems in Asia Minor and North African settlements. Clients included Dutch, French, Portuguese, Spanish, and English factories.

Approximately 100,000 black persons were reduced to slavery during the 18th century, but at the end of that period, some feeling began to grow that these activities should be rejected. An abolitionist attitude began to spread.

Great thinkers and philosophers were opposed to slavery, among them Jean Jacques Rousseau (1712–1778), a writer born in Geneva, who wrote among many other works *Julie, or the New Heloise; Reveries of a Solitary Walker; Confessions;* and so on. Rousseau was a precursor of romanticism and had an enormous influence on the French Revolution. He thought

apuntaban hacia lo mismo; y se fundieron en un sólo concepto.

Muchos Africanistas son contrarios al Sincretismo, como también hay Cristianos a los cuales les molesta tal comparación.

Yo no lo veo tan desacertado o ilógico, porque como vimos fue una necesidad al principio, y ahora todos esos valores, están inmersos y compenetrados en los mecanismos de Fe.

Estimo que el mismo, es una forma de pensamiento universal, de grado comparativo, que asemeja pero no iguala, como medida de aceptación, y enriquecedor porque incluye nuevos condimentos e ingredientes socio-culturales; y que tiende a las modalidades de una nueva tierra y Era, y a la confraternización de Culturas.

La esclavitud ha quedado como una mancha oscura y sucia en los anales de la Humanidad, el sometimiento excesivo de una persona a otros, como si ese ser Humano fuese una cosa más me parece lo más execrable y bajo, lo más inhumano. El esclavo era considerado algo más para comerciar, podía ser prestado, vendido, rentado, cambiado por otros bienes. No era dueño de su cuerpo ni de sus pensamientos. Eran valorados según su raza, fortaleza física y sexo. A principios del siglo XVI su mecanismo estaba reducido en Europa pero con el descubrimiento de las tierras del Nuevo Mundo, vieron la necesidad de traer mano de obra barata para trabajar en los cultivos y plantaciones. Durante largo tiempo Portugal fue el país que más exportaba esclavos de sus establecimientos en Africa, eran transportados a las plantaciones de caña de azúcar en el Brasil, Antillas y a las de algodón del sur de América del Norte.

that man had a good nature, but that society influenced him and corrupted that virtue. Voltaire also exercised a great influence. He was a French writer (1694–1778) who made his name by means of his philosophic battles, which were presented in works such as *Essays on Man,* or in novels such as *Micromegas, Candide,* etc. Voltaire asserted that morality must be based on reason and tolerance.

The suppression of slavery had two phases during the 19th century:

- The prohibition of the slave trade by England in 1807 and by France in 1815

- The emancipation of slaves in England in 1833 and in France in 1848.

Comparative Table

Syncretism is a deeply emotional subject throughout the Americas and, whether accepted or rejected, the fact is that it exists. More than that, it would seem that the more it is ignored or denied, the stronger it becomes—perhaps an echo of the reaction to past prohibitions. As stated before, humanity has always searched for and idealized its conceptions; admired bravery, beauty, and justice; and tried to absorb them, to materialize them. Many times they were sought in popular idols from different branches of the arts, politics, or other places. The search extended to the religious world and philosophical trends that paid greater attention to inner, moral, and/or spiritual concerns. This has occured from time immemor-

Mientras los esclavizadores europeos traficaban en la parte oeste de Africa, los árabes los distribuían a harenes y depósitos de Asia Menor y el norte de Africa. Había factorías holandesas, portuguesas, francesas, inglesas, españolas, etc. Alrededor de 100.000 personas de color fueron reducidos y esclavizados durante el siglo XVIII, pero a fines de este tiempo, empieza a nacer un sentimiento de rechazo a estas actividades, comenzando una actitud abolicionista. Grandes pensadores y filósofos se oponen a la esclavitud, entre ellos Rousseau, escritor nacido en Ginebra (1712–1778), entre sus obras podemos citar: "Julia o la Nueva Eloísa," "Las confesiones y reflexiones de un paseante solitario" (póstumas), etc. Precursor del Romanticismo, su forma de pensar influyó notablemente en la Revolución Francesa. Pensaba que el Hombre tenía una Naturaleza buena, pero que la Sociedad corrompía esta virtud. También Voltaire, ejerce gran influencia, escritor francés (1694–1778) que se destacó en luchas filosóficas, con sus poemas "Discurso sobre el Hombre, o en novelas como "Micromegas," "Cándido," etc. Plantea que la moral debe basarse en la Razón y la Tolerancia. La supresión de la esclavitud tuvo dos secuencias durante el siglo XIX:

- la prohibición de la trata de esclavos, dada en Inglaterra en el año 1807 y en Francia en 1815

- la emancipación de los esclavos en Inglaterra en 1833 y en Francia en 1848.

ial and continues to occur. In ancient civilizations such as the Greco-Roman, syncretism was used extensively to explain origins, conquests, defeats, and so on. The intention of this book is to make a comparison with them and— this should be very clear—not to create a new syncretism. Although there are similarities in some cases, there are also marked differences even in those cases.

We shall therefore carry out a conceptual comparison among symbolisms, origins, and spheres of action, leaving other aspects aside. The comparative table on the next page shows first the name of the Orixá, then its syncretism with the corresponding Roman Catholic Saint and, to the right, a comparison between the characteristics of the Orixá and those of the corresponding Greco-Roman deity.

Cuadro Comparativo

Con relación al Sincretismo, tan marcado y de profunda emotividad en toda América; más allá de lo válido o no, de aceptarlo o contradecirlo, lo cierto es que éste existe, y que cuanto más se lo niega o ignora pareciera que de esa forma toma más fuerza. quizás por la misma razón antigua y no tan lejana de prohibiciones similares. Como dijimos anteriormente el Hombre siempre buscó e idealizó sus concepciones, admiró la valentía, la belleza, la justicia, trató de incorporarlas, de materializarlas; muchas veces en ídolos populares de diferentes medios del Arte, de la Política, del mundo de los Medios (gráficos, visuales, etc.) y otras tantas en mundos religiosos, en corrientes filosóficas, que atendían más a preocupaciones de índole interna, morales y/o espirituales, esto sucede y a sucedido desde siempre. En antiguas civilizaciones como la Greco-Romana, existieron en forma profusa estas concepciones, para explicar sus orígenes, sus conquistas, derrotas, etc. Es la intención de este libro, hacer entre ellas una comparación y que quede bien en claro, no un nuevo Sincretismo, porque si bien en algunos casos tienen cosas semejantes, aún entre ellas hay diferencias muy marcadas.

Haremos entonces una comparación conceptual, entre sus simbolismos, pertenencias e ingerencia, dejando de lado otros aspectos. En este cuadro comparativo, pondremos primero el nombre del Orixá, a su lado su Sincretismo con el Santo Católico; y al costado de éste, comparando características con el Orixá, la deidad Greco-Romana.

Orishas, Orixas or Orichas	Roman Catholic Saints	Greco-Roman Deities
Eleggua	Saint Anthony, Saint Joseph, Holy Child of Atocha, Saint Peter	Mercury (merchandise) and Hermes (interpreter and messenger)
Ogun or Ogum	Saint George or Saint Anthony, also Saint Peter and Saint John	Ares and Mars (warrior heroes) with helmet, lance and shield. Mars the Victor carries the trophy.
Oxossi or Ochosi	Saint George	Diana; her weapons and tools were the bow and arrows. She governed hunting and reigned in the woods.
Iansa or Oya	Saint Barbara, Saint Theresa and Saint Joan of Arc	Aeolus, king of the winds.
Xango or Chango	Saint John the Baptist, Saint Marc, Saint Michael Archangel and Saint Barbara	Themis (ideal of absolute Justice), had the balance in one hand and a sword in the other; and Astrea, the application of Divine Justice
Omulu, Obaluaie, or Babalualle Xapana	Saint Lazarus, Saint Rocque, and Our Lord Jesus Christ	Aesculapius, the son of Apollo and Coronis, custodian of the knowledge of medical sciences
Oxum or Ochun Oxun or Oshun	The Immaculate Conception, Virgin of the Charity of Copper, Virgin Mary	Aphrodite and Venus, regents of beauty
Yemanya or Yemaya Yemanja or Iemanja	Our Lady of the Candles, Stella Maris, and Our Lady of the Rule	Minerva, considered to have invented the helm; she created the olive, used as an emblem of peace. Amphitrite, the wife of Neptune
Nana Burucu (a Yemaya of older irradiation)	Saint Anne and Our Lady of Mount Carmel	Poseidon, Neptune, sons of Saturn
Oxala Obatala	The Sacred Heart, Senhor do Bonfim (of the good end), Jesus of Nazareth, Our Virgen de las Mercedes	Helios and Apollo, the Sun god, custodian of the Light and governor of art, love, and literature. He was king of the day and was therefore called called Phoebus.

Orishas, Orixas Orichas	Santos Catolicos	Deidades Greco-Romanas
Eleggua	San Antonio, Santo Niño de Atocha, San José, San Pedro	Mercurio(significa mercancía) Hermes (intérprete y mensajero)
Ogun o Ogum	San Jorge o San Antonio, también San Pedro y San Juan	Ares y Marte (héroes guerreros). Tienen casco, lanza y escudo, llevando un trofeo en la representación de Marte vencedor.
Oxossi u Ochosi	San Jorge	Diana, sus armas y herramientas eran el arco y la flecha, regía la caza y reinaba en los bosques.
Iansa u Oya	Santa Bárbara, Santa Teresa y Santa Juana de Arco	Eolo, rey de los vientos.
Xango o Chango	San Juan el Bautista, San Marcos de León, San Miguel Arcángel y Santa Bárbara	Temis (la Justicia ideal o absoluta), tenía en una mano la balanza y en la otra una espada; y Astrea (la aplicación de la Justicia Divina).
Omulu Obaluaie o Babalualle Xapana	San Lázaro, San Roque y Nuestro Señor Jesucristo	Esculapio, hijo de Apolo y Coronis; dueño de los Conocimientos de la Ciencia Médica.
Oxun o Ochun Oxum	Inmaculada Concepción de María, Virgen de la Caridad del Cobre, Virgen María.	Afrodita y Venus, regentes de la Belleza.
Yemanya, Yemaya, Yemanja o Iemanja	Nuestra Señora de las Candelas, Stella Maris, y Nuestra Señora de la Regla.	Minerva, se le atribuye la invención del timón, creó el olivo utilizado como emblema de paz. Anfitrite, esposa de Neptuno.
Nana Burucu (una Yemaya más vieja en irradiación)	Santa Ana y Nuestra Señora del Carmen.	Poseidón, Neptuno, hijos de Saturno.
Oxala Obatala	Sagrado Corazón de Jesús, Senhor do bonfin (Señor del buen fin), Jesús de Nazareth y Nuestra Señora de las Mercedes.	Helios y Apolo, le pertenecía el imperio de la Luz, regía el Arte, el Amor, las Letras. Era el Rey del día, por eso se lo denominó Febo.

The supreme God of Olympus was Zeus or Jupiter. The only, all-powerful, and supreme God of the Yoruba is called Olorun or Olodumare. This is the same conception as that of the Christians, who simply call Him God.

Note that more than one Roman Catholic Saint corresponds to the same Orisha; this is due to the fact that many African nations settled in America. Each of them chose different representations according to their own context and the strength of the prevailing Saint or the Saint most cherished by their white masters.

But as an old, very dear, and much respected black man once told me: "It is necessary that they come to you and know you not only for your name, but for what you are and represent ..."

Relationship Between the Cards and Their Owner

In addition to being a fortunetelling or divination system, cards have to be considered in a mystical-magical light. Many generations throughout the centuries, whether or not they were aware of their role, were knowledgeable of many symbols represented by the cards as part of their personal experience, of their habitual feeling, or of their idiosyncrasies. We could therefore say that cards carry a certain strength of baptism (an act repeated by one or several groups, of a religious nature or otherwise) that backs them up or makes them valid in the collective unconscious.

They are true astral keys which open up the most recondite places in our minds, unravel the greatest myster-

El Dios Supremo del Olimpo era Zeus o Júpiter.

El Dios Unico, Todopoderoso y Supremo de los Yorubas, recibe el nombre de Olorun, u Olodumare, igual concepción que la de los Cristianos, quienes denominamos a Dios simplemente con ese vocablo.

Notaremos que para un mismo Orishá, le corresponden muchas veces, más de un Santo Católico; esto es debido a las diferentes Naciones Africanas que se establecieron a lo largo de casi toda América, y como cada una de ellas les dio una representación de acuerdo al contexto en que se desenvolvían y a la fuerza del Santo imperante o más querido por sus amos blancos.

Pero como decía un viejo negro muy querido y respetado por mí: "Es necesario que acudan a ti, y que te conozcan, no sólo por tu nombre, sino por lo que eres y representas..."

Relacion Entre las Cartas y Su Dueño

Más allá de considerarlas como una mancia o sistema de adivinación, tenemos que tomarlas en el sentido místico-mágico que a través de los siglos las generaciones, operadores conscientes o no de este rol, conocedoras de muchos de los simbolismos en ellas representados, tuvieron como parte de sus vivencias, y formaron parte de su habitual sentir, de su idiosincracia. Podríamos decir entonces que ellas traen consigo una fuerza de bautismo (acto repetido por uno o varios grupos de personas con carácter religioso o no, que le da

ies, and reveal what many times our sharpest senses cannot grasp.

The true card reader, who knows all this, will respect the cards not only for the meaning they may have, but also because he understands that they have the immanent strength and wisdom of the ages. In that case there will be a perfect relationship between cards and consultant which will greatly assist their reading.

We should remember that sensitives (those possessing mediumistic abilities, which may be developed further every time a type of divination is used) issue magnetic waves, irradiations that the cards will pick up and send back as information, guidance, and knowledge.

Therefore, there should be a perfect, indivisible communion between the cards and their owner. This is why they must be treated very carefully, protecting them against any undesirable vibration.

Recommendations for Use:

- Have a specific place or room to consult the cards, trying as far as possible not to change it.

- Do not take the cards out of the consulting room.

- Do not let them be touched by strangers (except when the throw so requires).

- Do not leave them lying loose; put them away safely, preferably in a wooden case (wood acts as a very good insulating material).

- Do not place them close to other people's belongings, and never lend them. Cards are personal

soporte o validez en el inconsciente colectivo).

Son verdaderas llaves astrales, que abrirán los lugares más recónditos de nuestra mente, desentrañarán los más grandes misterios, y develarán muchas veces lo que nuestros más agudos sentidos no pueden captar.

El verdadero cartomante conocedor y sabedor de todo esto, respetará las cartas no sólo por lo que éstas pueden significar, sino porque entenderá que en ellas se halla en forma inmanente la fuerza y sabiduría de los tiempos. Habrá entonces una perfecta relación entre barajas y consultor, que hará aún más perfecta la lectura.

Recordemos que todo sensitivo (aptitud mediúmnica que se desarrollará aún más, cada vez que se utilice toda mancia) emite ondas magnéticas, irradiaciones que las cartas captarán y que devolverán en forma de información, guía y conocimiento.

Debe existir por lo tanto, una comunión perfecta e indivisible entre ellos, por esta razón se tendrá sumo cuidado en el trato a darles, protegiéndolas contra toda vibración indeseable.

Recomendaciones para su uso:

- Tener un lugar o recinto para consultarlas, tratando en la medida de lo posible de no cambiarlo.

- No sacarlas fuera de su consultorio.

- No dejarlas tocar por extraños, excepto que la tirada lo requiera.

- No desparramarlas por cualquier lado, guardarlas en su lugar; aconsejo hacerlo dentro de una

and get used to answering or responding to a certain type of energy, which is your own. Remember that your energy or vital force is unique and unrepeatable, the same way your fingerprints are.

• Wrap them in a colored cloth related to the astrological sign whose color or hue must be in agreement with the ruling planet on the day of the consultation, or with the consultor's guiding Saint or Orixá, or any other color with which he or she has an affinity or which may stimulate him or her harmoniously. Do not use black.

• Use aromatic smoke or herbs to perfume the room, so as to disperse any adverse condition.

• Place a glass of water nearby. It will absorb any negative energy charge the other person may bring (remember that almost always, even though the consultation may be made out of sheer curiosity, there are doubts, fears, repressions, anguish, nervous excitement, impatience, anxiety, etc., which may adversely affect the reading).

• Beforehand, clear the mind of any unrelated thoughts or, in other words, try to focus exclusively on the reading.

• Prior to the reading, invoke God the all-powerful and our spiritual leaders, so that you may be equal to the task of transmitting the message of the cards with dignity, assisted by truth and justice and in a fraternal manner.

caja de madera (ésta actúa como un material muy noble).

• No colocarlas cerca de pertenencias de otras personas, así como no prestarlas. Las cartas son personales, se acostumbran a contestar o responder a un tipo de energía, la suya, recordemos que nuestra energía o fuerza vital es única e irrepetible, así como nuestras huellas dactilares.

• Envolverlas en un paño de color, afín con el signo astrológico, con el color o tonalidad acorde al planeta regente al día de consulta, o del Santo u Orixá guía del consultor, o algún otro que éste tenga afinidad o que lo estimule armoniosamente. *Rechace para tales fines al color negro.*

• Sahumar o defumar el ambiente, para disipar cualquier condición adversa que pudiera existir.

• Colocar cerca un vaso con agua, que actuará como catalizador de cualquier negatividad o carga energética, que el consultante pueda traer consigo (recordemos que casi siempre, y aunque el impulso a consultarnos fuera por simple curiosidad, el consultante trae con él toda una carga de dudas, miedos, represiones, angustias, nervios,impaciencia, ansiedad, etc., que pueden perturbar una buena lectura).

• Alejar antes de la lectura, todo pensamiento ajeno a lo mismo, o lo que es igual una profunda concentración en el objetivo.

- The consultant is advised not to cross his or her legs during the interview, because in that way a cross or a transverse current would be made, obstructing the free and normal circulation.

- Previamente a la lectura invocar a Dios Todopoderoso, a nuestros guías espirituales, para que manejemos con dignidad y altura, los mensajes que las cartas quieran transmitirnos, teniendo como aliados a la verdad y la justicia, teniendo un alto sentido fraterno.

- Aconsejar al consultante el no cruce de piernas durante la entrevista, ya que de esa manera haría un cruce o encrucijada de corriente energética, no posibilitando su libre y normal circulación.

I Am the One

I am one
But I am four.
East and west, north and south.

But one plus four
Makes five.

I am the center
And the center is the fifth.

Being five,
I am the middle.

The half
on the outside
Is and ever will be
The number ten of the divinity.

Zero being nothing
I do not count it, neither do I discard it;
Only I put it before one.
"In the beginning was the nothing."
And when it came to appear
I am one …

—Zolrak

Yo Soy Uno

Yo soy uno
Pero soy cuatro.
Este y oeste, norte y sur.

Pero uno y cuatro
Me dan cinco.

Yo soy el centro
Y el centro es el quinto.

Siendo cinco
Soy el medio.

La mitad
De la que fuera
Siempre y sera
Numero diez de la divinidad.

Siendo el cero la nada
No lo cuento, ni lo descarto,
Lo antepongo al numero uno;
"Al principio era la nada."
Cuando luego aparecio:
Yo soy uno …

—Zolrak

THE MEANING OF NUMBERS

In the sixth century BC, Pythagoras assigned a numerical value to each letter of the alphabet. He believed that things are numbers, that the essence of all worldly things could be expressed in numerical terms. He further stated that numbers should be represented by arranging points in a certain order.

If we think about this, we will see that we actually move in a space that, if measured, will be expressed as a certain number. If infinity, that number will be represented by a horizontal eight, while if we consider it as pure nothingness, we will write a zero.

We also have to resort to numbers to express a specific period of time, such as a certain number of days, months, or years, or how long it takes the earth to complete a revolution around the sun—which is to say, 365 days ($3 + 6 + 5 = 14$ and $1 + 4 = 5$—Man—or, in other words, twice 7). Even that which seems eternal or spiritual and eminently artistic, such as music, is governed by numerical values. It has rhythm, like our heartbeat (whose "harmony," if not respected, will create problems for us).

EL PORQUE DE LOS NUMEROS

En el siglo VI a.C. Pitágoras estableció para cada letra un valor numérico, creía que las cosas son números, o sea que la esencia de todas las cosas que hacían a nuestro mundo podían ser expresadas en términos numéricos; y afirmaba que se debían representar mediante el ordenamiento de puntos.

Si pensamos en esta idea, veremos que en realidad nos movemos con números, en un espacio, que si lo medimos daremos para evaluarlo una determinada medición numérica, que si lo expresamos como infinito, pues bien, lo representaremos como un ocho acostado, y que si decimos que es la nada, pues entonces dibujaremos el cero.

En cuanto al tiempo, también para ello debemos recurrir a los números; tanto para referirnos a una hora determinada, a la cantidad de días, meses, años; a lo que tarda la Tierra en dar la vuelta al Sol, o sea 365 días ($3 + 6 + 5 = 14$ ó $1 + 4 = 5$ —el hombre—o lo que es lo mismo dos veces 7). Aún lo que pareciera etéreo o espiritual y eminentemente artístico como la música, está regida por valores numéricos, tiene ritmo, tal como nuestro corazón, el cual

The Numbers Most Commonly Used by Esoterics

Number 3:

- The Holy Trinity (Father, Son, and Holy Spirit)

- The three theological virtues (faith, hope, and charity)

- The three champions of justice (the Three Musketeers)

- The three magi from the East

- The three operations comprised in the literal Kabbalah (gematria, notriqon, and temurah)

Number 7: This is a magical number, the revelation of the mystery, the creative number *par excellence.* (God created the world in six days, and rested on the seventh day.) This is the number preferred by African tradition; we talk about the Seven African Powers (the seven most dearly beloved Orixás)

- The seven musical keys, which are the key of Sol in the second line, the key of Fa in the fourth and third lines, and the key of Do in first, second, third, and fourth lines.

- The seven Wise Men of Greece (among whom we can mention Thales, Anaximenes, Anaximander—astronomers, geographers, surveyors, etc.)

- The seven elements forming man according to the Kabbalah.

si no se respeta en toda su "armonía" tendremos problemas.

Los Numeros Mas Utilizados por los Esotericos

Numero 3:

- La Santísima Trinidad (Padre, Hijo y Espíritu Santo).

- Las 3 Virtudes Teologales (Fe, Esperanza y Caridad).

- Los 3 Paladines de la Justicia (Los 3 Mosqueteros).

- Los 3 Reyes Magos de Oriente.

- Las 3 operaciones que comprende la Kábala literal (Gematría, Nutriqum y Temura).

Numero 7: Es un número mágico, es la revelación del misterio, es creador por excelencia (Dios creó al mundo en 7 días, y en el séptimo descansó). Es el número preferido por la tradición Africana, se habla de las 7 Potencias Africanas (los 7 Orixás más queridos).

- Las 7 Notas Musicales (Clave de Sol en segunda línea, Clave de Fa en cuarta, en tercera, Clave de Do en primera línea, en segunda, en tercera y en cuarta línea).

- Los 7 sabios de Grecia (entre los que podemos mencionar a Tales, Anaxímenes, Anaximandro - astrólogos, geógrafos, agrimensores-, etc.

- Los 7 elementos en que se compone el hombre según la Cábala.

- The seven deadly sins (pride, anger, lust, envy, sloth, covetousness, and gluttony)

- The seven plagues of Egypt

- The seven chakras

- The seven periods into which the year is divided, each of 52 days (5 + 2 = 7), of which the first period before the birthday is the most negative of all (astrologically, the Sun has not yet started to govern completely)

- The seven schools of Yoga in India (Raja, Karma, Jnana, Hatha, Laya, Bhakti, and Mantra)

- The seven days of the week

- The seven Hermetic principles (mentalism, correspondence, vibration, polarity, rhythm, cause and effect, generation)

The numbers 11, 22, and 33 are considered master numbers. Number 11 starts the second cycle after ten is reached, twice repeating the number 1 (which, as explained in this book, is the starting number, the beginning, considered to be the number that governs creation); number 22 represents twice the action of 11 and the 22 branches of the Tree of the Kabbalah; number 33 triples the action of the first master number, is the highest both in numerical order and in importance, and represents the age of Christ, the Great Enlightened Master.

And if we add $1 + 1 = 2$
$$2 + 2 = 4$$
$$3 + 3 = \underline{6}$$
$$12$$

... which indicates the number of

- Los 7 pecados capitales (soberbia, ira, lujuria, envidia, pereza, avaricia y gula).

- Las 7 plagas de Egipto.

- Los 7 Chakras.

- Los 7 períodos en que se divide el año, cada uno de ellos de 52 días $(5 + 2 = 7)$, de los cuales el primer período antes de la fecha de cumpleaños es el más negativo de todos (astrológicamente, el Sol todavía no comenzó a regir totalmente).

- Las 7 escuelas de Yoga existentes en la India (Raja, Karma, Jnana, Hatha, Laya, Bhakti, y Mantra).

- Los 7 días de la semana.

- Los 7 Principios Herméticos (Mentalismo, Correspondencia, Vibración, Polaridad, Ritmo, Causa y Efecto, Generación).

Los números 11, 22 y 33, son considerados maestros, el número 11 inicia el segundo ciclo luego de llegar al diez, repitiendo dos veces el número uno (que como explicamos en el libro, es el número de partida, el inicio, considerándolo regente de la Creación); el 22 representa dos veces la acción del once, y los veintidós senderos del árbol de la Kábala; el 33, triplica la acción del primer número maestro, es el mayor de todos en grado numérico y en importancia, representa la edad de Cristo, el Gran Maestro Iluminado.

Y si sumamos $1 + 1 = 2$
$$2 + 2 = 4$$
$$3 + 3 = \underline{6}$$
$$12$$

months in a year (with four seasons, which correspond to the four elements, each including three months; 3 x 4 = 12). Finally, it represents the twelve disciples of Jesus.

Finally, we consider the number 13, so feared and sometimes resisted, but undoubtedly magic. Many consider it a bad omen, but I personally believe the opposite because it is the number that represents karma, which can be good or bad, positive or negative according to our behavior. We should remember that only through karma can we make amends for past mistakes, which is positive and essential for our development.

Superstition deems it harmful due, perhaps, to the Last Supper of Our Lord, when He shared a last meal with the 12 disciples. But they forget that number 13 was the the Redeemer Himself, and that precisely because of His good karma, if we may call it such, He came back from the dead and sits at the right of our Father, according to the Bible.

The Tarot of the Orishas is a deck containing 77 pictorial representations; that is, two sevens repeated, whose final addition results in the number 5—the "essential alliance," as Pythagoras called it—representing Man (7 + 7 = 14, and 1 + 4 = 5), the Human Being.

It is for these mystical, esoteric, and numerological reasons that the number of cards results in the number 5. They are destined for, and configured by, the addressee; that is, for and by humanity, to solve humanity's enigmas and uneasiness and to solve its dilemmas in detail.

The deck consists of 25 main cards, among which we find the images of the

… es el resultado, el cual designa la cantidad de meses que contiene un año (en donde hay cuatro estaciones—correspondiéndole los cuatro elementos—con una duración de tres meses para cada una, 3 x 4 = 12). Finalmente representa los doce discípulos de Jesús.

Por último el número 13, tan temido y repelido, pero indudablemente mágico. Muchos lo consideran de mal augurio, personalmente pienso lo contrario, ya que es el número que representa al Karma, y éste será bueno o malo, positivo o negativo de acuerdo a nuestro comportamiento. Recordemos que solamente a través del Karma tenemos la posibilidad de reparar nuestros errores, lo cual considero positivo e ireemplazable para nuestra evolución.

La superstición lo designa como maléfico, basándose quizás en la última cena de Nuestro Señor, en donde comparte su última comida con sus doce discípulos, pero olvidan que el número 13 era el Redentor, y que justamente debido a su buen Karma __si es que así se lo puede denominar__ resucitó de entre los muertos, y está sentado a la diestra de nuestro Padre (Biblia).

El Tarot de los Orishas está compuesto de 77 imágenes, o sea dos siete repetidos, cuya sumatoria final nos da por resultado el número 5—"alianza esencial," así lo denominó Pitágoras—, que representa al Hombre (7 + 7 = 14, ó 1 + 4 = 5) al Ser Humano.

Es por estas razones místicas, esotéricas y numerológicas, la cantidad de cartas, su resultado (el número 5) está destinado y configurado hacia quien va dirigido, para y por el Hombre, para resolver sus enigmas, inquietudes y para satisfacer sus pormenorizados dile-

most well known Orishas, together with others that are included in this group because of their characteristics (considering that, if we add up the two digits of 25, the result is 7), and the 52 (5 + 2 = 7) remaining cards are divided according to the four elements (Air, Water, Fire, and Earth), each group containing 13 face cards. As may be noted, the esoteric value of these numbers has been taken into account.

mas. Lo conforman 25 cartas principales, entre las que se encuentran las figuras de los Orishas más conocidos, y otras que por sus características se incluyen en este grupo; considerando que si sumamos los dos dígitos de 25, nos da por resultado el número siete.

Y 52 cartas restantes (5 + 2 = 7), divididas en los cuatro elementos (tierra, agua, fuego y aire) en donde a cada uno de ellos le corresponden 13 figuras. Como podemos apreciar se han tenido en cuenta los valores esotéricos de los números.

COMPARISON WITH THE TRADITIONAL TAROT

It was decided to include these cards under the title of "Tarot" because that is the name in general of any prediction system which employs drawn and painted figures as a means or instrument for divination. The most important cards of the Tarot—that is, the "Major Arcana"—are 22 in number, and for many represent the 22 paths which link the 10 Sephiroth of the Kabbalistic Tree and the 22 letters of the Hebrew alphabet. These cards contain references to a medieval court, where the Emperor and the Empress were the rulers. The Folly or Fool card may be the court buffoon and so on, and so other characters who are moved by the circumstances which affect one's life are represented by other cards. The Minor Arcana consists of 56 additional cards divided into four suits just like standard cards, taking into account the relationship that exists between the number four and the four Hebrew letters YHVH, which mean Yahveh or Jehovah.

On the other hand, the Orishá cards include 77 figures, of which 25 are

COMPARACION CON EL TAROT TRADICIONAL

Se convino en llamar a este mazo de Cartas, con la denominación "Tarot", porque así se denomina en forma general al sistema de adivinación que utiliza figuras pintadas o dibujadas como medio o instrumento de lectura. El Tarot en sus Arcanos Mayores (así llamadas sus Cartas más importantes, cuyo número en cantidad es de 22 y que representarían para muchos los 22 senderos que vinculan entre sí a los 10 grados o Sephirots del árbol de la Kábala, y a las 22 letras del Alfabeto Hebreo). Tendría pasajes o haría referencia a una Corte posiblemente Medieval, en donde el Emperador y la Emperatriz son los Gobernantes, la carta del Loco o el Tonto puede llegar a ser el bufón de la corte, etc., y así otros personajes, movidos por circunstancias que afectan la vida del Hombre representadas en otras cartas, y 56 que llamadas Arcanos Menores, divididos en los 4 palos de la baraja corriente, considerando la relación del número 4 con las 4 letras YHVH en Hebreo, que significa Yahveh o Jehovah.

the principal cards and 52 the secondaries. The latter are divided into the four elements of Nature; that is, Earth, Water, Air, and Fire, each element including 13 cards. For this purpose, we are keeping in mind numerical, esoteric, and magical reasons.

Each one of the 77 cards depicts a vivid image, an important figure, whether contained in its diagram, artistic content, symbology, color, or implicit message.

Included among the 52 secondary cards are four cards called the Messages of the Elements, each with reflection and advice for the consultant. The element cards, one for each of the aforementioned four, define our place within the elements, taking into consideration periods of time and time's peculiarities. These are used as well as abstract instruments to induce the psyche to relax when reading the cards. And, finally, there is a card for the Elemental which belongs to each one of the elements, linking them with professions and personalities.

The importance of having 77 real images is to support the reader or cartomancer with true pictorial masterpieces that will fructify his mental vocabulary, promote his inspiration, and connect him with major sensitive spheres while enhancing all his mediumistic receiver apparatus. The images allow one to more quickly assimilate the meaning of each card, based on the accurate description of its contents, making it easy to interpret, deduce, compare, and build mnemonic rules that will be useful for creating phrases, sayings, and inspired ideas from the Beyond. This is possible due to the fact that each one of the

En cambio nuestro mazo de Cartas se compone de 77 figuras, de las cuales 25 son las principales y 52 secundarias, divididas éstas últimas en los 4 Elementos de la Naturaleza; a saber, Tierra, Agua, Aire y Fuego. O sea 13 Cartas para cada uno de ellos.

Para ello hubo razones numerológicas (ver el Por Qué de los Números), esotéricas y mágicas.

Cada una de las 77 Cartas, componen una imagen vívida, una figura importante, ya sea por su diagramación, contenido artístico, simbología, color o por el mensaje inmerso.

Dentro de las 52 secundarias, se encuentran los Mensajes de los Elementos, con una reflexión y consejos para el consultante, las Cartas del Elemento, referidas a cada uno de los cuatro premencionados, ubicándonos en ellos, dándonos períodos de Tiempo, sus peculiaridades y particularidades, utilizados también como instrumentos de abstracción, para descanso de nuestra psique en plena lectura y como medida de proyección Astral. Y finalmente el Elemental que pertenece a cada uno de los elementos, relacionándolos con profesiones y personalidades.

La importancia de tener 77 verdaderas imágenes, hace que el operador o el cartomante, se encuentre apoyado por verdaderas Obras Pictóricas, que enriquecerán su vocabulario psíquico, que lo inspirarán y conectarán con esferas sensitivas superiores, poniendo de relieve todo el aparato receptor mediumnímico. Y más allá de asimilar prontamente el significado de cada una de ellas, por la exacta descripción y contenido que tienen, de fácil deducción y comparación, creando reglas nemotéc-

images is really in a circle of life, making it more representative of the Creation.

Another great difference is that the Tarot of the Orishas is built on the Gods of the Yoruba pantheon— good, luminous, true energies produced by the Almighty. Therefore, the cards deserve our best care and respect in the way we use them, because of the protection and radiation produced by them. Besides, it is also rewarding to be under the protection of their benevolence, to feel the gratification of not having our God so distant, to be able to bring Him near, and also to bring ourselves a little nearer to Him. Although they have a high religious content, the cards are not less important from the viewpoint of anthropology, philosophy, and psychology. Each reader will seek a greater appropriation and approximation according to his needs, convictions, and beliefs.

It is important to make clear that these energies do not conflict nor interfere with others. They are universal; they comprise the whole, and irrespective of our knowledge, they always have been and will be standing as long as the world exists.

You will note that the main 25 figures are not numbered. This is because in these cards you will find the most venerated Orishas, who are not influenced by numbers. On the contrary, the Orishas have a great power over them. It is impossible to relate numbers to these cards, because doing so could cause incorrect conclusions to be made rapidly, produced with no accuracy at all. Numerical relations have nothing in common with our theme.

Although the Tarot of the Orishas is both rich in experience and designed

nicas, le vendrán en la mente frases, dichos, inspiraciones del Más Allá. Esto es posible debido a que cada una de las imágenes, verdaderamente están en un ciclo de vida, para fomentarla y en defensa de la Creación.

Otra gran diferencia es que "El Tarot de los Orishas," está formado por éstos, Deidades del Panteón Yoruba, energías del Bien, de la Luz, verdaderas fuerzas de Dios Todopoderoso. Por lo tanto nos merece un mayor respeto en su cuidado, en su trato, en la manera en que vamos a utilizarlas, y por supuesto también nos brindan la irradiación de su protección. Como así también el amparo de su benevolencia, y la certera y gratificante sensación de no tener a Dios tan distante, de poder acercarlo y acercarnos un poco más. Teniendo un alto contenido Religioso, no los son menos desde el punto de vista Antropológico, Filosófico, Psicológico.

Cada lector buscará una mayor apropiación y aproximación de acuerdo a sus necesidades, convicciones o creencias.

Cabe también rescatar que estas energías, no rechazan, ni interfieren con otras, son Universales, abarcan todo, y sin sospecharlas estuvieron siempre, y seguirán estando hasta que el Mundo sea tal. Notarán que las 25 figuras principales no llevan un número determinado, se debe a que entre ellas se encuentran los Orishas más venerados, y a que a éstos no los puede influenciar un número, sino que a la inversa, ellos poseen poder sobre los mismos.

No podíamos relacionar tal o cuál número, porque de hacerlo se hubieran sacado conjeturas apresuradas, no exactas; relaciones que nada tienen que ver

for our times, I have also taken into consideration those who, for several reasons, are still linked to the traditional Tarot. In order to facilitate their quick recognition and assimilation of the Orisha images, I have tried to construct a table (given on the following page) containing the similarities and meanings—and also the symbols—of those cards which were apt for that purpose, of course taking account of obvious differences.

con nuestra temática.

Aunque el aprendizaje con el Tarot de los Orishas es rico en experiencias y en prontitud, he tenido en cuenta a aquellas personas que pudieran estar aferradas por diversos motivos al Tarot Tradicional; y para facilitarles aún más el pronto reconocimiento y asimilación de las imágenes, traté de hacer un cuadro de similitudes en significados y símbolos con aquellas cartas que así lo permitían, salvando por supuesto las diferencias que pudieran plantearse.

Tarot of the Orishas	Traditional Tarot	Tarot de los Orishas	Tarot Tradicional
Eleggua	No correspondence	Eleggua	No tiene
Eshu	No correspondence	Eshu	No tiene
Pomba Gira	No correspondence	Pomba Gira	No tiene
Ogun	The Chariot	Ogun	El Carro
Iansa or Oya	No correspondence	Iansa u Oya	No tiene
Chango or Xango	Justice	Chango o Xango	La Justicia
Xapana, Babalualle, Omulu	The Hermit	Xapana, Babalualle, Omulu	El Ermitaño
Oba	No correspondence	Oba	No tiene
Oxumare	Wheel of Fortune	Oxumare	Rueda de la Fortuna
Oshun	The Priestess	Oshun	La Sacerdotisa
Yemaya	The Empress	Yemaya	La Emperatriz
Obatala or Oxala	The Emperor, The Master	Obatala u Oxala	El Emperador, El Maestro
El Babalocha or Babalorixa	The Magician	El Babalocha o Babalorixa	El Mago
The Guardian Angel	Temperance	El Angel Custodio	La Templanza
The Couple	The Lovers	La Pareja	Los Enamorados
The Man	The Star	El Hombre	La Estrella
The Village	The Tower	La Aldea	La Torre
The Earth	The World	La Tierra	El Mundo
The Sun	The Sun	El Sol	El Sol
The Moon	The Moon	La Luna	La Luna
The Expelled	The Fool	El Expulsado	El Loco
Iku	Death	Iku	La Muerte
Karma	Judgment	El Karma	El Juicio
The Devil	The Devil	El Diablo	El Diablo
The Enslaved Prisoner	The Hanged Man	El Prisionero Esclavizado	El Colgado

THE CARDS

LAS CARTAS

Principal Cards

Cartas Principales

ELEGGUA

ELEBBA

ELEGBARA

Eleggua

Eleggua is the patron of all doors and of all roads. Therefore the magic keys to open the most inviolable locks and the permits to walk the different paths that humanity will travel belong to him.

His image is to be placed behind or close to the entrance of the house, since Eleggua is the warden and protector of villages, towns, cities, houses, and so on; he is made up of the soil of three or seven crossroads, water from three or seven rivers, rain collected three or seven times during the third or seventh month or in three or seven months of the year, with water from three or seven seas, three or seven different beaches, sand from three or seven dunes, cement (preferably requested at a construction site), holy water from three or seven churches, bits of silver and gold, *buzios* (seashells), coins, etc.

Eleggua

Es el dueno de todas las puertas, de todos los caminos, por lo tanto pertenecen a el, las llaves magicas para abrir las cerraduras mas inviolables y los permisos para caminar los diferentes senderos a transitar por el Hombre.

Su imagen se coloca detras o cerca de las puertas de entrada de una casa, ya que Eleggua es el guardian y protector de aldeas, ciudades, pueblos, casas, etc.; se lo crea con tierra de 3 o 7 caminos cruzados (encrucijadas), con aqua de 3 o 7 rios, con lluvia recogida 3 o 7 veces durante 3 o 7 dias de la semana, y en lo posible en el tercer o septimo mes o en 3 o 7 meses del año, con agua de 3 o 7 mares, 3 o 7 playas diferentes, arena de 3 o 7 medanos, cemento (preferentemente pedido em una obra em construcción) y agua bendita de 3 o 7 iglesias, pedacitos

The person who shapes the Eleggua knows the secret to prepare an Eleggua and has the perfect knowledge to do it after many years of study and preparations; his specialty is generally acknowledged and respected. He knows that for each high Orisha there is a certain Eleggua, and the shape, color, materials, number of *buzios,* and so on, vary in each case.

He is the Orisha who first receives offerings, the most obsequious being sweets, tobacco, and coconut; his preferred number is three and, during the days of this number (3, 12 = 1 + 2 = 3, 21 = 2 + 1 = 3), he has greater influence and *axé.*

Some do not know him under the name of Eleggua and call him differently—Bara—although the content and meaning are the same. His most popular and well-known syncretism is with St. Anthony and St. Joseph; his color is red or red and black. His day of the week is Monday.

Petitions to Eleggua are generally for any kind of opening, but preferably they relate to the requester's level of income.

Meaning

Related to jobs. Progress in one's work or job. Abundant productivity. Profitable advertising campaign; your message will be well-received. Tempting and practicable offers. Vitality. When the card is badly influenced by other cards, unemployment, lack of work. Fatigue, tiredness, loss of energy, abulia. Incorrect interpretation of messages, misunderstood communication.

de plata y de oro, buzios o cauris (caracoles marinos), monedas, etc.

Quien lo modela conoce el secreto de preparar un Eleggua, y tiene el aprendizaje perfecto para realizarlo, tras muchas años de estudio y aprontamiento; generalmente su especialidad es muy reconocida y respetada, el sabe que para cada Orisha Mayor le correspondera un determinado tipo de Eleggua, variando su forma, color, materiales, cantidad de buzios, etc. ...

Es el primer Orisha en recibir las ofrendas; las más obsequiosas para este Santo se basan en dulces, tabaco y coco; su número predilecto es el 3, y en los dias de esta numeración (3, 12 = 1 + 2 = 3, 21 = 2 + 1 = 3) tiene mayor influencia y axé.

Algunas lineas no lo conocen por este nombre, denominándolo en forma diferente, lo llaman Bara, pero su contenido y significado es el mismo. Su sincretismo mas popular y conocido, es con San Antonio y San José, su color es el rojo, o el rojo y negro, su dia de la semana es el Lunes.

Los pedidos a Eleggua generalmente son para la apertura de cualquier índole, pero su tematica preferentemente se situa en todo lo que haga a nivel de ingresos economicos para el solicitante.

Significado

Lo relacionaremos con la parte laboral. Progreso en el trabajo. Abundante productividad. Provechosa campaña publicitaria, su mensaje sera bien recibido. Ofertas tentadoras y viables. Vitalidad.

Nal influenciada por otras cartas: falta de trabajo, desempleo. Fatiga, cansancio, abulia, desgano. Mensajes mal interpretados, incomunicacion.

Prayer to Eleggua

Eleggua, make my road true
Protecting me night and day.
Let me have gaiety, mirth
And progress in my work.
Let my way be free from insecurities
And let nobody interpose his felony.
Let there be no further guarantee
Other than my increasing capacity and
    competence
Transforming into great value.
Defend my house as a fortress
And do not allow false witnesses or
    swindlers
To sit at my table.
Procure dignified work for me
And give me the great honor
Of being my leader.

—Zolrak

Oración a Eleggua

Eleggua has mi camino cierto
Protegiendome de noche y de día.
Haz que en mi trabajo haya algarabía
Alegrías y progresos.
Que en mi rumbo no haya inseguri-
    dades
Y que nadie interponga su felonía.
Que no haya mas garantía
Que mi capacidad e idoneidad
Transformandose en gran valía.
Defiende mi casa como una fortaleza
Y que no se sienten a mi mesa
Falsos testigos y embaucadores.
Procurame la digna labor
Y el gran honor
De ser mi guía.

—Zolrak

ECHU

ESHU

EXU

Exú, Echu, or Eshu

This is one of the aspects that Elegguá, Elebbá, or Elegbara may adopt. Many think that Exú is one of Elegguá's 21 archetypes. His dwelling is located at the crossing of four roads, which must each be open (without cul-de-sacs) in the four directions for at least seven blocks. He is the "Lord of the Roads," who carefully and cautiously listens and attends to our requests and brings them to the high Orixás, for whom he is the spokesman. By performing this important task, he reaches a spiritual light, covering the direst needs or human wants.

I have observed many festivities of Exú in Brazil, Argentina, Paraguay, and Uruguay, most of them celebrated on August 24th (St. Bartholomew's Day, according to the Saints' perpetual calendar), which have been very beautiful

Exú, Echu, o Eshu

Es un modo de Eleggua, Elebbá o Elegbara, muchos piensan que es uno de los 21 arquetipos de éste. Su morada es el cruce de 4 caminos o encrucijada, que debe de estar abierta (sin cortadas) en las cuatro direcciones y en cada una de ellas en por lo menos 7 cuadras. Es el "Señor de los Caminos," quien escucha y atiende con cuidado y cautela nuestros pedidos, para así llevar nuestros deseos a cada uno de los Orixas Mayores, siendo de éstos su portavoz. Cumpliendo esta importante tarea, alcanza luz espiritual cubriendo las más altas necesidades y carencias humanas.

He observado muchas fiestas a Exú en Brasil, Argentina, Paraguay y Uruguay, celebradas la mayoría de ellas el día 24 de Agosto (Día de San Bartolomé, según el calendario perpetuo de

because of their colors and gaiety. To the rhythm of *atabaques,* whoever wants to consult him (since he knows to perfection human psychology and major human issues) may do so without any difficulty. Presents, gifts, and offerings are usually brought, consisting of alcoholic beverages (cachaça, brandy, or *aguardiente,* uncured rum, whisky), tobacco (cigars, Havanas), etc.

Many syncretize him with St. Michael the Archangel and others with St. Peter (the custodian of the keys of Paradise) because Eshú has the keys to access the different psychic roads. His specialty is to "open up pathways" (with regard to work, professional career, or means of living). Without him, nothing can be started in the spiritual field because he is the mediator between men and the Orishas. And, as a very well known song dedicated to him says: "Without Exú, nothing can be done."

While I was conducting some research in the United States, I had the opportunity of receiving spiritual guidance and advice from Eshú. Some months after the consultation with him, I corroborated the accuracy of his descriptions concerning the circumstances that a relative of mine was going through.

Card Description
He is seen walking through a crossroads and smoking his typical cigar, which he "smokes and de-smokes at the same time" (he spiritually cleans and/or releases the energy of those who resort to him), while holding a bottle of his beverage in his right hand and in the other a trident (a symbol of the present

los Santos) siendo éstas de gran belleza, por su colorido y alegría, en donde al compás de los atabaques; los que quieran consultarlo (ya que él conoce a la perfección la psicología humana y sus problemáticas) pueden hacerlo no habiendo trabas de ninguna índole para ello. Le llevan regalos, presentes u ofrendas que consisten en bebidas alcohólicas como ser: cachaça, aguardiente, caña, whisky; tabaco en forma de puros o habanos, etc.

Muchos lo sincretizan con San Miguel Arcángel y otros con San Pedro (éste sería depositario de las llaves del Cielo o paraíso) pues Eshu tiene las llaves para ingresar a los diferentes caminos psíquicos y su especialidad es "abrir los caminos" (en lo referente a trabajo, profesión, carrera o medio de vida), y sin él no se puede iniciar nada en el terreno de lo espiritual ya que es el mediador entre los hombres y los Orishas. Y como dice una muy conocida canción dedicada a él: "Sin Exú no se puede hacer nada."

En una de mis investigaciones tuve la oportunidad de recibir consejos y guía espiritual de Eshu en los Estados Unidos, donde luego de una consulta con él, corroboré a los pocos meses la exactitud con que había descripto situaciones por las que estaba atravesando un familiar allegado a mi persona.

Descripcion de la Carta
Se lo ve atravesando un cruce de caminos, fumando su típico habano con el cual "Fuma y desfuma a la vez" (limpia y descarga energética y/o espiritualmente a quien recurre a él), una botella de su bebida en su mano derecha y en la otra un tridente (sím-

age, the "Age of Pisces," in which Neptune, its governing planet, with his symbol in the form of a trident, would represent Man with his arms outstretched towards heaven, imploring or requesting help and protection).

In one of the above mentioned opportunities, I asked him: "What is the meaning of that trident?" He answered, with his peculiar sense of humor: "What do you think I use, my son, to lift human garbage, carrion, and man's coarse passions, to push away difficulties in his paths, to fight against the adversities of Evil in all its expressions?"

That answer left me astonished and speechless but allowed me to understand a bit more the magnitude of his mission.

He is accompanied by a black cat which, according to the way of cats, is the animal most commonly seen on street corners at sunset. Let us remember that cats are very psychic animals. Popular imagery has imbued them with a treacherous or malevolent character, which is very unfair for an animal. The fact is that cats are personal, intuitive, independent creatures that are ready to defend themselves against gratuitous attacks and, as already stated, are gifted with paranormal faculties. We should remember that the Egyptians, as well as the Africans, respected and venerated cats, which generally officiated as protectors of temples and palaces.

A red and black cloak—since these are his colors—gives him the appearance of a king, which he is—the "King of the Crossroads." The landscape reminds me of the Bay of All Saints, a city in Brazil where love and magic are one and the same thing, where the sun

bolo de la era que atravesamos, "Era de Piscis," en donde Neptuno (su planeta regente) con su símbolo en forma de tridente representaría al hombre con sus brazos extendidos al cielo, implorando o pidiendo ayuda y protección.

En una de las oportunidades ya mencionadas, le pregunté: "¿Qué significado tiene su tridente?" y con su humor tan peculiar me contestó: "¿Con qué crees mi hijo, que levanto la carroña y basuras humanas, las bajas pasiones del Hombre, aparto los escollos de sus caminos, lucho contra las adversidades del mal en todas sus expresiones?"

Ante esta respuesta quedé atónito, mi respeto me enmudeció y comprendí aún más ¡que grande es su misión!

Lo acompaña un gato negro, ya que éstos dicen ser los animales que los acompañan, y que casualmente son los que más vemos en las esquinas al caer el sol. Recordemos que los gatos son animales muy psíquicos; la imaginería popular y sus fantasías, los ha revestido de un carácter malévolo o traicionero, nada tan injusto para un animal, lo que ocurre es que el gato es personal, intuitivo, independiente y está a la defensa de quienes quieran atacarlo gratuitamente, y como dije anteriormente dotado de facultades paranormales (cabe recordar que los Egipcios-Africanos también, lo respetaban y veneraban; y generalmente oficiaba como protector en templos y palacios).

Una capa de color rojo y negro — ya que éstos son sus colores—, le dan un aire de un rey, y así lo es, él es el "Rey de las Encrucijadas." El paisaje me hace recordar a Bahía de todos los Santos, ciudad del Brasil, en donde el amor y la

is sunnier and the moon seems to look larger than anywhere else in the world. Those wishing to learn about this place without actually traveling there should read *Bahía* by Jorge Amado, a famous Brazilian writer, which depicts it in its smallest details, its customs, its folklore and beliefs, its typical food, etc.

Exú has a deep and profound psychology and, since he is in close contact with humanity, works in our same astral plane; therefore, he has retained some human habits (explaining the alcohol and tobacco, which are used as magnetic elements to keep him inside the medium's body).

My curiosity also led me to ask him on one occasion why he needed to drink and smoke. The answer was that by drinking and smoking he intoxicated his senses—metaphorically speaking—in order to remain in our astral lowland and be more aware of his work.

I also verified that those who incorporate him change the tone, coloration, and timbre of their voice, and sometimes its intensity, but there is no trace of tobacco or alcohol on their breath and they are not at all dizzy; rather, they are completely sober.

His is a virile, almost phallic energy. The ends of many African representations made of mud or carved wood (generally ebony) show this characteristic; i.e., the energy represents the innate reproductive energy of man. It should be clarified that this does not imply that the medium incorporating him will mediumnistically receive any type of sexual information, need, or tendency, since the symbology only refers to the life-giving ability of the human race.

magia son una misma cosa quien quiera conocerla sin tener que viajar a esta ciudad, donde el sol es más sol y la luna pareciera verse más grande que en ningún lugar de este planeta, conque lea "Bahía," de Jorge Amado—famoso escritor brasilero—la podrá conocer hasta sus más íntimos detalles, sus costumbres, su folklore, creencias, típicas comidas, etc. Exú tiene una psicología muy profunda, y al estar en estrecho contacto con los Hombres trabaja en nuestro mismo plano astral, por ello es que conserva algunos gustos humanos (de allí el alcohol, el tabaco, que son utilizados como elementos magnéticos para contenerlo en el cuerpo del médium).

Mi curiosidad me llevó también a preguntarle en una ocasión, a qué se debía la necesidad de beber y fumar, y me contestó que: de esa forma "embriagaba sus sentidos—metafóricamente hablando—, para poder mantenerse en nuestro bajo astral," tomé aún más conciencia de su trabajo.

Comprobé también que quienes lo incorporan, cambian la tonalidad de la voz, su timbre, color, y a veces la intensidad de la misma no quedando en ellos aroma alguno a tabaco ni residuos de aliento a alcohol, y mucho menos mareados, y en total estado de sobriedad.

Es una energía viril, casi fálica, es más muchas estatuillas Africanas hechas en barro o en madera tallada (generalmente en ébano) tienen en sus extremos estas características, es decir representa la fuerza reproductora en el Hombre en forma innata; cabe aclarar que esto no implica decir que cuando un médium lo incorpora reciba me-

Meaning

A virile man, full of vitality and knowledgeable about life, with the innocence of a small boy and the experience of an old man; time seems not to affect him; his energy is constant, he works untiringly and persistently as he tries to attain his goals.

A poet; to communicate with him, you will have to leave any internal fears aside and acknowledge in your heart all the precious gems he hoards.

The card has a loyal and faithful personality, a good companion, partner, or friend that will help you along the path you have started. The card governs the male genital organs. This is a card with a high psychic content and may warn you about any danger or imbalance in this field.

Written and oral communication. Fraternity, association, or lodge. Fraternal and community feeling.

Abandonment of material things towards spiritual things.

> Your friend is the answer to your needs.
> —K. Gibran

Badly affected by other cards: Infidelity. Coolness. Lack of sexual appetite, emotional upset. Laziness. Lack of energy.

diumnímicamente ningún tipo de información, necesidad o tendencia sexual, ya que la simbología sólo se refiere a la capacidad generadora de vida en el género Humano.

Significado

Un hombre vital, viril, conocedor de la vida, con la inocencia de un niño y con la experiencia de un anciano, el tiempo pareciera no afectarle, su energía es constante, infatigable en su tarea, empeñoso y sacrificado en sus fines.

Un poeta que para comunicarse con él, deberá dejar sus temores internos de lado, y saber reconocer en su corazón todas las gemas preciosas que él atesora.

Es de una personalidad leal y fiel, buen compañero, socio o amigo que le ayudará a transitar por el sendero que haya Ud. emprendido. Rige los órganos genitales masculinos. Es una carta con un alto contenido psíquico, es también la que puede anunciarle de algún peligro en estos terrenos, o desfasaje en ellos.

Comunicación escrita, verbal u oral. Confraternidad, asociación o logia. Sentido fraternal y comunitario.

Abandono de lo material hacia lo espiritual.

> Vuestro amigo, es la respuesta a vuestras necesidades.
> —K. Gibran

Mal aspectada por otras cartas: Infidelidad. Frialdad. Inapetencia sexual. Perturbación emocional. Pereza. Falta de energía.

Prayer to Eshu

Lord of the crossroads,
Who waits longer than a friend for
The fraternity I have always wanted.
Very hard and compromised job,
That of being messenger and recipient
 of our requests
Because Oxala or Obatala wanted it so.
Being the humblest among the humble
You have the greatness of those who
 became great
Mitigating the pain of the doleful,
Helping the forsaken and unprotected.
You fulfill what you have promised
Collaborating in human redemption
Without any distinctions as to emblems,
 race, color, or motives.
By cleaning your karma, you help me
 put mine on the right road,
Fighting against evil in all its shapes or
 styles.
You reflect the wisdom of those who
 understand.
Long live your name, Exú!
In the seven paths
In the seven roads
Where you have thrown light
To remove shadows and all darkness.

—Zolrak

Oración a Eshu

Señor de las encrucijadas
Del cruce de caminos
Que esperas mas que un amigo
La confraternidad que siempre he
 querido,
Trabajo muy duro y comprometido
El de ser mensajero y receptor de nues-
 tros pedidos
Porque Oxala u Obatala asi lo ha
 querido
Siendo el mas humilde, de entre los
 humildes
Tienes la grandeza de los que se han
 engrandecido.
Mitigando el dolor del afligido
Socorriendo al desamparado y despro-
 tegido
Cumples lo que has prometido
Colaborando en la redencion humana
Sin distingo de emblemas, razas, color o
 motivos.
Limpiando tu karma, me ayudas a
 encaminar al mío
Luchando contra el mal en todas sus
 formas o estilos
Reflejas la sabiduria de los que han
 comprendido.
¡Que viva tu nombre Exu!
Por los 7 caminos
Por los 7 senderos
En donde has esclarecido
Alejando las sombras y todo lo oscure-
 cido.

—Zolrak

ECHU FEMENINO

FEMALE ESHU

POMBA GIRA

Pomba Gira

Pomba Gira is the feminine version of Exú; that is to say, she is the female Exú and has the same characteristics as the male Exú, but the latter's masculine features are replaced by those which are specific to the feminine gender: she is delicate, sensual, loves beauty, and so on.

Although the gypsy has been chosen as a representative of all aspects of Pomba Gira, it must be clarified that she is known by several names, such as María Padilla, María Mulambo, María of the Seven Crossroads, etc. The Pomba Gira also act as intermediaries between the Orishas and humanity.

They are the great magicians of love and are turned to in hope of recovering a lost love or to find and consolidate a new romantic relationship.

Pomba Gira

Es la versión femenina del Exú, es decir Exú-mujer, y tiene las mismas características del Exú-hombre, cambiando o variando los contenidos viriles por connotaciones específicas del género femenino; ya que es delicada, sensual, amante de lo estético, etc.

Se ha elegido como representante de la Pomba-Gira, a una de ellas, a la Gitana, pero debo aclarar que recibe varios apelativos, a saber: María Padilla, María Mulambo, de las 7 Encrucijadas, etc. Actúan también como intermediarias entre los Orishas y los Hombres.

Son las grandes magas del amor, a ellas se recurre sobre todo para reencontrar el amor perdido, restaurarlo, consolidarlo o encontrarlo.

Alegres, divertidas y munidas de un alto poder de seducción, cautivan con

Cheerful, lively, and extremely seductive, they charm at sight. Upon arrival on the Earth, they burst into musical laughter, like a shout of freedom and happiness.

On the card we can see her dancing with grace and talent, showing that music is, in a manner of speaking, inside her.

She is clad in colorful clothes—her own colors—and wears much costume jewelry, with a red carnation tangled in her hair. She holds a small tambourine in one hand, with which she punctuates her continual movements.

A flower heart sets the background against which we see her in all her beauty. I chose pink for the background because of its harmonizing characteristics. The entire setting is one of quietness and gaiety.

Meaning

Parties, weddings, festivities and celebrations in general. Shared happiness and surprises. Beginning of a courtship, engagement, or marriage. Falling in love. Seduction. Chance and intuition. Prizes and gifts. Good luck is on your side.

Badly influenced by other cards: Frivolous character. Overly hasty decisions. Opportunism and material interests.

su sola presencia. Cuando arriban a la tierra, lanzan una carcajada estrepitosa y musical, como si fuera un grito augurioso de libertad y alegría.

En la carta se la ve bailando con la gracia, y podríamos decir el talento que tiene; demuestran por así decirlo, el ritmo que llevan en la sangre.

Su vestimenta tiene sus colores, y observamos la cantidad de alhajas y bijouterie que les gusta tener; enmarañado entre sus cabellos hay un clavel rojo, y en una de sus manos una pandereta que marcará el incesante movimiento.

Un corazón de flores, parapeta su figura, y la enmarca en la totalidad de su belleza. El color rosa, conocido por sus características armonizadoras, lo he elegido para rodear la imagen. Todo esto nos da un marco de tranquilidad y festejos.

Significado

Fiestas, casamientos, festejos y celebraciones en general.

Alegrías y sorpresas compartidas. Comienzo de un noviazgo, pareja o enlace. Enamoramiento. Seducción. Azar e intuición. Premios y regalos. La buenaventura está de su lado.

Mal aspectada por otras cartas: liviandad en el carácter. Apresuramiento en tomar decisiones. Oportunismo e intereses materiales.

Prayer to Pomba Gira

Pomba Gira,
Spirit of gaiety,
I always need your magic
And your sagacity as well
To lead wickedness away.
And also seduction
To solve my loneliness.
Let your tinkling laughter
Like the most fragrant champagne
Overflow with peace and happiness.
And let the heart of my beloved _____
Beat uninterruptedly
Only for my person
And in all directions.

—Zolrak

Oración a Pomba Gira

Pomba Gira
Espiritu de la alegria
Necesito siempre tu magia
Y tambien tu sagacidad
Para desviar a la maldad.
Como tambien la seducción
Para poner solución
A mi soledad.
Que tu sonrisa tintineante
Como el champagne mas fragante
Desborde de paz y felicidad.
Y que el corazon de mi ser amado _____
Palpite sin interrupciones
Solo por mi persona
Y en todas las direcciones.

—Zolrak

OGUN

OGUN

OGUM

Ogun

This fighter, who has a strong body and a lithe shape, fights with integrity against the beast.

He carries his sword in one hand and in the other a spear ready to be used as a means of defense and attack.

A simple crown with little finery reveals his hierarchy. On the crown there is a smaller sword like a kind of banner, and he wears necklaces or ornamental chains around his neck and typical bracelets on his arms.

The major colors of the card are blue and green; the first is related to Ogun Xoroké, whose syncretism is with St. Anthony, while green corresponds to Oxossi (St. George) and to Ogun, who is also St. George for many people. Others relate him to St. John and St. Peter.

Ogun

Un cuerpo fornido y una estilizada figura, pertenecen a este luchador, que con gran entereza batalla contra la bestia.

En una mano lleva una espada, y en la otra una lanza ya aprestándose a imponerla en forma de defensa y ataque.

Una corona simple, sin grandes atavíos, revelan su jerarquía, en ella a modo de estandarte, se encuentra una pequeña espada, collares o guías sobre su cuello y típicos brazaletes en sus brazos.

En la carta predominan dos colores: el azul y el verde, el primero relacionado con Ogun Xoroké, cuyo sincretismo se encuentra en la figura de San Antonio y el verde que corresponde a Oxossi (San Jorge) y a Ogun, quien también para muchos es San Jorge. Otros lo vinculan con San Juan y San Pedro.

Both Orixás, strongly related to each other, are brave and hardened fighters who defend justice and order. They fight against evil and are invoked by people who want to undo strong spells or wicked deeds; hence the allegory of killing the dragon or beast.

The spear and the sword belong to Ogun and, since he is the patron of iron, all things related to metals and metallurgy are related to him. Oxossi or Ochosi is known as the hunter and his tools are the bow and the arrow.

Some lines or nations who compare Ogun to St. George believe that his governing colors are green and red, while others consider it to be green only. Despite this difference, his definition as a fighting spirit is the same.

His energy lives in the forests, in shrubs, in the mount, etc., in everything that is green. The owner of all herbs and leaves is another Orisha called Osain (although he shares this privilege with all Saints, since each one of them owns one or more specific plants) who, in addition to that, has his or her *axé, aché,* or *ashé* and knows all their properties, thus becoming the great herbalist.

Meaning

The spirit triumphs and prevails over matter. Good overcomes evil. Intelligence exercises supremacy over brutality. Conquered enemies. You will win in any contest. Love is conjured up to reject and repeal hate. A nature that is benevolent, but at the same time strong, compelling, precipitate, and impulsive. Tenacity and courage. You will bring anything you have started to a conclusion and nothing, not even the smallest detail, will be omitted. Travels by train.

Pues bien ambos Orixás, muy fuertemente vinculados entre sí, son luchadores, defensores de la justicia y el orden, valientes y aguerridos. Embaten contra el mal, y a ellos se les invoca para deshacer grandes hechizos o trabajos malignos, de allí su alegoría de matar a la bestia o dragón.

A Ogun le pertenecen la espada y la lanza, y por ser el dueño del hierro se lo relaciona con todo lo metálico, y con todo lo metalúrgico. A Oxossi u Ochosi se lo reconoce como el cazador, y su herramienta es el arco y la flecha.

Para algunas líneas o Naciones, que asemejan a Ogun con San Jorge, le confieren el color verde y otros le dan como regente al verde y rojo; a pesar de esta diferenciación no varía la conceptualización de su espíritu de lucha.

Sus energías moran en los bosques, en las matas, en el monte, etc., en todo lo verde; en donde el dueño de todas las hojas y hierbas es otro Orisha, llamado Osain, quien aparte de pertenecerle todas las plantas (aunque comparte este privilegio con todos los Santos pues cada uno de ellos es dueño de una o varias plantas en particular), tiene de ellas su "axé", "aché" o "ashé" siendo un gran conocedor de sus propiedades, convirtiéndose así en el gran herborista.

Significado

Lo espiritual vence y prevalece a lo material. El bien triunfa sobre el mal. La inteligencia ejerce su supremacía sobre la brutalidad. Enemigos vencidos. Usted ganará cualquier contienda. El amor se conjura para desechar y rechazar el odio.

Carácter benevolente pero a la vez fuerte, compulsivo, arrebatado e impul-

Activities and business related to metal-lurgy. Romantic, vehement, and grand-iloquent love. Everything related to botany and groves. Vegetarian and naturistic tendencies.

Badly influenced: Lack of valor to face dangers and inconveniences. Excessive strength and an exaggerated use of its means and/or tools. Brute force prevails over the action of the word. Haughtiness. Problems with security forces due to bad performance.

sivo. Tenacidad y coraje. Todo lo que emprenda será concluido, nada ni el más mínimo detalle será rechazado ni dejado de lado. Viajes por tren. Activi-dades y negocios relacionados con el área metalúrgica. Amor vehemente, romántico y grandilocuente. Todo lo relacionado con la botánica, la floresta. Tendencias vegetarianas y naturistas.

Mal aspectada en la lectura: falta de valentía para enfrentar los inconve-nientes y peligros. Exceso de fuerza y exageración de los medios y/o instru-mentos para usarla. Prevalece la fuerza bruta, sobre la acción de la palabra. Prepotencia. Problemas con las fuerza de seguridad, debido a un mal desem-peño suyo.

Prayer to Ogun and Ochosi

Ogun and Ochosi,
Conquerors of demands,
Their land is green,
The plants and shrubs.
I ask your help
To clean my body,
My mind, my soul, and that of _____.
Let those who wished bad for us
Repent, withdraw, and go far away.
Let those who wish to prejudice us
Become motionless so as to do nothing.
Ogun with your silver sword,
Ochosi with your magnetized bow and
　　arrows,
Shall cross forests, fields, plains,
Mountains, the shores of the sea,
The banks of streams or waterfalls.
Because you are brave warriors
Of lineage and valor,
Do not allow
The armies or legions of evil
To bend, prejudice, or bewitch
My sown land, my crop, my tools,
My house, or anything else at all.

　　　　　　　　　　　—Zolrak

Oración a Ogun y Ochosi

Ogun y Ochosi
Vencedores de demandas
Sus terrenos lo verde
Las plantas, las matas.
Acudo en vuestra ayuda
Para limpiar mi cuerpo,
Mi mente, mi alma y la de _____.
Hagan que quien nos deseo mal
Se arrepienta, se aleje y se vaya.
Que quien quiera perjudicarnos
Se inmovilice para no hacer nada.
Ogun con tu espada de plata
Ochosi con tu arco y flechas imantadas
Crucen selvas, campos, llanuras
Montañas, la orilla del mar
Del arroyo o la cascada.
Porque sois guerreros de bravura
De estirpe y valentía
No permitais
Que ejercitos o legiones del mal
Dobleguen, perjudiquen o maleficien
Mi siembra, cosecha, herramientas
Mi casa ni absolutamente nada.

　　　　　　　　　　　—Zolrak

OYA

YANSA

IANSÁ

Iansá or Oyá

In a stormy sky, with flashes of lightning making their way from among the clouds, Iansa appears angrily on the land, strong as a cyclone, standing over a cemetery (the place she governs).

Quickness and nimbleness in full motion, she is the Orisha of the wind, in addition to being the Orisha of the storms and the thunderbolt. Her number is nine or seven, according to the sects that venerate her; therefore, seven or nine rays surround her crown. In her left hand she carries a sword because she is a warrior, an indefatigable fighter like Saint Barbara, and that is one of the reasons for her syncretism with that saint. The same arm wears seven or nine bracelets of the same material as the crown; i.e., of copper, a metal that belongs to her. The other hand holds

Iansá u Oyá

En un cielo "tormentoso," con descargas eléctricas que en forma de un rayo se abre paso de entre las nubes, fuerte como un ciclón se levanta en forma airada sobre la tierra y el cementerio (lugar que gobierna) que está bajo sus pies.

Agilidad y destreza en pleno movimiento, nos demuestra la figura, ella aparte de ser el Orisha de las tormentas, el rayo, lo es también del viento. Su número es el 9 ó el 7 según las líneas que la cultuen, por lo tanto siete o nueve rayos enmarcan su corona, en su mano izquierda: una espada ya que ella es guerrera, luchadora inquebrantable, al igual que Santa Bárbara, de ahí el por qué de su sincretismo (uno de los motivos). En el mismo brazo, 7 ó 9 pulseras del mismo material que la corona, o sea de cobre, metal

one of her tools that has the shape of a small feather duster (made of horsehair), which she uses to shoo away the *egunes* (spirits of the dead), whose name is *iruexim*. A red necklace (her color) adorns her neck. Some also believe that her governing color is brown.

Her long, wavy hair plays with the wind, which envelops her, shading the background in light pink, another of her preferred colors.

Iansá or Oyá is temperamental and shows a certain "air"—redundant though it may be—of lightness like the wind she governs. She does not fit into a rigid classification and is not stereotyped, nor does she like limitations or parameters—exactly like the element she presides over. She is an untiring fighter (as if reinjecting her own energy, that of lightning, into herself), irrepressible like everything she represents, overflowing with merriment and sensuality.

Many stories label her the cause of disagreement and subsequent rivalry between Ogún and Xangó, since it would seem that Iansá abandoned the former to become the first wife of Xangó, attracted by his strong personal magnetism.

She is one of the first female Orixás who came down to dance in a *terreiro* (Brazil and other South American countries) or *guemileres* (in Caribbean and Central American areas).

Her steps and dancing are marked, triumphant, dashing, swift, and "sparkling."

Meaning

You made yourself by dint of courage, fighting, willpower, and tenacity; your

que le pertenece, en el otro una de sus herramientas en forma de plumerillo (formado por crines de caballo) que le sirve para espantar egunes (espiritus de muertos) cuya denominación es "iruexim." Un collar como guía, de su color (rojo) adornando su cuello. Algunos creyentes le confieren también el color marrón. Sus cabellos largos y ondulantes, juegan con el viento, que a la vez envuelve su entorno como vistiéndola de color rosa claro, otro de sus colores preferidos.

Iansá u Oyá, es temperamental y con cierto "aire" (valga la redundancia) de liviandad en sus criterios (no se sujeta a rótulos, no es estereotipada, ni gusta de contenciones ni parámetros, tal cual el elemento que preside) tal como el viento que ella dirige, es luchadora incansable (como inyectándose su propia energía: el rayo) incontenible como todo lo que representa, desbordable de alegría y sensualidad.

Muchas historias la ponen como la causante del distanciamiento entre Ogun y Xangó; y a partir de allí su rivalidad, ya que pareciera que Iansá habría abandonado al primero para ser la primera mujer de Xangó, atraída por el gran magnetismo del mismo.

Es una de los primeros Orixás femeninos que bajan a danzar en un "terreiro" (Brasil, y otros países de Sudamérica) o "güemileres" (en zonas del Caribe y Centroamérica).

Su paso y danza son marcados, triunfantes, marciales, rápidos y "centelleantes."

Significado

Usted se hizo a fuerza de coraje, lucha, voluntad y tenacidad, rápidos son sus

thoughts are quick, and often you allow no disagreement.

Of versatile character, you will be able to perform more than one task at a time. You will find it difficult to become rooted to a place or situation because you love change, so much so that you may choose novelty over the traditional or conventional, something that may bring you new experiences.

Challenging, qualified for research or at least to start research activities. At once analytical and possessive of things you consider your own.

You can be cautious and repress impetus when you decide to do it. Fortitude. Speed. This card governs the nervous system, its filaments and nerve endings, and also thinking. Electricity and all related items (conductors, power plants, filaments, cables, etc.)

> Helmholtz stimulated the nerve at different points and measured the time it took for the muscle to contract. When stimulating the nerve at the farthest point from the muscle, there was a delay in the contraction. … Mammals' nerves are the most efficient in the animal kingdom; the best quality ones conduct nervous impulses at a speed of 362 km an hour.
> Isaac Asimov, *Basic Questions on Science* (Biblioteca Página 12, Alianza Editorial S.A.)

Adding up the 362 km mentioned above will result in a total, according to numerology, of $3 + 6 + 2 = 11$ (the first master number).

Badly aspected by other cards: Enemy and rival woman. Unreflective and "stormy" character. Psychological

pensamientos y muchas veces no da lugar a opinión alguna.

De temperamento versátil, podrá realizar más de una tarea por vez, le costará arraigarse a un lugar fijo o a una situación constante ya que es amante de los cambios, pudiendo llegar a desestimar lo tradicional o convencional por algo nuevo, que le deje experiencias por descubrir.

Desafiante, con gran espíritu para la investigación, o por lo menos para el inicio de este tipo de tareas. Analítico y posesivo a la vez de lo que considera de su propiedad.

Cuando se lo propone es cauteloso, no dejándose llevar por su ímpetu. Fortaleza. Rapidez. Esta carta rige el sistema nervioso, sus filamentos y terminaciones, en sí también el pensamiento.

Electricidad y todo lo referente a ella (conductores, usinas, filamentos, cables, etc.).

> Helmholtz estimuló el nervio en diversos puntos y midió el tiempo que tardaba el músculo en contraerse. Al estimular el nervio en un punto más alejado del músculo, la contracción se retrasaba […] Los nervios de los mamíferos son los más eficaces del reino animal, los de mejor calidad, conducen los impulsos nerviosos a una velocidad de 362 Km/h".
> "Preguntas básicas sobre la ciencia," Isaac Asimov (Biblioteca Página 12, Alianza Editorial S.A.)

Si sumamos los 362 Km/h, según la Numerología nos dará: $3 + 6 + 2 = 11$ (primer número maestro).

Mal aspectada por otras cartas: mujer rival y contrincante, carácter

moving problems. Complex situation with conflicts. Sharp and explosive statements.

Prayer to Iansá or Oyá

Fighting and mysterious
You appear majestic
At the height of the storm and tempest.
You are the thunderbolt that reminds
   us
Of your presence in the midst of the sky
And in the illuminated graveyard
You govern your kingdom.
Blessed Saint Barbara
Guard us from all evil
And with your copper sword
Scare away disturbing spirits
So that Iku may have no dwelling place
Going away from my house, my body,
   my environment,
And finding no way.

—Zolrak

irreflexivo y tormentoso. Problemas psicomotrices. Situación compleja y conflictiva. Declaraciones agudas y explosivas.

Oración a Iansá or Oyá

Guerrera y misteriosa
Te alzas majestuosa
En plena tormenta y tempestad.
Eres el rayo que nos recuerda
Tu presencia en mitad del cielo
Y en camposanto iluminado
Riges tu reinado.
Santa Barbara bendita
Cuidanos de todos los males
Y con tu espada de cobre
Espanta los espiritus perturbadores
Para que iku no tenga morada
Alejandose de mi casa
De mi cuerpo, de mi entorno
No encontrando entrada.

—Zolrak

CHANGO

SHANGO

XANGÔ

Chango or Xango

A large man of strong build, sitting on a huge rock in the lotus position but erect, as if his thighs, hips, and spine were at a right angle.

His hands hold one of his main tools or symbols, the double-edged ax, with which this noble fighter awards justice. The ax covers his eyes (because justice must be fair and objective, and above all unbiased).

On the upper half of his right arm, he wears an ornamental band against *egunes* (spirits of the dead) decorated with *buzios* (seashells), and around his neck he wears a chain or necklace in his colors, red and white.

This figure transmits a feeling of balance, stability, strength, and security.

A cloudy sky in the background perfectly describes the environment or

Chango o Xango

Un hombre de contextura fuerte y grande, sentado sobre una gran roca, en posición de loto, y a pesar de ello, se lo ve erguido como si formara un ángulo recto entre sus muslos, cadera y columna vertebral.

Sus dos manos, tomando uno de sus herramientas o símbolos principales, el hacha de doble filo, con la cual imparte Justicia, este noble luchador. La misma cubre sus ojos (ya que la justicia debe ser imparcial y objetiva, por demás ecuánime).

Lleva en la parte superior del brazo derecho una guía contra egunes adornadas con buzios o cauris, una guía o collar en su cuello con sus colores identificatorios, que son el rojo y el blanco.

Una figura que nos da sensación de equilibrio, estabilidad, mucha fortaleza y seguridad.

place where this Orisha exercises his influence.

The Saint is called "The owner of the stones" or "Acutá Mayor." He is patron of thunder (and also lightning, until he gave it to one of his wives, Iansá or Oyá, to whom it now belongs). He makes his voice heard through the sound of thunder, although his power (*axé* or *aché),* resides in the stones and is as imperturbable as they are. This would appear to give him certain rigidity, but law or justice, while it must be tolerant, is also rigid in its scale of values, where ethics plays a leading role.

According to legend, Xangó had three wives (Oyá, Obá, and Ochun), which reveals his ardor in love and gives us an idea of the psychological features of the spiritual sons he protects as Guardian Angel. His wives shared different times, stages, and passages in life with him, substantiating the belief in the broad protection usually ascribed to his personality.

According to popular belief, he was the fourth king of Oyó, old capital of the Yoruba people.

Meaning

He represents judges and magistrates, Justice in general and the concept of justice as such. Fairness, balance, and equality of conditions. Administrative procedures, execution of contracts, bureaucracy, vouchers, documentation, papers in general. Examinations, seminars, courses, and conventions.

He acts on ideals or the idealization of a thought, on our conscience, above all its ethical and social side.

Like the concept of truth, justice does not always agree with what people

Atrás de él, un cielo nublado, describe a la perfección el hábitat o lugar de influencia de este Orishá.

Es llamado "dueño de las piedras," "Acutá Mayor"; es dueño del trueno (anteriormente del rayo también, hasta que se lo entregó a una de sus esposas "Iansá" u "Oyá" a quien ahora pertenece) y su voz se hace oír a través de él, pero su poder o "Axé," o "Aché" reside en las piedras, y es tan imperturbable como ellas, lo que parecicra darle ciertas características de rigidez, pues bien la ley o la justicia deben ser tolerantes pero también rígidas en su escala de valores, en donde la ética juega un papel preponderante.

Cuentan las leyendas, que Xangó tuvo tres esposas (estas son: Oya, Oba y Ochun), lo que revela su fogocidad para el amor, y nos da idea del arquetipo psicológico perteneciente a los hijos espirituales que lo tengan como Angel de la Guardia. Sus esposas compartieron tiempos, etapas, y pasajes distintos en la vida de Xangó, comprobando el amplio sentido protector de su personalidad.

Según la creencia popular, fue el cuarto Rey de Oyó, antigua capital del pueblo Yoruba.

Significado

Representa a los Jueces y Magistrados, a la Justicia en general, a su concepción como tal. Equidad, equilibrio e igualdad de condiciones. Tramitaciones, firma de contratos, recibos, documentación, papeles en general. Exámenes, seminarios, cursos, convenciones.

Actúa sobre los ideales o sobre la idealización de un pensamiento, sobre nuestra conciencia, sobre toda la parte ético-social.

may sometimes consider to be fair or true. To reach settlement, we must set aside personal interests, selfishness, and passion because, according to one of the great men in history, Socrates, we will have actual knowledge of a concept or something only when we are able to define it and such definition raises no objection. This status is reached through the search for knowledge, something a master cannot teach, but he may indeed lead his disciples to reflect, to work with their minds with truth as their goal.

Surrounded by unfavorable cards: Its meaning changes, but, nevertheless, it will embrace all the mentioned items. Problems with justice could arise. In signing documents or making transactions, delays and other inconveniences might be presented. Objections in any kind of official transaction. Problems are present in areas such as studies and learning. Lack of balance and equity. Unjust measures and inconvenient resolutions.

Como el concepto de la Verdad, la Justicia no va a estar siempre de acuerdo con lo que consideramos a veces justo o verdadero; para que exista una conciliación debemos dejar de lado intereses personales, egoísmos y apasionamientos, ya que como pensaba un Grande de su época, Sócrates, tendremos conocimiento verdadero de algún concepto o cosa, cuando la definamos, y ésta definición sea inobjetable. Esta posición se alcanzaría a través de la búsqueda del conocimiento, cosa que un Maestro no puede enseñar, lo que sí puede llegar a hacer es inducir a su discípulo a reflexionar, a trabajar con su mente y extraer de ella la Verdad.

Rodeada de cartas poco propiciatorias: su significado cambia pero abarcaría todos los ítems mencionados. Representaría problemas con la Justicia. Retrasos o inconvenientes en la firma de papeles. Trámites. Trabas en cualquier tipo de documentación. Burocracia. Problemas en el aprendizaje, en el estudio. Falta de equilibrio y de equidad. Medidas poco justas y resoluciones para nada alentadoras.

Prayer to Xango or Chango

Justice has come!
Make way for Chango
Whose balance has no preferences.
For him it is the same to be an emperor
    or a beggar,
The rich or the poor.
Help and defend me
From the traps of my enemies.
Let no judge on earth
Disobey your intercession,
Since your decision
Shall be a full and just judgment.
Protect me as regards proceedings and
    papers
Even though they may be very old.
Expedite them with your generosity
And have pity on
Those who do not understand you,
Since justice is little understood
For not being promising and being so
    compromising.
As Saint Mark of Leon I syncretize you
As a writer and tamer of wild beasts.
Let this be so
So that I may defeat and dominate
Those who interfere with my plans,
Not if they are false or unjustified
But if they are just and well thought
    out.

—Zolrak

Oración a Xango o Chango

¡La justicia llego!
Habran paso a Chango
Su balanza no tiene preferidos
Para el tanto un emperador como un
    mendigo
Tanto el rico como el pobre
El poderoso como el desprotegido
Ayúdame y defiéndeme
De las trampas de mis enemigos.
Que juez ninguno en la tierra
Desobedezca tu intersesión
Ya que tu decisión
Sera el fallo pleno y justo.
Protégeme en papeles y tramites
Aunque estos sean ya vetustos
agilízalos con tu magnimidad
Y tenle piedad
A los que no te entienden
Pues la justicia es poco comprendida
Por poco halagadora y tan compro-
    metida.
Con San Marcos de Leon, yo te sin-
    cretizo
Como escriba y domador de fieras
Haz que asi suceda
Y pueda vencer y dominar
A quien interceda en mis planes
No por falsos o injustificados
Sino por justos y bien emplazados.

—Zolrak

BABALUALLE

XAPANA-SHAPANA

OMULÚ

Xapaná—Babaluallé—Omulú

A figure of a man fully covered (save for his arms and feet) by a garment made of *palha da costa* (a kind of straw or raffia, which has also been used to knit the band against *egunes* which he wears on both upper arms, decorated with *buzios*). The straw is arranged in a crisscross of long rows going round and round him, so that there is no discernible shape.

He is dancing and waving his arms backward and forward as if trying to sweep or erase something; his feet mimic the same quick and energetic dance.

The son of Naná Burucú and Obatalá, he is known as Xapaná, Obaluaié, Babaluallé, or Omulú (one young

Xapaná—Babaluallé—Omulú

Una figura de un hombre totalmente cubierta (solamente se ven sus brazos y pies) por un traje formado de "palha da costa" (especie de paja o rafia, con el cual se tejen también las guías contra egunes, que lleva en ambos brazos en la parte superior adornadas con buzios o cauris), describiendo largas y diferentes hileras hasta perder totalmente su verdadero entorno.

Se encuentra bailando, describiendo un movimiento de brazos de atrás hacia adelante, como queriendo borrar o barrer algo; lo mismo ejecuta con sus pies, una danza rápida y enérgica.

Hijo de Naná Burucú y Obatalá, es conocido como Xapaná, Obaluaié, Babaluallé, u Omulú (uno joven y el

man and the other an older man, representing the energy of action through time, one after the other).

He is invoked in matters relating to health, as assistant to the physician, so that he may enlighten the mind of the professional to secure an accurate diagnosis and prescription of the correct treatment. His greeting is *Atotó,* which also serves as a verbal means of preventing illnesses; people believe in the importance of this word, in what it reveals. Other very common greetings are: *Ambao Xapaná, Zapatá,* or *Chapaná.*

He is very popular, and is known as the Saint who cures plagues and smallpox. They say that he covers his body so completely because of the marks left by eruption pustules. There are stories that say that this Orisha visited villages one by one, curing people and receiving in turn the waste energy resulting from their diseases.

His color is violet-blue, but other African nations who worship him assign black and white, as a whole, to him.

His syncretism is with Our Lord Jesus Christ for the great suffering He endured on the cross (as witness Christ's seven wounds) and the great healing power of our Lord, which transmuted that pain into love. He is also syncretized with Saint Roque and Saint Lazarus, depending on his passage or vibration.

They say that most of his sons carry a birthmark, usually on their legs, like a scar or small blemish, and that they are shy, withdrawn within themselves, analytical, and easily predict any sign of illness.

Due to their ability to concentrate, their analyses can be critical and

otro más viejo, representando una energía de acción en el tiempo, una anterior a la otra).

A él se recurre, invocándolo para problemas de salud como auxiliador de médicos, pidiendo para que el Santo actúe como iluminador de la mente de los profesionales, para que den con el tratamiento indicado, recetando y diagnosticando en forma certera y precisa. Su saludo es "Atotó," este vocablo sirve como salutación pero también como medio oral para prevenirse y evadir alguna enfermedad; se cree en la influencia de la palabra, en lo que ella concierne y delata. Otro de sus saludos más conocidos es: "Ambao Xapaná," "Zapatá" o "Chapaná."

Es muy popular y es conocido como el Santo curador de la peste y la viruela, y dicen que su cuerpo está totalmente cubierto debido a que debajo de su ropaje, su piel tiene secuelas de enfermedades eruptivas como las mencionadas. Cuentan las historias que este Orishá, recorrió una por una las aldeas curando a la gente y recibiendo en sí, los deshechos energéticos de los desarreglos de salud de los enfermos.

Sus colores son azulinos violáceos, dependiendo de la Nación Africana que lo cultue, pues otras le dan como color el negro y el blanco en conjunto.

Se lo sincretiza como Nuestro Señor Jesucristo, debido al gran sufrimiento que tuvo que pasar en la Cruz (prueba de las 7 llagas de Cristo) y el gran poder curativo que tuvo Nuestro Señor, en la forma de transmutar ese dolor en amor, también con San Roque o San Lázaro según su pasaje o vibración.

Dicen que en la mayoría de los casos, a sus hijos, les deja una señal o

their comments sharp. They do not resort to innuendo at all but go straight to the point.

Meaning

High fraternal and spiritual sense. Charitable and humanitarian power, spirit of service. Strong imagination and organizing mind. Strongly sensitive to the pain of others, both physical and spiritual, he is always willing to cooperate as much as possible, and this quality becomes more noticeable with the passing of time. A process of illness that comes to an end. Recovery and improvement from a state. Interference with joints and bones, its influence extends to a dermatological level.

Within a less favorable or negative context, the cards may be interpreted to mean an illness or a psychosomatic process. Loneliness and ostracism. Silence. Self-examination, seclusion. Psychological, behavioral, and communication difficulties. An examination should be made by specialists (psychologists, psychotherapists, etc.). A checkup is recommended; symptoms, however small, should be observed and referred to your doctor.

marca de nacimiento en el cuerpo, generalmente en la pierna en forma de cicatriz o pequeña mancha, y les confiere una personalidad tímida, con gran poder de reconcentración y análisis, y los hace psicosomatizar cualquier indicio de enfermedad.

Debido al gran poder de concentración que tienen, su análisis es crítico y a veces sus comentarios pueden llegar a ser muy agudos, para nada insinuantes, sino más bien directos y cortantes.

Significado

Alto sentido fraterno, espiritual. Dotes caritativas y humanitarias, espíritu de servicio. Imaginación fuerte y mente organizadora. Hipersensibilidad al dolor físico y espiritual de los demás, condoliéndose con los otros, tratando de prestar toda su colaboración; aptitud que se incrementará con el paso del tiempo.

Proceso de enfermedad física que llega a su fin. Recuperación y mejoría de un estado. Ingerencia en articulaciones y huesos, su influencia se extiende a nivel dermatológico.

Y en un contexto con cartas menos favorables y/o negativas, podemos interpretar la lectura como: enfermedad y proceso de psicosomatización. Ostracismo y soledad. Mutismo. Introspección, reclusión. Problemas psicológicos, de conducta y de comunicación con los demás, recurra a especialistas en la materia (psicólogos, psicoterapeutas, etc.). Hágase un chequeo en general, observe la sintomatología por más ínfima que ésta fuera, y recurra a su médico.

Prayer to Xapaná— Babaluallé—Omulú

Xapaná, Babaluallé, or Omulú,
Son of Naná Burucú,
A garment of straw of the coast
Makes it difficult to guess your body
    and image
And allows you to hide under it
Psycho-spiritual wounds and evil.
Those who have faith in you
Shall be cured of sickness and pain.
Atotó, remove all illnesses
From me, from my loved ones or from

_____,
The same as Saint Roque is asked to do.
As Saint Pantaleon is requested to cure
    wounds
And Saint Blaise is invoked to cure sore
    throats,
I ask you to remove the thorns
That would have me bleeding
And withdraw the achings
That may disturb me.

—Zolrak

Oración a Xapaná— Babaluallé—Omulú

Xapaná, Babaluallé u Omulú
Hijo de Naná Burucú
De paja de la costa tu traje
Que no deja adivinar tu cuerpo ni ima-
    gen
Debajo de el
Recoges las heridas
Y males psico-espirituales
Curando al que fe en ti tenga
De todos los dolores y males.
Aleja, "atotó," a las enfermedades
De mi, de mis seres queridos y de

_____,
Como a San Roque se le pide,
A San Pantaleon que cure las heridas
O San Blas para sanar las anginas a ti te
    pido
Que quites las espinas
Que quisieran hacerme sangrar
Y retirar de mi, las dolencias
Que me pudieran perturbar.

—Zolrak

OBA

OBA

OBÁ

Obá

A little, almost ethereal, dancer's figure. She walks on rocks and water, and one can almost hear, from far away, martial music keeping a fast pace.

In one hand she holds a small sword like a machete and in the other a shield covering part of her head.

Her dress is reminiscent of an armor where steel-gray and pink colors prevail (the latter color is attributed to the Orisha). She was patroness of the river of the same name in Africa and was the first wife of Xangó, his faithful companion, very jealous of her husband. There is a legend that Obá, wishing to keep his love and following Ochún's advice and instructions (although others say that Iansá was the advisor) cut off one of her ears (which is why that part of her face is covered by the shield) to

Obá

Una figura danzarina, estilizada, casi etérea; camina sobre las rocas y aguas, dejando la sensación de escuchar a lo lejos una música marcial, con ritmos rápidos y marcados.

En una mano lleva una pequeña espada parecida a un machete, y en la otra un escudo que cubre parte de su cabeza.

Toda su vestimenta nos recuerda a una armadura, prevaleciendo los colores acerados y rosas (este último es el color atribuido al Orixá). Fue la dueña del río en Africa, que lleva su mismo nombre, y la primera esposa de Xangó, fiel, compañera y muy celosa de su marido.

Los relatos cuentan una leyenda en la que Obá, con deseos de conservar el amor de su esposo y siguiendo instrucciones y consejos de Ochun (otros dicen

prepare a soup that her husband liked very much, called *carurú*, with that special ingredient acting as a kind of *ebó*.

However, despite her advisor's prediction, when her husband came home and noticed that her head was covered by a white cloth, he was surprised and asked why, and at the same time he asked what were they going to eat. Obá seemed not to hear and went on with her chores.

Xangó sensed that something unusual was happening and tried to solve the enigma by himself. With a quick movement, he removed the headdress covering her head and saw that one of her ears was missing.

Obá was then forced to tell him what had happened. He reacted angrily and disgusted, wherefore he vowed never again to live with her and went instead to live with Iansá.

Interpreting this legend, we may see how the Yoruba have illustrated human behavior in a simple, practical way. Obá's self mutilation would be a defacement of her happiness, "closing her ears" to what her reasoning and scale of values showed her; listening, instead, to the interested advice of a so-called friend. She wants to ingratiate herself, to a certain extent to buy love in exchange for something appetizing and "digestive" (since the object used to attract is edible), transforming this fact into something material, withdrawing from the spirituality of the love of a couple. She forgets that justice is incorruptible, not vulnerable to seduction, gifts, or "good food."

Obá is syncretized with Saint Joan of Arc, Saint Catherine, and the Candlemas.

que la inoportuna consejera fue Iansá), se corta una oreja (de allí que esta parte de su rostro esté cubierta con el escudo) y con ella prepara una sopa muy apreciada por Xangó, llamada "carurú," con ese ingrediente especial que actuaría como una especie de "ebó."

Sin embargo, y contrariando los vaticinios de su asesora, al llegar su esposo a la casa, y notar que la cabeza de Obá se encontraba cubierta y protegida por un paño blanco, llamóle la atención y preguntó a qué se debía esa actitud, e inmediatamente también, interrogó sobre el menú a disfrutar, a lo que Obá como desoyéndolo hizo caso omiso y prosiguió con sus tareas habituales, tal como si no lo hubiese escuchado.

Xangó intuyó que algo raro estaba acaeciendo, y por lo tanto optó resolver los enigmas por sí solo, y de un rápido movimiento, quitó la especie de turbante, que envolvía la cabeza de su mujer, notando que le faltaba una oreja.

Ante esta situación Obá, le contó todo lo planeado y realizado por su persona, lo que produjo en su marido gran enojo y fastidio, motivo por el cual nunca más convivió con ella, pasando luego sus días con Iansá.

Interpretando la leyenda, podemos observar cómo los Yorubas ejemplificaron la conducta humana de manera práctica y sencilla.

La automutilación de Obá, representaría un móvil para cercenar su felicidad, "desoyendo" de esa forma lo que su raciocinio y escala de valores le marcara, escuchando los malos consejos de una interesada y supuesta amiga. Quiere agraciar y en cierta forma comprar el amor, de una manera apetecible

Meaning

A great fighting spirit and offering. Passion and love without reflection. Wife, lover, faithful girlfriend, and companion. Excellent housewife, a professional that works hard in her field and looks anxiously after others.

When the cards are not favorable: mutilation, unhealthy jealousy. Accidents with cutting items. Unexpected surgery and operations. Definitive extirpation of something out of necessity, something that will not be understood and will bring about sadness and sorrow, both at the commercial (dismissals, closing of branches, taking away of bonuses) and industrial levels (closing of plants or facilities, operational changes, and so on).

y "digestiva" (ya que el objeto utilizado como atractivo es algo comestible), transformando este hecho en algo material, alejándose de lo espiritual del amor de una pareja. Descuidando un gran detalle: la justicia es incorruptible, no se la puede seducir, ni alagar con regalos o "platos gustativos."

A Obá se la sincretiza con Santa Juana de Arco, con Santa Catalina y con la Candelaria.

Significado

Gran espíritu de lucha y sacrificio. Apasionamiento y amor sin miramientos. Mujer, amante, novia fiel y compañera. Estupenda ama de casa, profesional que trabajará arduamente en su tarea, desvelándose por los demás.

Y rodeada de cartas poco propiciatorias: mutilación, celos enfermizos. Accidentes con elementos cortantes. Cirugías y operaciones imprevistas. Extirpar algo en forma tajante, por necesidad, que no será comprendido y nos acarreará tristezas y disgustos, tanto en el plano comercial (despidos, cierres de sucursales, quita de premios) e industrial (cierre de fábricas, establecimientos, cambios operacionales, etc.).

Prayer to Obá

Obá, you who for love made an offering
Of that believed to be most precious for
　your loved one.
Do not let any sharp weapon
Cut off the love of my future ...
Wound my body
Or hurt any other living thing.
And if perhaps other eyes look at her,
Hope that my eyes do not cry for her.
With your help I have no fear of rivals.
With your strength I shall overcome
　them.
No cutting item shall be dangerous for
　me,
And to anyone plotting against me
Make him understand that nobody
　escapes from what he sews
In the fluxes and refluxes of our lives.
We shall get happiness, peace or lies,
According to the seed we have sown.
We shall fly a certain flag.
Nobody should cut with a sharp knife
　or scythe
What love luxuriantly gives us all the
　time.
Protect me and _____
So that nothing and no one may sepa-
　rate us.
Hail and reign Obá.

— Zolrak

Oración a Obá

Obá, que por amor ofrendaste
Lo que creias mas preciado para tu ser
　amado.
No permitas que arma cortante alguna
Cercene el amor de mi futura ...
Que causen heridas en mi cuerpo
O en alguna otra cosa animada.
Y si por acaso por ventura, otros ojos la
　mirasen
Que no sean los mios, los que por ella
　llorasen.
Con tu ayuda, rivales no he de temer
Con tu fuerza, yo los podre vencer.
Elemento filoso, para mi no será peli-
　groso
Y todo aquel que contra mi se avenga
Hazle comprender que nadie escapa a
　lo que detenta.
Que en el flujo y reflujo de nuestras
　vidas
Obtendremos felicidad, paz o mentiras.
Segun la semilla que plantemos
Sera la bandera que enarbolaremos.
Que nadie corte con guadaña o navaja
　filosa
Lo que el amor en forma frondosa
Nos prodiga a cada rato.
Protégeme a mi _____ y a _____
Para que nada ni nadie nos separe
Salve y reines Obá.

— Zolrak

OSHUMARE · OXUMARÉ

Oxumaré

We see the shape of a snake (yin, feminine, the cold, negative, the moon) and a rainbow (yang, masculine, the warm, positive, the sun), a tree under which Oxumaré, in her feminine shape, takes shelter after the rain has stopped, and the sun by her side. The sun's light passes through water drops and creates the rainbow and its seven colors, painting a daub of enormous beauty in the sky.

Oxumaré was born from Oxalá and Naná Burucú (the oldest of all mothers of water, she would be a Yemanyá, the ancestor of them all), representing the union of the sky, the earth, and the water. She therefore meddles with all three and, as already seen, she may take two shapes, two different essences. She has the power of change, transformation, going up and

Oxumaré

Se distingue la figura de una serpiente ("ying," femenino, lo frío, negativo, la luna) y un arco iris ("yang," masculino, lo cálido, positivo, el sol), un árbol donde luego de calmarse la lluvia se guarece Oxumaré con su forma femenina, a su costado el sol, que hace posible la formación del Arco Iris a través de la evaporación de las aguas, éste último con sus 7 colores pone un toque de enorme belleza en el cielo.

Oxumaré, nació de la unión de Oxalá y Naná Burucú (la más vieja en irradiación de las madres de agua, sería una Yemanyá, la más ancestral de todas) o sea la unión del cielo, la tierra y el agua; por lo tanto su ingerencia se halla en las tres, y como podemos ver toma dos formas y dos esencias distintas, tiene el poder de variar, de la trans-

down, confronting and at the same time uniting the opposites, because she comprises both masculine and feminine genders.

She appears in nature governing six months as a female principle and the other six as a male, being thus connected to the psychological archetype of bisexuality.

The Earth card of this deck shows a snake going around the globe. A detailed explanation of that symbol is as follows: The snake biting its own tail means roundness, a circle, the orb, the earth, and also represents time and eternity, reminding us of cycles, stages, and periods. Coins of the Roman Empire have been found with this shape, sometimes having a sandglass in its center. A very popular saying is that "every cloud has a silver lining," and that is very true. After the storm there is always a rainbow; there is a permanent coming and going of everything, a continuous happening.

We should not forget that, as already stated, she is the symbol of transmutation, and the snake is one of the few species which changes its skin (I think that this, and other similar considerations, led the old Yoruba people to compare Oxumaré's energy or strength with this animal. It should be stressed, so as to prevent any misunderstanding, that they never worshiped the snake by itself).

To the idea of the circle we may add that which changes, is not standing still but moves about and is variable; this is why we connect it with the earth's rotation.

The same image has also been adopted by medicine; in this case the snake curls around a stemmed glass.

formación, de ascender y descender, del enfrentamiento y a la vez la unión de los opuestos, por contener en sí misma lo masculino y lo femenino.

Se presenta en la naturaleza rigiendo seis meses como forma femenina y los otros seis, como forma masculina, estando ligado a ella el arquetipo psicológico de la bisexualidad.

En la carta de "La Tierra" vemos cómo hay una serpiente que la rodea, pues bien ahora veremos más detalladamente el por qué de ese simbolismo, a saber: si la serpiente muerde su propia cola nos da idea de "lo redondo," de circunferencia, de orbe, de la tierra; y también de la representación del tiempo y la eternidad (con esta forma se han encontrado monedas del Imperio Romano, en cuya parte central a veces figuraba un reloj de arena) lo que nos habla de lo cíclico, de las etapas, de los períodos. Un dicho muy popular dice "Siempre que llovió paró," sí, es así, y por lo tanto luego aparecerá el arco iris, y nos dejará la esperanza de un continuo ir y devenir; no olvidemos que, como dijimos anteriormente, es la transmutación, y la serpiente es una de las pocas especies que muda o cambia su piel (pienso que éste y otros planteos similares llevó al pensamiento místico del antiguo pueblo Yoruba a comparar a esta energía o fuerza, con este animal, porque cabe aclarar para que no se preste a confusiones ni malentendidos, que este pueblo nunca le rindió culto al animal en sí).

A la idea del círculo agregamos, lo que se modifica, no está quieto, es variable y se encuentra en movimiento, con este concepto lo asociamos al movimiento de rotación de la Tierra.

The Greeks have also used it in the symbol corresponding to Mercury (son of Jupiter and a nymph called May), the god of commerce, full of inventiveness, marked by diversity and fascination (a typical quality of the snakes). Apollo, his brother, presented him with a gold cane that governed wealth and money. His caduceus shows two intertwined snakes ending in a pair of wings—from the earth to the sky.

The coupling of Mercury and Venus resulted in the birth of Hermaphroditos (see the meaning of Oxumaré's sexuality), who was a handsome young man but insensitive to love. Salmacis, the owner of a fountain from which he wanted to drink, became annoyed at his indifference and asked the gods to join their bodies; when that happened, the two sexes were joined into one.

Both on the earth and in the sky, he meanders and pulls along with the hope of a new beginning, a revival. His thinking is not structural, determinist, or fatalist; on the contrary, he is always looking for a new coming to life, the basis of the theory of reincarnation.

> What we consider the blindness of fate is in actual truth our own blindness.
> —William Faulkner (1897–1962)

The Hindu yogis also speak about a snake which they call "Kundalini," meaning an energy which must rise to higher levels and energize the seven energy centers called Chakras. The snake is supposed to sleep in the main or radical Chakra, located at the base of the spinal cord, and, even in that state, gives vital energy to the individual.

Su figura también la adoptó la medicina, en este caso se enrosca alrededor de una copa, pero también los Griegos la catapultan en el símbolo perteneciente a Mercurio (hijo de Júpiter y de la ninfa Mayo), dios mercantil, inventivo, descollante por su diversidad y fascinación (típico de las serpientes), al cual Apolo (su hermano) le regala un cayado de oro que regía la fortuna y el dinero (caduceo en donde hay dos serpientes entrelazadas, terminando en un par de alas—de la tierra al cielo).

De la cópula de Mercurio con Venus, nace Hermafrodita (ver significado de la sexualidad de Oxumaré), quien era un joven hermoso, pero insensible al enamoramiento, y por no corresponderle a Salmacis, dueña del agua de una fuente, en donde él se había detenido, ésta resentida por la indiferencia del bello joven, pide a los dioses que unan sus dos cuerpos, formando uno solo; al así suceder, se unieron los dos sexos en una sola materia. Tanto en el cielo como en la tierra, serpenteando, arrastrándose, tiene la esperanza del resurgimiento, del volver a empezar y así continuar, no es un pensamiento estructural, determinista, fatalista, muy por el contrario, da la oportunidad de volver a comenzar, base de la idea reencarnacionista.

> Lo que se considera ceguera del destino es en realidad propia miopía.
> William Faulkner (1897–1962), escritor Estadounidense

Los yoguis indos, también hablan de una serpiente, la denominan "Kundalini," y es una energía que debe elevarse a planos superiores a través de

Meaning

Wealth, abundance, material pleasures, favorable changes, transmutation. Short trips (short in time and/or distance). Thriving business. Subtleness, diplomacy, politics. People competent in the field of oral, written, and visual communication. A great leader of groups, conventions, or of the mass, he knows how to charm with his look, hands, voice, or speech, and that will make him a grandiloquent person.

Ability to do two things at once, versatility. But, since this is a dual, changing card, it might mean loss of investments made, unfavorable changes, too much quiet and stagnation, projects that come to a sudden end. Impulsiveness. Of course, it all depends on the other cards being read in conjunction.

It is important to bear in mind, when some of these ups and downs afflict us, that:

> He who mainly compares his lot with that of others less fortunate, knows how to live.
> —André Maurois (1885–1967)

inervar los 7 centros de energía llamados "Chakras," la describen como una serpiente que duerme en el Chakra fundamental, básico, o rádico, ubicado en la base del espinazo; y aún en ese estado le confiere fuerza vital al ser Humano.

Significado

Riqueza, abundancia, placeres materiales, cambios favorables, transmutación. Viajes cortos (en tiempo, duración y/o distancia). Negocios prósperos. Sutileza, diplomacia, política. Un idóneo en el campo de las comunicaciones orales, escritas, visuales. Gran conductor de grupos, convenciones, masas, con gran poder de seducción en su mirada, manos, voz o palabra, que lo convertirá en una persona grandilocuente.

Capacidad para hacer dos cosas a la vez, versatilidad. Pero por ser una carta totalmente cambiante o dual, puede significar pérdida del dinero invertido, cambios desfavorables, quietud y estancamiento, proyectos materiales que se cortan. Impulsividad. Por supuesto, todo esto dependerá de las cartas que acompañen su lectura.

Si sucedieran estos altibajos hay que tener en cuenta que:

> Saben realmente vivir aquellos que se comparan fundamentalmente con gente que les va peor que a ellos.
> André Maurois, (1885–1967),
> escritor Francés

Prayer to Oxumaré

In the shape of a rainbow or a snake
Protect me today as on every day
Giving me wealth and happiness.
Oxumaré, brilliant rainbow,
Or as a winding snake,
Let my career or profession
Be always successful.
Do not let ups and downs in my rising
    career
Do as your arms, that after
Transparent rain,
Leave effulgence in the sky,
Framing them with flashing colors,
Reaching dignity and the heights,
But also tenacity and obligation
To come down to the earth
In your other shape, your other essence,
But always with intelligence and dili-
    gence
So that not even hurricane-like winds
May deviate my most appreciated
    wishes.
At the other end of your arch
There will be a pot with gold coins,
And if your tail joins your head,
The beginning and the end will merge
    into one.

—Zolrak

Oración a Oxumaré

En forma de arco iris o serpiente
Protégeme hoy como todos los días
Dandome fortuna y alegrías
Oxumare, arco iris brillante
O como serpiente ondulante
Has que mi carrera o profesión
Sean siempre triunfantes.
No permitas altibajos en mi carrera
    ascendente
Has como tus brazos que después
De la lluvia transparente
Dejas fulgores en el cielo
Enmarcandolo de colores rutilantes
Alcanzando altura y dignidad
Pero también la tenacidad y obligación
De bajar a la tierra
Con tu otra forma, tu otra esencia
Pero siempre con inteligencia y diligen-
    ciamiento,
Para que ni lo vientos huracanados
Puedan derribar mis deseos mas precia-
    dos.
Al otro extremo de tu arco
Habrá un caldero con monedas de oro
Y si tu cola se junta con tu cabeza
Harán que principio y fin sean uno
    solo.

—Zolrak

OCHUN

OSHUN

OXUM

Ochún or Oxún

An extremely beautiful woman adorned with gold jewels (the metal of her bracelets, necklaces, and crown), she sweetly dominates with her presence in one of her environments, the foot of a waterfall.

Oxún is the energy prevailing in rivers, waterfalls, streams, or any course of fresh water.

She is the sweetest female Orisha (though others give that status to Yemanyá), the daughter of Oxalá and Yemanyá. And, since all rivers go to the sea, at the end her essence will be fused with that of her mother who awaits her. In her immensity, Oxún may represent the most intimate feminine thinking of the human psyche.

She is coquettish and, like any other woman, likes perfume, personal

Ochún o Oxún

Una mujer sumamente bella, enfeitada con adornos de oro (su metal correspondiente en pulseras, collares, corona), impone con dulzura su presencia, en uno de sus hábitats, al pie de una cascada.

Oxún es la energía imperante en ríos, cascadas, arroyos, toda corriente de agua dulce natural.

Es el Orixá femenino más dulce (otros piensan que lo es Yemanyá), hija de Oxalá y Yemanyá. y como todos los ríos dan al mar, a su final se fundirá su esencia con la de su madre, la cual la espera para que en su inmensidad, Oxún represente el íntimo pensamiento de femineidad de la psique humana.

Ella es muy coqueta, y como toda mujer gusta de los perfumes, arreglos personales, joyas, etc., es por demás

adornments, jewels, etc.. She is also very emotional, and her sons are highly emotionable, "weeping" people.

Among the Yoruba Orishas, many say that she is the "Great Magician," the one who knows most about *ebos* (magic deeds and works). This is based on the fact that she comes to her father seeking help and comfort with the warmest and most delicate modulations of voice and sometimes crying, which moves Oxalá or Obatalá to give her what she wants: the most important *mirongas** (secrets).

She is the patron of gold, honey, and squashes. There are areas in Central America where many think that not to eat squashes is the greatest honor they can offer to their saint, who will reward them with economic help.

People resort to her most of all to put right romantic misunderstandings, to sooth or pacify people if they are getting too excited, and in similar situations. And since she loves and looks after children, she is asked to help them with their studies or their behavior at home, to make a woman pregnant or to assist in any other matter related to children or teenagers.

Her area of influence in the human body is mainly the lower abdomen. According to legend, she was queen of the African river of the same name.

She highly appreciates her belongings and at the same time is protective; she takes good care of gifts and presents because she gets very fond of things given to her as tokens of love.

Her colors are warm, ranging from pale yellow through golden to orange,

sensible, dándole a sus hijos un carácter de llorones, altamente emocionables.

Dentro de los Orishás Yorubas, muchos dicen que ella es la "Gran Maga", la que sabe muchos "ebos" (hechos y trabajos mágicos) y lo fundamentan diciendo que llega a los pies de su padre, pidiendo ayuda y consuelo con su más cálida y delicada inflexión en la voz, acompañando esta actitud con alguna lágrima, conducta que conmueve y moviliza los sentimientos de Oxalá u Obatalá, y por fin logra de éste, las "mirongas"* (secretos) más grandes.

Es dueña del oro, la miel, la calabaza (en zonas de Centroamérica muchos creen que abstenerse de comerla es un honor muy grande ofrecido a la Santa, quien en recompensa los beneficiará con su ayuda en la parte económica).

Mayormente se recurre a Ella, para arreglar entuertos amorosos y sentimentales, endulzar a alguien dulcificar y apaciguar alguna situación; y como ama y cuida a los niños, pedir por ellos en cuanto a sus estudios, el comportamiento en sus casas, o para que una mujer quede embarazada u otra cosa que tenga interacción con la niñez y adolescencia.

Su zona de influencia en el cuerpo humano mayormente es la del bajo vientre. Cuentan las leyendas que fue Reina del río en Africa que lleva su mismo nombre.

Así como es protectora, es también recelosa de lo suyo, de sus presentes, regalos, cuidándolos en grado extremo, pues se encariña con todas las cosas que le fueron entregadas con amor.

---

*A term widely used in prayers and songs in Brazil.

*Término muy usado en rezos y cánticos en el Brasil.

by the addition of reddish pigments. She is the Venus of the Yoruba people, syncretized with the Immaculate Conception of the Virgin Mary in South America and with the Blessed Virgin of Charity of Copper in Central and North America. In fact, they affirm that each representation of the Virgin Mary corresponds to an aspect of Oxún or Ochún. She is venerated on September 8th or 15th in some areas, and on December 8th in others.

When she is embodied in one of her *omorishás* (the sons of Saints), her dancing is extremely feminine, the movements of her hips and arms reflecting the uninterrupted flow of her rivers, as if cleaning the medium with her "Water."

Meaning

Love, sweetness and femininity.

Hidden knowledge, research, and planning. Gifts as a medium and hypersensitiveness. Psychism. Mentalism.

The card can represent someone interested in medicine, either heterodox or orthodox, perhaps in social subjects, but generally related to the scientific field.

A woman, wife, or girlfriend who will know how to express an opinion without arrogance or aggressiveness, in a quiet manner. Subtleness and distinction.

In a negative context: vanity, pride, intemperance, capriciousness. Love conflicts. Lack of subtlety.

Sus colores son cálidos y van desde el amarillo pálido hasta el dorado, tomando también connotaciones o pigmentos semi rojizos llegando al color naranja. Ella es la Venus de los Yorubas; y se la sincretiza como la Inmaculada Concepción de María en Sudamérica y en Norte y Centroamérica se la conoce como la Virgen de la Santísima Caridad del Cobre. En realidad aseveran que en cada representación de la Virgen María corresponde a un pasaje de Oxún u Ochún, sus festejos se realizan según las zonas, algunos el 15 o el 8 de Septiembre y otras veces el día 8 de Diciembre.

Cuando se incorpora en alguno de sus "omorishas" (hijo de Santo) su danza es sumamente femenina, y describe con movimientos amplios de caderas y brazos el ritmo incesante e ininterrumpido de sus ríos, y hace que limpia con sus "Aguas" a su médium.

Significado

Amor, dulzura y femineidad.

Conocimientos ocultos, investigación y planificación. Dotes mediumnímicos e hipersensibilidad. Psiquismo. Mentalismo.

Puede representar a una persona estudiosa en temas clínicos médicos, en forma hetero u ortodoxamente; en temas sociales pero generalmente vinculados al área científica.

Mujer, esposa o novia que sabrá dirigir o establecer su opinión, sin que por ello se note su presencia, ya que lo hará en forma apacible. Sutileza y distinción.

Con entornos negativos: vanidad, orgullo, intemperancia, caprichosidad. Conflictos en el amor. Falta de coquetería y sutilezas.

Prayer to Ochún or Oxún

Your trail of light is golden
As the gold that belongs to you.
Release your crystalline purity,
Orisha of the fresh water.
Do not let any fog muddle
My deepest desire:
That of securing true, secure,
Eternal, and everlasting love.
You are present in the waterfalls
That are in themselves sacred.
Therefore, extinguish any feeling
If I should suffer.
I will not shed any tears for those
Who do not respond to my love.
I will not feel sorrow for anyone
Who by lying fails to respect me,
Because you will not allow
Me to be betrayed by
Coldness, envy, or jealousy.
You are sweet and protective,
Soft and smart, feminine and seductive.
O, mother Oxún! give me your ache
Give me your strength, give me the alchemy
As the most sublime nectar
That I shall know how to respect and worship.
Honey carries your secret
Which I shall know how to use.

Zolrak

Oración a Ochún u Oxún

Dorada es tu estela de luz
Asi como el oro que te pertenece
Que tu pureza cristalina
Orisha de las aguas dulces
No permita que neblina alguna
Enturbie mi deseo mas profundo
Que es conseguir amor verdadero
Seguro, eterno y duradero.
Estás presente en las cascadas
Que de por sí ya son sagradas
Por lo tanto haz que se apague
Todo sentimiento si yo sufriere.
No vertere lagrima alguna por aquella o
    aquel
Que en amor no me correspondiere
No penare por ninguna o ninguno
Que con mentiras me faltaren
Por que tu no permitiras que
Frialdad, envidia, o celos me
    traicionaren.
Eres dulce, protectora
Suave y coqueta
Femenina y seductora.
¡Ay, madre Oxun!, dadme tu ache
Dadme tu fuerza, dadme la alquimia
Como el nectar más sublime
Que sabre respetar y venerar.
Que esta en la miel tu secreto
Que sabre de utilizar.

Zolrak

Yemanyá or Yemayá

A woman appears from among the waves who is beautiful and who possesses spiritual and also material riches (since the sea is one of the wealthiest and largest kingdoms, covering more than 70 percent of the world's surface). Almost dancing, with a subtle bending of her arms, she seems to be surrounded by sweet melodies springing from her own self.

A hand carries a comb (made of sea oysters) which she uses to comb herself before a mirror (made of snail shells) held by her other hand. Her crown also is made of silver (her metal) and snail shells, with a starfish in the middle, a necklace of the same metal ending in a charm representing a fish that inhabits her territory. The crown is decorated with pearls (as drops of her pure ele-

Yemanyá o Yemayá

Una hermosa mujer, se realza entre las aguas. Por su enorme belleza y riqueza espiritual y también material (ya que el mar es uno de los reinos más ricos y extensos, más prolíficos—ocupan más del 70% de la superficie de la Tierra). Casi bailando, con sutil arqueo de brazos, nos da la impresión de estar acompañada por dulces y afinadas melodías que surgen de su propia esencia.

En una mano tiene un peine (hecho de ostras marinas) que utilizará para peinarse frente al espejo (formado por caracoles) el cual sostiene con la otra, su corona es de plata (su metal) y buzios o cauris, en su centro una estrella de mar, un collar del mismo metal que termina en un dige, con uno de los peces que pueblan su territorio. Adornada de perlas (como gotas de su purificado ele-

ment), which gives her a princess-like quality. She is comfortably seated on a seashell.

Her kingdom is one of the major ones for the reasons given above but also because its energy comes from ancient times. At the beginning, and for many thousands of millions of years, there were only masses of water over the face of the earth.

It can be said, therefore, that life had its origins there; that is why we consider "Yemanyá" as the mother of all other Orishas (save for a few whose mother would be Naná, a more ancestral Yemanyá).

But what happened to the seawater that is missing nowadays? Well, nothing is lost; everything is transformed. As established by the "Law of the Conservation of Energy," energy cannot disappear, even in radioactive changes, which result in very small electrons. Energy is inside everything (some Indians called it *Manitú,* or "the spirit of things"), and Einstein proved that even matter is energy.

Coming back to the Orixá of saltwater, in ancient times her energy presided over the Ogum river in Africa (which has nothing to do with the Orixá of the same name). Legend coming to us by word of mouth—the history of Orixás has mostly been told by word of mouth—states that water sprang from her bosom (which explains her voluptuousness) to create all other saints. She has several syncretisms: in Brazil with "Our Lady of the Candles," in Spanish-speaking South America with "Stella Maris, the Virgin of Sailors and Fishermen," and in the Caribbean and North America with "Our Lady of the Rule."

mento) le dan un marco principesco. Su figura se halla cómodamente situada sobre una concha de mar.

Su reinado es uno de los más importantes por la ya mencionado, pero también por la antigüedad de esta energía en la Tierra, ya que en sus orígenes todo era un océano, o sea líquido sobre toda la corteza terrestre durante miles de millones de años.

Se puede decir entonces que de allí se originó la vida; por ello tomamos a "Yemanyá" como madre de todos los demás Orishás (excepto algunos pocos no lo son, cuya autoría materna sería Naná—una Yemanyá más ancestral).

¿Pero qué pasó con el agua de sus mares que hoy día falta? Pues bien, todo se transforma, nada se pierde, la energía no puede desaparecer, así lo dice la Leyde Conservación de la Energía; aún en transformaciones de origen radioactivo, se tiene por resultado electrones muy pequeños, también consideremos que todo es energía, y ésta se encuentra en diversas formas y maneras y en todas las cosas (algunos indígenas le llaman a este fenómeno "Manitú," el espíritu de las cosas), Einstein demostró que aún la materia era energía.

Volviendo al Orishá de aguas saladas, diremos que antiguamente presidía su energía en el río Ogum, en Africa (nada tiene que ver este río con el Orishá del mismo nombre), es que una de las leyendas contadas de boca en boca (la transmisión oral es la más frecuente, para contar la historia de los Orixás) es que de sus pechos (de ahí su voluptuosidad) brotaron todas las aguas, creando a todos los demás Santos. Tiene varios sincretismos, en Brasil como "Nuestra Señora de las Cande-

At the end of the year her followers throw flowers into the sea as a sign of gratitude for the past months and requesting her protection for the coming year. The greatest festivities, however, are held on February 2nd, when small, usually light-blue boats can be seen sailing into the sea, decorated with flowers, candles, perfume, and gifts for the Queen of the Sea.

Generous in her decisions and thoughts, her sons (the mediums that embody her) have elegant, undulating, powerful, and acoustically silent movements, the same as the sea.

Her colors are in the blue range, from the lightest to the darkest, also comprising silvery blue. One of her tools is a fan called *abebé*, which is made of silver, a silvery metal, or any metal carrying her colors and symbols.

She is one of the most beloved and respected Orishas, together with Oxalá or Obatalá. And, since she is the mother of all and, therefore, related to maternity (an attribute she shares with Oxún), it would perhaps be better to enlarge a little on this point.

Pregnancy, for the former African people, meant a strong limitation of their sexual activity because they believed that the baby would otherwise suffer while in the womb and at the time of birth and that the mother would have very little milk to feed him. Everything "impure" was avoided at childbirth (women menstruating, alcohol, aggressive people, etc.), and the environment was made energy-safe by prayer and natural herbs used for purification or medicinal purposes. Not only the mother and the child but also women acting as midwives were thus protected and sheltered.

las," en regiones Sudamericanas de habla Hispana como la "Virgen de los Navegantes y Pescadores," Stella Maris, y en el Caribe y Norteamérica como "Nuestra Señora de la Regla."

Al finalizar el año, todos quienes conocen su poder y bondad, le ofrendan flores que tiran al mar, agradeciendo el año finalizado y pidiendo su protección para el que se inicia; pero el mayor de sus festejos es el día 2 de Febrero, en donde se puede ver pequeñas barcas que se internan en el mar pintadas generalmente de celeste, adornadas con flores, velas, perfumes y regalos, destinados a la Reina del Mar.

Magnánima en sus decisiones y pensamientos, también lo demuestra al bajar en alguno de sus hijos (médium que la incorpora), en sus movimientos elegantes, ondulantes, poderosos y acústicamente silenciosos, tal como sus aguas.

Sus colores están dentro de la gama de los azules, yendo desde el celeste más claro hasta el azul y los tonos plateados. Uno de sus adornos y herramientas es un abanico, llamado "abebé," pudiendo ser de metal plateado o plata, o de cualquier material que lleve sus colores y emblemas.

Es uno de los Orishás conjuntamente con Oxalá u Obatalá más queridos y respetados. y por ser la madre de todos, y estar relacionada con la maternidad (atributo que comparte con Oxún) hablemos entonces de ello. El período de embarazo para las antiguas mujeres Africanas era muy restrictivo en muchos aspectos ya que por ejemplo, la actividad sexual disminuía en este período en forma notable pues creían que de lo contrario se vería afectado en su futura vida y en el

The mother's behavior (theft, unfaithfulness, nervous stress, bad habits, etc.) could also represent an obstacle to giving birth.

The newborn baby's hair, umbilical cord, fingernails, and the placenta that sheltered him were items the parents had to look after and keep devotedly (since they represented that being genetically and energetically, as well as his personal, unique nature with the same information and formation characteristics). They had to be buried under a shrub or tree without thorns (which reflect pain and difficulties), so the plant would grow healthy and strong and be fruitful, the same as the child, and protect people under its shadow. It was believed that it would discharge all forms of bad energy or stress into the earth by its roots. Alternatively, these items were given to the Orixá who had been requested to protect the birth, asking him to bless the baby from the astral plane.

That is to say that, during the nine months of her pregnancy, the mother-to-be had assistance from a medical and spiritual point of view, was helped by her family, and also invoked her ancestors to that purpose; nothing was left to chance.

Meaning

A respectable woman, an affectionate mother or motherhood. Pregnancy and childbirth. Marriage or engagement. A dignified figure, proud of her position and responsible for her duties and functions. Hypersensitivity to physical pain and sentimentality. This card governs the female erogenous zones and reproductive system and is also related to the

nacimiento en sí el bebé; que la madre no tendría suficiente leche para amamantarlo. Todo lo que estuviera en estado de "impureza" se trataba de evitar en el momento de dar a luz (mujeres menstruando, alcohol, personas agresivas, etc.), y a través de rezos, hierbas naturales con fines de purificación y/o medicinales, hacían que el ambiente estuviera energéticamente protegido. Así como la mamá, el nuevo ser, y las mujeres que oficiaban de parteras estaban protegidas y amparadas.

El comportamiento de la madre (robo, infidelidad, tensión nerviosa, malos hábitos, etc.), podrían ser trabas para el nacimiento.

El pelo del recién nacido, así como su cordón umbilical, sus uñas, la placenta que lo cobijó, son elementos fundamentales para cuidarlos y guardarlos celosamente por sus padres (éstos representan genética y energéticamente al ser, conservan su fluido personal, irrepetible en otro, con las mismas características informativas y formativas), enterrarlos al pie de una planta sin espinas (las mismas reflejan dolor, inconvenientes) o un árbol para que éstos crezcan con vigor y salud, se reproduzcan y sean pródigos en frutos, al igual que los niños; y los proteja bajo su sombra, teniendo la creencia de que a través de sus raíces descargarían a tierra todas sus tensiones y malas energías.

O también se le entregaba al Orixá, al cual se le pidió por ese embarazo, para que tuviera un buen desenlace, y bendijera desde el Astral al recién nacido.

Es decir que durante los 9 meses que dura el embarazo, la parturienta tenía asistencia médica, familiar, espiri-

blood and urological systems. Wealth and material comfort. A person who enjoys honors, the good life, and luxuries but without falling into frivolity, since he or she possesses highly developed social and humanitarian principles. A prosperous undertaking.

When badly aspected or surrounded by negative cards, it can be interpreted as loss of property and assets, some physical disturbance in the above-mentioned areas of the body, bankruptcy or closing down of a firm, irritability of someone higher up than ourselves to whom we should apologize, since the reason for his irritation is justified. Divorce. Separation.

> Soft is stronger than hard; water is stronger than the rock, love is stronger than violence.
> —Hermann Hesse (1877–1962)

tual, invoca y pide protección a sus antepasados; nada era descartado ni dejado de tomar en cuenta.

Significado

Mujer respetable, madre cariñosa o estado maternal.

Embarazo, parto. Matrimonio, enlace o compromiso. Digna mandataria, recelosa de su posición y responsable de sus deberes y atribuciones. Hipersensibilidad al dolor físico y sentimental. Rige esta carta las zonas erógenas y reproductoras femeninas, y tiene ingerencia con el aparato circulatorio y urológico. Riqueza y bienestar material. Persona que disfruta de los honores, la buena vida, los lujos, pero sin caer en frivolidades, ya que tiene un alto sentido social y humanitario. Empresa próspera.

Mal aspectada o rodeada por cartas con un contenido negativo, podemos interpretarla como: pérdida de valores y bienes, algún disturbio físico en las zonas corporales mencionadas. Quiebra o cierre de alguna empresa. Irritabilidad de una persona superior a nosotros, con la cual es mejor disculparnos, ya que seguramente el motivo de su enfado o molestia es justificado. Divorcio o separación.

> Lo blando es más fuerte que lo duro; el agua es más fuerte que la roca, el amor es más fuerte que la violencia.
> Hermann Hesse (1877-1962), escritor Alemán

Prayer to Yemanyá or Yemayá

O mother of the waters!
Great is your power, your strength, and
　your light.
Great is the love you have for your sons
As is the wisdom with which you gov-
　ern
From all oceans and seas.
Let my request reach you
And do me the favor
Of removing enemies from my path
And smother my fears.
Let neither sadness enter my home,
Nor grudges nor sorrow.
Let your greatness
Be the greatest wealth you dispense to
　me.
Hail, Yemanyá, lady Yanaína,
Whatever your name,
Whatever the beaches and coasts
Your waters may kiss.
Whatever the incessant rhythm
Of your waves, of your seas,
I entrust in you my faith
As part of God's creation on this earth
And this is why I ask you _____,
Because I know my request shall be
　granted
If it is just and well deserved by me.
　　　　　　　　　　—Zolrak

Oración a Yemanyá o Yemayá

¡Oh, madre de las aguas!
Grande es tu poder, tu fuerza y tu luz
Grande es tu amor por tus hijos
Como lo es la sabiduria con que go-
　biernas
Desde todos los oceanos y mares.
Has que llegue a ti mi pedido
Y hazme los favores
De alejar de mi rumbo a mis enemigos
Y ahogar en mi, a mis temores.
Que no llegue a mi hogar la tristeza
Ni rencores o pesares
Que sea tu grandeza
La mayor riqueza
Que me dispensares.
Salve Yemanyá, doña Yanaína
Cualquiera fuera tu nombre
Cualquiera las playas y costas
Que tus aguas besaren.
Cualquiera el ritmo incesante
De tus olas, de tus mares
Mi fe, en ti deposito
Como parte de la creacion
De dios en la tierra
Y es por eso que te pido _____,
Y se que mi ruego sera atendido
Si es justo y bien por mi merecido.
　　　　　　　　　　—Zolrak

OBATALA

OSHALA

OXALÁ

Oxalá or Obatalá

The most important, cherished, respected, and honored, the most beloved of all Orixás, is our father Oxalá or Obatalá.

The image representing him is divided into two. The lower section shows Oxaguián (an aspect of Oxalá, younger, syncretized with the infant Jesus), a walking Obatalá who succeeded the first Orixá in sequential time. The older or more ancestral Oxalá, called Oxalufán, is shown in the upper section. He is the one who has governed everything since the beginning of time and who created our planet. He is syncretized with the Sacred Heart, Our Virgin de las Mercedes in the Caribbean, Jesus of Nazareth, and the Senhor do Bonfim in Brazil.

Oxalá u Obatalá

El más importante y querido, el más respetado y valorizado, el más amado de todos los Orixás, nuestro Padre Oxalá u Obatalá.

La imagen que lo representa está dividida en dos escenas, de su lado inferior se ve a Oxaguían (un pasaje de Oxalá, más joven, sincretizado con el niño Jesús), un Obatalá caminador, que sucedió en espacio secuencial de tiempo al primer Orixá, que rigió por sobre todas las cosas desde siempre, y desde la creación del planeta, el cual fue el más viejo o más ancestral (la imagen superior). El mismo recibe el nombre de Oxalufán (sincretizado por el Sagrado Corazón de Jesús, la Virgen de las Mercedes en el Caribe, Jesús de Nazareth y el Senhor do Bonfim, en Brasil).

In both parts, the meaning is the same; the difference lies in that the older Oxalá ruled formerly and at a certain point in time delegated part of his tasks, but always monitors and controls their performance. In any case, the energy is one but answers for both of them.

Obatalá or Oxalá is the father of all Saints or Orichás; therefore and transitively, he is the father of us all. All other Saints, save some we have already referred to, came from his marriage with Yemanyá.

He represents the strength of purity and is the manifestation and glorification of goodness in all of its conceptions, receiving supreme power from Olorúm, Olofin, or the all-powerful God.

He is related to "whiteness" and all things white belong to him; therefore, he governs human bones, teeth, and mind (a physical and spiritual organ considered to be white). Since he can, jointly with Ifá (the Orixá of divination) and Oxalá Oromilaia (a kind of Oxalá of clairvoyance, according to some nations), pierce the veil of the future, since he sees everything, some compare him to Saint Lucy; that is why he is also related to the eyes.

Bearer of peace and kindness, he is the symbol of wisdom, intelligence, and ingenuity and has the knowledge of all times, a characteristic seemingly transmitted to his sons, to those who are fortunate to have him as their Saint, their chief or head Orisha; that is to say, their spiritual guide.

As already stated, in Cuba and Central America he is known as Obatalá, the mother of all Saints, syn-

Tanto en un pasaje como en otro, su significación es la misma, la diferencia está en lo ya expuesto, uno imperó antes, delegando luego parte de sus tareas, pero siempre guiándolas, custodiándolas pero en sí la energía es una sola, respondiendo ambas por las dos.

Obatalá u Oxalá, es el padre de todos los Santos u Orichas, por consiguiente y, por un carácter transitivo, lo es también de nosotros.

De su unión con Yemanyá nacieron casi todos los demás, excepto algunos Santos, que ya aclaramos antes cuáles eran.

El representa la fuerza de la Pureza y es la exaltación y manifestación del bien en todas sus concepciones, el Poder Supremo lo recibe de Olorum, de Olofin, de Dios Todopoderoso.

Se lo asocia con "La Blancura," y todas las cosas blancas le pertenecen, es por esta razón que rige en el Hombre, los huesos, dientes, la mente (órgano físico-espiritual, considerado blanco), y por ser El conjuntamente con Ifá (Orixá de la adivinación) y Oxalá Oromilaia (una clase de Oxalá, poseedor de la Clarividencia según algunas Naciones) los que nos pueden develar el futuro, pues nada escapa a la visión, sus ojos todo lo ven, algunos lo comparan con Santa Lucía, de allí que también tenga correlación con los ojos.

Portador de Paz y benevolencia, es signo de sabiduría, inteligencia e ingenio, teniendo el conocimiento de los tiempos, características que pareciera transmitir a sus hijos, a aquellos que tienen la dicha de tenerlo como su Santo, su Orishá de frente o de cabeza, es decir su guía espiritual.

cretized with Our Virgin de las Mercedes, but he is also given a masculine side, known as Baba (father), closely related to Olofin.

Oxalufán, sitting in his throne with the dignity of a real king, governs from endless eternity with the aid of the moral and spiritual principles required to bear the highest expectations and desires of humanity. A pigeon, as a reflection of his soul, represents the Holy Spirit or essence of the Orisha, a symbol of forgiveness. He is spotlessly clad in white robes embroidered with silver (his metal), and wears bracelets and a crown covering his face, made of the same metal. One of his hands holds the *Paxoró*, his scepter, which ends in a globe-like ball crowned by the pigeon.

When Oxalufán comes down to the earth, as he is one of the Orishas who do not like to dance, he sits down to preside over *candombles, guemileres* (in this case under the name of Obatalá), or Saints' festivities. As in the image, he sits there silently and quietly, but his silence is revealing. Though it may seem surprising, it has a language of its own. The true wise man knows how to listen, be silent, and wait.

Below, walking along a beach under the rays of the sun, goes Oxaguián. He is related to the sun because it is the center of the solar system and because it gives life and nothing could exist without it. His clothes are similar, and he carries a cotton flower in his hand. The cotton tree, which belongs to him, has a sacred nature and, since people believe it is under the Saint's influence, it is cared for and respected. In the other hand he carries a sword. When embodied in one of his mediums, Oxaguián is more mobi-

Como dijimos anteriormente, se lo conoce como "Obatalá" (en Cuba y Centroamérica), como la madre de todos los Santos, sincretizándola con la Virgen de las Mercedes, pero también le confieren un aspecto masculino, por lo cual es conocido como "Baba" (Padre) en íntima correlación con Olofin.

Oxalufan sentado en su trono, con toda la dignidad de un verdadero Rey, desde la Eternidad sin fin, rige los preceptos de Moral y Espiritualidad necesarios para solventar las altas aspiraciones y deseos de los encarnados; una paloma como reflejo de su alma, representa el Espíritu Santo, o la esencia del Orishá, símbolo de perdón, telas blancas inmaculadas, bordadas con hilos de plata (su metal correspondiente), brazaletes y corona que cubre su rostro del mismo material u otro material plateado. En una de sus manos sostiene el Paxoró, su cetro de mando, terminando en una bocha en forma de mundo, coronado con la paloma.

Cuando Oxalufán baja a la tierra, es de los Orixás, que no gusta danzar, él preside, rige y gobierna en los candomblés, güemileres (allí con la denominación de Obatalá) o fiestas de Santo. Sentado con la imagen en forma silenciosa y callada, pero su mutismo es revelador, y aunque desconcierte, su silencio tiene lenguaje; pues el verdadero sabio sabe escuchar, callar y esperar.

Abajo de El, caminando por la playa, y recibiendo los rayos del Sol (se lo vincula al Astro Rey, por ser el Sol el centro del sistema que lleva su nombre, por dador de vida, ya que sin él no podría existir nada), lleva también similar indumentaria, en una mano una flor

lized and shows that he likes dancing. As already commented, Oxalufán does not and, in fact, his energy is so great because of his ancestral power, that the Omorixá's body walks as an old man would, bending forward and trembling.

Obatalá or Oxalá governs the sky, the sea, and the earth. His power is huge, but he is considered one of the Water Orixás, together with Yemanyá, Naná, and Ochún.

His day of the week is Thursday for the Afro-Cubans and Friday for the Afro-Brazilians. During those days, his sons refrain from having sexual relations, drinking alcohol, or eating beef out of respect for their Orisha, so that their bodies have the vibratory conditions necessary to receive his beneficial influence. Others say that his day is Sunday, on the grounds that the first day of the week is that of all Saints, but is presided over by Oxalá.

He is the Orixá of creation and procreation, since he was instructed by his father Olorúm to mold the first human beings. His festivities are celebrated on December 24th (Christmas Eve) and January 1st and 19th, although the dates may vary according to the lines of transmission.

We have noticed that the cards of the Orixás, even though they may come out upside-down when shuffled, are interpreted as if they had been upright. We believe this is the only possible meaning for the forces of good and light which, when accompanied by less promising or less beneficial cards, may be given a different interpretation. The card of Oxalá or Obatalá, however, even when surrounded by unfavorable cards, never changes. His meaning can never

de algodón (árbol que le pertenece, y que se le adjudica un carácter sagrado, siendo muy respetado y cuidado, porque se cree en la influencia del Santo sobre el mismo) y en la otra una espada, ya que Oxaguían es más movilizador, él sí gusta de bailar cuando es incorporado en uno de sus médiums, en cambio como ya dijimos, Oxalufán no, pues es tan grande la energía que detenta por su poder ancestral y magnimidad, que el cuerpo del Omorixá camina como un viejito, tomando una postura inclinada con pequeños temblores en el cuerpo.

Obatalá u Oxalá rige por sobre el cielo, por sobre el mar, en la tierra, su poder es enorme, pero es considerado uno de los Orixás de agua conjuntamente con Yemanyá, Naná y Ochun.

El día de la semana, en donde más rige (pudiendo ser el jueves en lo Afrocubano y el viernes en lo Afrobrasileño), sus hijos en esos días cuidan los preceptos de no mantener relaciones sexuales, no ingerir bebidas alcohólicas y no comer carnes rojas por respeto a su Orishá, y para que su cuerpo esté en las condiciones vibratorias necesarias para recibir toda su influencia beneficiosa. Otros sostienen que su día es el domingo, en realidad existe la creencia de que en el primer día de la semana rigen todos los Santos, pero lo preside Oxalá.

Es el Orixá de la Creación y de la Procreación, pues recibió orden de su padre Olorun, para que moldeara a los primeros hombres. Sus festejos se realizan los días 24 de Diciembre en Natividad, el 1º de Enero y el 19 del mismo mes (pudiendo variar estas fechas de acuerdo a la línea a seguir).

Hemos podido observar que las cartas de los Orixás, aunque pudieran

change because he is the first reflection of God.

Meaning

Kind father, positive parental archetypes. Leadership position and authority. A fair judge, a magistrate, a gentle king or ruler. Intelligence and wisdom. Activities where reason is involved. Mental clarity. Divine protection. Spiritual road, charitable and clear spirit. Complete peace and happiness. Teacher, professor, and any other person who forges active minds. Enlightened teacher. Priest who fulfills his duties as such, within the framework of truth and justice, on the basis of love and fraternity. This card protects you from danger and inconveniences of any nature.

salir invertidas al mezclarlas, sólo damos el significado en forma derecha, pues creemos que por respeto ésta es la única posición posible para las fuerzas del Bien y de la Luz, y que cuando estaban acompañadas de cartas poco prometedoras o poco benéficas tenían otra interpretación. Pues bien, la carta de Oxalá u Obatalá aún rodeada de cartas no favorables, nunca cambia o se modifica su significado, por ser él el primer reflejo de Dios.

Significado

Padre bondadoso y arquetipos paternos positivos. Posición de mando y autoridad. Juez justo, letrado, soberano o gobernante bondadoso. Inteligencia y Sabiduría. Actividades donde interviene el raciocinio. Lucidez mental. Protección Divina. Camino Espiritual, espíritu caritativo y cristalino. Paz y Felicidad plenas. Maestro, docente y todo forjador de mentes pensantes. Maestro iluminado. Sacerdote que cumple sus deberes como tal, encuadrado dentro de la Verdad y Justicia, con preceptos de Amor y Fraternidad. Esta carta lo pone a salvo de todos los peligros e inconvenientes, fueran éstos de cualquier índole.

Prayer to Obatalá or Oxalá

I call you king of kings.
Your kingdom is the sky.
Your glory, hope
Faith, and charity, your goodness,
Father of all saints,
Father of all good, of all white,
Your emblem is peace.
Give me wisdom to understand what
cannot be understood.
Give me the right word for anyone will-
ing to listen,
Patience and resignation to endure any
pain.
Give me peace of mind
When rage wants to be my counsellor
and friend.
Bless me to bear
What my karma has provided for me,
Since it was I who created it, or allowed
it to be created,
Since it is I who will have to repair it
And no one else in spite of my wishes.
Because the prize reserved for me
Will be what I deserve and not any
other imposed.
Father Obatalá or Oxalá, take care of
me and of —————————
Night and day,
In vigil or while asleep.
I trust your *ala,* your sheltering mantle.
I trust your power, supreme redeemer.
                                            —Zolrak

Oración a Oxalá u Obatalá

Rey de reyes yo te llamo
Tu reino es el cielo
Tu gloria la esperanza
Fe y caridad tu bonanza
Padre de todos los santos
Padre de todo lo bueno, de todo lo
blanco
Tu emblema la paz
Dadme siempre sabiduria para com-
prender lo que no pueda
Dadme la palabra justa para quien
quiera escucharla
La paciencia y la resignacion, para
poder sobrellevar
Dolor alguno.
La tranquilidad de espiritu
Cuando la ira quiera ser mi consejera y
amiga
Tu bendicion para soportar con altitud
Lo que mi karma me hubiese deparado
Porque solo yo lo forje o deje que lo
hicieran
Porque solo yo he de repararlo
Y ningun otro aunque quisiera.
Porque mi premio reservado
Sera el que me merezca y no otro digi-
tado
Padre Obatalá u Oxalá cuida de mi y de
—————————
De noche y de dia
En vigilia o mientras duermo
Confio en tu alá, tu manto protector
Confio en tu poder, soberano redentor.
                                            —Zolrak

EL BABALOCHA

THE BABALORISHA

O BABALORIXÁ

Babalorixá or Babalochá

This is the card of the priest, whose right hand is pointing to the sky as if asking for mercy and enlightenment, showing respect and waving to the Orishás, and whose left hand holds a little bell calling each of the Saints for help. The sound of a bell is highly vibrant and is used in almost all belief systems for keeping away any noxious spiritual elements. One hand points upward as if wanting to catch the supreme energy, and the other points downward, directing such energy to humanity for self-improvement.

He looks majestic, although his clothing is almost devoid of any trim. His white tunic alludes to the main Orishas or Saints (Oxalá or Obatalá), for white is their color, representing the high spirituality attained by a person

El Babalorixá, El Babalochá

Es la carta del sacerdote, el cual se lo ve con una mano extendida hacia el cielo (pidiendo misericordia, iluminación y en señal de respeto saludando a los Orishas), y la otra con una campanita (el sonido de la campana es altamente vibratorio y es usada por casi todas las creencias pues aleja cualquier elemento nocivo espiritual) llamando de esta forma a cada uno de los Santos, para que acudan en su auxilio. Una hacia arriba como queriendo atrapar la energía suprema y la otra hacia abajo, dirigiendo la misma para ponerla al servicio del Hombre y para la superación de éste.

Su vestimenta sin demasiados oropeles, no le quita majestuosidad, su túnica blanca alude al principal de los Orishas o Santos (Oxalá u Obatalá) ya

who turns to the Orishas for any duty or function within Africanism. These may include anything from abstaining from eating red meat on Obatala's day, drinking, or having sexual intercourse on one's leading Saint or Guardian Angel's day. All of these prohibitions go into effect at least seven hours before performing any religious ceremony.

The tunic is fastened by a brooch made of any material and colored after his spiritual guide; on his left arm, he wears a band against *egunes* or eguns (a protection against low-vibration, fleshless or disturbing spirits who are called *Kiumbas)*, adorned with *buzios* (snail shells brought from the African coast).

On the table lies a little basket or *panela* (Brazilian name for a little basket) covered by a white cloth, an imperial band (a chain made of small colored beads, each of which in different combinations represents one of the Orixás), a small spade representing the element Air (which will cut out anything negative or disturbing), a glass as a container or chalice for Water to act as a pure element, absorbing all negative waves from the consultant, a candle as an element of spiritual enlightenment representing Fire, and a coin inside the *panela* representing the element Earth. In other words, Babalorixá (Baba meaning father and Orixá meaning Saint) or Babalochá* can control the four elements of nature through the *Axé* or *Aché* (force or power) conferred by his Guardian Angel, who intercedes with God for that purpose.

que éste es su color, y representa el grado espiritual elevado de quien recurre a los Orixas u Orishas para cualquier función o tarea dentro del Africanismo (desde preceptos de no comer carne roja los días en que rige Obatalá u Oxalá, y en día de su propio Santo rector o Angel de la Guarda, no tomar alcohol, ni mantener relaciones sexuales; ocurriendo lo mismo o manteniendo los mismos preceptos siete horas antes como mínimo para realizar cualquier acto religioso. Un broche que sujeta la túnica pudiendo ser de cualquier material y color afín con su guía espiritual, en su brazo izquierdo una guía contra egunes o eguns (protección contra espíritus desencarnados de baja vibración espiritual o perturbadores, que en realidad son denominados "Kiumbas") adornadas con buzios o caracoles cauris (caracoles marinos traídos de la Costa Africana). Sobre la mesa una panela o canastilla cubierta de un género blanco, la guía imperial (collar formado por cuentas de mostacillas de distintos colores, éstos y sus diferentes combinaciones representan a cada uno de los Orishas), una pequeña espada, que cortará con todo lo negativo o perturbador (representando la espada al elemento aire); una copa como elemento receptivo, como un cáliz, conteniendo agua para que actúe como elemento puro, catalizando en ellas las negatividades que pudiera tener el consultante, la vela como elemento de iluminación espiritual y representando al fuego, y una moneda que se encuentra dentro de la canastilla (conocida como "panela" en el Brasil) representando al elemento tierra.

O sea que el Babalorixá (Baba, padre; Orixá, Santo) o Babalochá (Padre o Sacerdote Mayor en la Regla

---

*Father or High Priest under Ocha, which means "Saint" in the Lucumí language.

Meaning

A virtuous, prudent, just man giving wise counsel and making wise decisions, with a deep and emotive psychology that will go deep inside your mind and heart. Full protection against all evil. Peace and spirituality. Solidarity; a measured, cautious person and, above all, strong meditation ability, concentration, and will power.

Good sense, which must prevail or he could do nothing required of him or requested from him.

This card advises perseverance, will, and analysis of goals. Let your spirit and mind prevail over matter. Have a strong belief in a higher power (Almighty God), which is the only way to success.

> There are more things in heaven and earth, Horatio, than are dreamt of in your philosophy.
> —*Hamlet,* act I, scene 5

Despite the importance of this card and the character representing it, we should bear in mind that a priest of any religion is an ordinary person like any other human being, with equal needs and characteristics. Therefore, despite his rank or role, we may take into account the meaning of the card when it is upside-down. It should be clarified, however, that when an Afro-American priest acts incorrectly or outside of truth or justice, he loses all *Axé*, since nothing that comes from God may become evil or distorted. In this case, apart from losing his grace, force, and/or power, he also loses his Guardian Angel (or Orisha) and all spiritual guides, thus losing his character as a priest.

de Ocha, del cual la palabra "Ocha" significa Santo en la lengua Lucumí) puede controlar los 4 elementos de la Naturaleza a través del Axé o Aché (Fuerza o Poder) que le confiere mediante los canales mediumnímicos su Angel de la Guarda, y éste último intercediendo ante Dios para que así suceda.

Significado

Hombre virtuoso, sensato, justo, sabio en sus consejos y decisiones, psicología profunda y emotiva que llegará a lo más profundo de su psique y de su corazón. Protección total contra todos los males. Paz y espiritualidad. Solidaridad, persona medida, cautelosa y por sobre todas las cosas con una gran capacidad de meditación, poder de concentración y de voluntad.

Sensatez, éste debe primar ante todo, de lo contrario no podría realizar nada de lo que es requerido o pedido.

Esta carta le aconseja perseverancia, voluntad y análisis en el objetivo propuesto, para ello deje que prevalezca su espíritu y su mente, por sobre la materia. Crea firmemente en un poder superior (Dios Todopoderoso), única manera de triunfar.

> Hay más cosas en el cielo y la tierra que las que sueña nuestra filosofía.
> —*Hamlet,* acto I, escena 5

A pesar de la importancia de esta carta y del personaje que la representa, o la protagoniza, debemos recordar que cualquier sacerdote de cualquier religión, es una persona común como cualquier otro ser Humano, con iguales necesidades y características; por lo

Common sense is the highest virtue and it is wise to speak the truth and act in accordance with nature.

　　　　　　　　—Heraclitus

Upside-down: Lack of self-assurance or faith in oneself. Your materialism is prevailing; try to prevent this. Your protection is weak as a result of this situation. Impulsiveness and incoherence.

This card may represent an individual who plays an important role in society, and someone who is a relevant, powerful-minded but troubled person. Uneasiness of spirit. Try to avoid this situation. Inability, for many are called and few chosen. This may apply to you and/or to anyone who has already made a consultation on any matter or field. Lack of experience, egoism, and selfishness. Demagogy.

> ... the human ego may feel moved to experience divine attributes, but only at the cost of exceeding itself and falling to disaster. (This explains the story of Icarus, the young man who reached the sky with his fragile and human wings, but who flew too near the sun, and his wings melted; he fell into his own destruction.)
> 　　　—Carl Jung (1875–1961),
> 　　　*Man and His Symbols*

tanto a pesar de su rango, de su rol, podemos tener en cuenta el significado de la carta cuando ésta se encontrase invertida.

Aunque cabe aclarar que en el caso de un Sacerdote de las líneas Afroamericanas, cuando su accionar no está correcto, o empieza a no encuadrarse dentro de la Verdad y Justicia, pierde todo su Axé, pues lo que viene de Dios no puede envilecerse ni distorsionarse; y en estos casos aparte de perder su Gracia, Fuerza y/o Poder, se le retira su Angel de la Guarda (su Orisha), todos sus Guías espirituales, perdiendo toda condición como Sacerdote.

> Ser sensato es la máxima virtud y es sabiduría decir la verdad y obrar de acuerdo con la naturaleza.
> 　　　　　　　—Heráclito

Invertida: Falta de Fe en sí mismo, su materialismo está triunfando, no deje que esto suceda. Por encontrarse en esta situación su protección es débil. Impulsividad e incoherencia.

Puede representar a un individuo cuyo papel en la sociedad es importante, relevante, de mente poderosa, con altas influencias en distintos estratos; que está altamente contrariado con su persona. Intranquilidad de espíritu. Trate de rever esta situación. Incapacidad, ya que muchos son los llamados y pocos los elegidos, esto puede ser para Ud. y/o para quien ha recurrido anteriormente, cualquiera fuese el terreno o ámbito consultado. Inexperiencia, egoísmo y egocentrismo. Demagogia.

> ... el ego humano puede sentirse arrebatado a experimentar atribu-

tos divinos, pero sólo a costa de sobrepasarse y caer en el desastre. (Este es el significado de la historia de Icaro, el joven que es llevado hasta cerca del cielo por sus alas frágiles y de factura humana, pero que vuela demasiado cerca del sol y se precipita a su propia destrucción).

C. Jung (1875–1961),
El hombre y sus símbolos

EL ANGEL CUSTODIO

THE GUARDIAN ANGEL

O ANJO CUSTÓDIO

The Guardian Angel

An angel ethereal but real, with a feminine shape, who seems frail but is, in fact, strong in every sense of the word.

She performs all of her actions with her feet well planted on Earth (conscious reality), although her wings make us feel as if she is fluctuating between heaven and earth (subconscious reality), pouring pure and crystalline water (contained element) into an earthenware vase (containing element). That is to say, the spirit is both contained in and includes matter, a perfect combination and exciting experience.

This card represents a figurative and symbolic idealization of our spiritual leader, or guardian angel, or Orichá. It shows a perfect combination of the four elements of nature: Air (represented by the angel's wings), Water

El Angel Custodio

Un ángel etéreo pero real, femenino en su figura, en este caso pareciera frágil por lo ya descripto, pero en realidad fuerte en todas sus concepciones.

Realiza su acción, pisando muy bien la Tierra (realidad consciente) a pesar de que sus alas parecieran darnos la sensación de que está fluctuando entre el cielo y la tierra (realidad subconsciente), virtiendo de un guijarro de tierra (elemento contenedor) a otro, agua pura y cristalina (elemento contenido).

O sea que, lo espiritual es contenido y comprendido por la materia, combinación perfecta y experimentación exitosa.

Representa a nuestro guía espiritual o ángel de la guardia u Orichá, en una idealización figurativa y simbólica del mismo.

(the liquid contained in the vases), Earth (the material used for making the vases), and Fire (represented by the divine spark possessed by a guardian angel just through having come into existence). Therefore, we say that she is an alchemist in essence and that the great mysteries and knowledge are disclosed in her presence.

> … Thus, alchemy seems to be less a physical science than the aesthetical knowledge of the matter and should be placed half-way between poetry and mathematics, between the world of symbol and number. … It is therefore a grave mistake to explain alchemy through historical data of the development of chemistry.
> —René Alleau, *Aspects de l'alchimie traditionelle* (Ed. de Minuit, 1953)

She is a quite enthralling and magnetic figure because of her immanent power; her most attractive feature is the beauty of her soul.

Acting through our mediumlike channels, she advises us and guides us on the path of self-development and spiritual improvement. She is frequently compared with the so-called "voice of conscience."

Meaning

Upright: Peace, harmony, self-encounter, spirituality. Alchemy of love, perfect combination and blending. Agreements, contracts, associations. Balanced thoughts and opinions, harmonization of things, etc.

All of these characteristics will last if we know how to use them with

En esta carta se ve la combinación perfecta de los cuatro elementos de la naturaleza, a saber: el aire (representado por las alas del Angel), el agua (líquido contenido en los guijarros), la tierra (el material con que están hechos los mismos) y el fuego (representado por la chispa divina que el Angel custodio tiene por su sola existencia), por eso decimos que es alquimista por su esencia y porque, al estar presente se develan los grandes misterios y conocimientos.

> … De este modo la alquimia parece corresponder menos a una ciencia física que a un conocimiento estético de la materia al que habría que colocar a mitad del camino entre la poesía y las matemáticas, entre el mundo del símbolo y el del número... De modo que es grave error explicar la alquimia a partir de los datos históricos del desarrollo de la química.
> René Alleau, "Aspects de l'alchimie traditionelle" (Ed. de Minuit, 1953)

Es una figura realmente atrapante, magnética por su poder inmanente y lo que ella atrae es lo más grande: la belleza del alma. Actuando a través de nuestros canales mediumnímicos lo que muchos llaman sexto sentido, aconsejando y guiando al Hombre para su evolución y perfeccionamiento espiritual.

Muchos lo comparan con la tan llamada "Voz de la Conciencia."

Significado

Al derecho: Paz, concordia, encuentro con nosotros mismos, espiritualidad. Alquimia de amor, combinación y

absolute faith and respect; otherwise, the "alchemy" and "magic" will fail, and the meaning will depend on the combination of the other cards.

If so, it may signify lack of protection and ruptures. Disagreement and disharmony. Bad energies or influences are brought near. Distancing yourself from or fighting with with partners and associates, etc. Communication problems.

enlace perfecto. Acuerdos, contrataciones, asociaciones. Equilibrio de pensamientos, opiniones, armonización de las cosas, etc.

Todas estas características se mantendrán si sabemos utilizarlas con absoluta Fe y respeto, de lo contrario la "alquimia" y lo "mágico" no resultará, y el significado de la lectura dependerá de la combinación de las cartas que la rodeen.

De ser así puede significar: desprotección y resquebrajamientos. Desacuerdos y desarmonías. Acercamientos de influencias o energías perniciosas. Alejamiento o peleas con socios o asociados. Ruptura societaria. Problemas comunitarios.

LA PAREJA

THE COUPLE

O CASAL

The Couple

A man and a woman living their "romance" to the fullest, which is clearly reflected in their posture. There is a conjunction of feelings, rhythm, and harmony as if they were dancing a magic dance to the beat of their hearts, a thing of beauty surrounded by a landscape inviting them to romance.

The woman is to the left, representing the "yin" nature and position, which is sensitive and sensual; there is a balance between the sensory and extrasensory, between physical or material things and ethereal or spiritual matters, as the left is the location of the heart and emotions or feelings and the heart chakra.* This zone is controlled by the right lobe of the human brain.

---

*Center or channel where the vitalizing energy flows, to govern emotions and feelings.

La Pareja

Un hombre y una mujer viviendo con total plenitud su romance, en su postura se refleja claramente esta situación, conjunción de sentimientos. Ritmo y armonía, como si alcanzaran al compás de sus corazones una danza mágica que los envuelve en una eterna belleza enmarcada por un paisaje que los incita al idilio.

La mujer se encuentra del lado izquierdo, representando la naturaleza y posición "ying"; sensitiva, sensual, el equilibrio entre lo sensorial y lo extrasensorial, entre lo físico o material y lo etéreo o espiritual, pues ese lado del corazón y de las emociones o sentimientos, en donde está ubicado el chakra* cardíaco; toda esta

---

*Centro o canal por donde fluye energía vitalizadora tendiente a regir las emociones y sentimientos.

The man is to the right, representing the "yang" nature and position, which is transmitting, rational, masculine, strong, more vehement and impulsive; there is a balance between the sense of protection and duty. This is controlled by the left lobe of the human brain.

A sense of belonging to each other. He is embracing her and stepping on her shadow (marking his territory and at the same time supporting her in a fatherlike manner); she clings to his leg (as if willing to follow his steps and go where her partner leads her, recognizing the virile power transmitted by his male figure).

Nature is at their service: a transparent sky and sea, a beautiful beach, and a coconut palm offering them shadow, shelter, and food.

"Love is the architect of the Universe."— Hesiod

Meaning

Upright: A happy couple complete in itself; each one belongs to the other. Companionship, a future of happiness and pleasure.

This card represents falling in love, idealization, and feelings. Peaceful and harmonic times. Harmony. Parties and celebrations with those closest to your heart.

"It is not good that the man should be alone" (Gen. 2:18).

Upside-down: Infidelity, egoism, boredom, extreme jealousy, broken dreams; it may mean a breakup, separation, or a serious crisis.

Protection might have become a prison, and sensuality, licentiousness.

"The flesh is weak" (Matt. 26:41).

---

zona regida por el lóbulo derecho del cerebro.

El hombre del lado derecho, naturaleza y posición "yang", transmisora, racional, masculina, fuerte, más vehemente e impulsiva, el equilibrio entre el sentido de protección y el deber, regido por el lóbulo izquierdo del cerebro.

Sentido de pertenencia del uno hacia el otro, él abrazándola y pisando su sombra (marcando su territorio, a la vez le brinda apoyo y una actitud paternalista); ella aferrada a la pierna de él (dispuesta a seguir sus pasos, a encaminarse a donde su pareja la guíe, y el reconocimiento de la potencia viril en su figura masculina).

Toda la naturaleza a sus pies, un cielo y mar transparentes, una hermosa playa, y un cocotero que les brindará sombra, refugio y alimento.

"Amor es el arquitecto del universo"—Hesíodo.

Significado

Al derecho: Pareja feliz, plena, son el uno para el otro. Compañerismo, futuro de dicha y placer.

Es la carta del enamoramiento, de la idealización de los sentimientos. Momentos de paz y concordia. Armonía. Festejos y celebraciones en compañía de seres altamente queridos.

"No es bueno que el hombre esté solo"—Antiguo Testamento

Invertida: Infidelidad, egoísmo, saturación, celos enfermizos, ilusiones rotas, puede significar ruptura, separación o una crisis muy grave.

La protección pudo haberse convertido en prisión y la sensualidad en liviandad.

"La carne es débil"—Evangelio de San Marcos

EL HOMBRE

THE MAN

O HOMEM

The Man

A man naked, just as he was born, which represents his essence. His position is therefore like that of a five-pointed star, because five are his senses, five the directions in which he moves (north, south, west, east, and center), and five the elements he needs to live (the fifth being his soul or spirit). He directs his five terminal points (the head, two upper extremities, and two lower extremities) to the five points of the star to reach the five lines of the pentagram and thus the spiritual dimension, because, as a symbol, a star of five points represents the central manifestation of light or the mystical center.

The star is a magic symbol that has been with us from the beginning of time, in all our conceptions and works, ideals and dreams. A star is an image of

El Hombre

Un hombre desnudo, tal como viene al mundo, representando así su esencia, es por este motivo que adopta la posición de una estrella de cinco puntas, ya que son 5 sus sentidos, se maneja con 5 direcciones (Norte, Sur, Oeste, Este y Centro) y 5 los elementos que necesita para vivir (el quinto elemento o componente es el alma o espíritu), dirige sus 5 vértices (cabeza, dos extremidades superiores y dos inferiores) hacia los 5 extremos de la estrella, para alcanzar las 5 líneas del pentagrama y así poder escalar espiritualmente en la vida; ya que simbólicamente la estrella de 5 puntas representa la manifestación central de la luz o el centro místico.

La estrella es un símbolo mágico que acompañó desde siempre al Hombre, en todas sus concepciones y obras,

dreams or the idealization of a dream, or of an intense and fervent desire.

It is a symbol of energy, pleasing to the eye. It represents the star that led the three Magi/Kings from the East to Bethlehem.

The five-pointed star in this position indicates balance and strength in striving for human perfection. It represents good.

When it is upside-down, with the man standing on his head, the star represents incongruity and damnation: the symbol is completely adverse and represents total chaos.

Meaning

Upright: Faith and hope. Favorable prospects. Qualities of the soul. Creation. Inspiration. Creativity. Mentalism. Psychism.

Upside-down: Unanswered questions and uneasiness. Dogmatism. Obfuscation. Bewilderment. Obstinacy. Hopelessness and lack of faith. Surrendering to difficulties. Spiritual uneasiness. Total lack of restraint. Materialism.

en sus ideales y sueños (es una imagen onírica o la idealización de un sueño, o un intenso y fervoroso deseo).

Es un símbolo energético y visualmente agradable, representaría a la estrella que guió a los 3 Reyes "Magos" de Oriente, para llegar al portal de Belén.

La estrella de 5 puntas en esta posición nos habla del equilibrio y el esfuerzo en pos de la perfección humana y en representación del Bien.

En forma invertida, estando el Hombre cabeza hacia abajo, significa la incongruencia y la perdición del mismo, el símbolo es totalmente adverso y representa el caos total.

Significado

Al derecho: Fe y esperanza. Espectativas que se verán favorecidas. Cualidades del alma. Creación. Inspiración. Creatividad. Mentalismo. Psiquismo.

Invertida: Preguntas e inquietudes sin respuestas. Dogmatismo. Obnubilación. Perturbación de los sentidos. Obstinación. Desesperanza y falta de fe. Dejarse vencer por los inconvenientes. Perturbación espiritual. Desenfrenos. Materialismo.

LA ALDEA

THE VILLAGE

A ALDEIA

The Village

Lightning flashes from the clouds to the Earth, producing fire, devastating the village, destroying dwellings. Some men and women fall, while others run from the fire. The normal silence of the forest is interrupted by thunder and flashes of lightning, and the sky is almost apocalyptic.

The Village represents not only the habitat or place of residence (our home), but also the place where our spirit (i.e., our body) or the community itself lives. It also represents the consultant's break with his or her superego.

This card is evidence of danger, for it represents the Tower of Babel by which men impertinently tried to reach heaven, which caused God to unleash His divine rage and destroy the tower. It could also represent the destruction of

La Aldea

De entre las nubes diferentes rayos caen a la tierra, y producen incendios, devastando a la aldea, destruyendo por su acción las casas, algunos hombres y mujeres caen abatidos por ellos; otros huyen del fuego. El silencio común a la selva se ve interrumpido por el tronar de rayos y centellas, el cielo es un paisaje casi apocalíptico.

La Aldea, representa no solo el hábitat o lugar de residencia (nuestro hogar), sino también el lugar donde se aloja nuestro espíritu o sea nuestro cuerpo, o la comunidad en sí. También representaría la ruptura del consultante con su Super-Yo.

Es una carta que evidencia peligro, sería la representación de la Torre de Babel, en donde los hombres quisieron llegar hasta el cielo, en una forma material, casi impertinente, por lo cual

old cities that fell because to vice and shared the same unfortunate fate as Sodom and Gomorrah.

> But the same day that Lot went out of Sodom it rained fire and brimstone from heaven, and destroyed them all.—Luke 17:29

Nearly all prophets and seers throughout history have agreed that punishment will come from heaven.

Nostradamus, whose real name was Michel de Notredame, an astrologer and physician who lived in France in the 16th century, said in one of his prophecies (which were in the form of quatrains):

> In 1999, in the seventh month,
> A great king of terror will come from the sky.
> He will resuscitate the great King of Angoulmois.
> Before, after, Mars will rule by fortune.

Meaning

Upright: Irretrievable losses, destruction, rupture, or dismemberment. Lack of communication with and/or from others. Self-punishment, guilt complex, masochism.

Danger of accidents, fractures, falls. Beware of fire, fuels, and electricity. Take care of your body and home.

Lavishness, vice, decay, and corruption.

Upside-down: The situation is past, though there may be sequels and relapses.

Past experience is truly traumatic, but could have been a learning experience or a warning.

Pressures, persecutions, hospital admission, ostracism, reclusiveness, etc.

desató la ira divina, destruyéndola; también podría ser la destrucción de antiguas ciudades, que decayeron por el vicio y tuvieron el mismo triste destino (Sodoma y Gomorra).

> Más el día en que Lot salió de Sodoma llovió del cielo fuego y azufre, y los destruyó a todos.—Lucas cap. 17

Casi todos los profetas y videntes de todas las épocas han coincidido, en que el castigo provendrá del cielo.

Nostradamus, cuyo nombre verdadero fue Michel de Notre-Dame, astrólogo y médico que vivió en Francia durante el siglo XVI, dice en uno de sus vaticinios en forma de cuartetas:

> El año 1999, séptimo mes,
> Del cielo vendrá un gran rey de terror.
> Resucitará al gran Rey de Angoulmois.
> Antes, después, Marte, reinará por fortuna.

Significado

Al derecho: Pérdidas irreparables, destrucción, rotura o desmembramiento. Incomunicación de y/o para los demás. Autocastigo. Complejo de culpa, masoquismo.

Peligro de accidente, fracturas, caídas. Tenga cuidado con el fuego, materiales combustibles y electricidad. Cuide su cuerpo y su casa. Lujuria, vicio, decadencia. Corrupción.

Invertida: La situación se ha dado en el pasado, pueden quedar secuelas, y aún puede repetirse.

La experiencia pasada realmente traumática, pero también pudo haber sido ejemplificadora.

Presiones, persecuciones, internación, ostracismo, presidio, etc.

The Earth

The world is surrounded by a snake in spiral form. In the four corners of the card are a fish (Water), a goat (Earth), a dragon (Fire), and a dove (Air), as the earth contains all four of them. There is Fire in the deepest part of the earth and within its volcanoes; Water in the form of underground rivers, cascades on the surface, streams from mountains, seas surrounding the earth, which in turn holds them back, and so on; and in the water is Air, for oxygen is one of its components.

In short, the earth welcomes us at birth and gives us shelter in our final moments: our departure or physical death.

It holds everyone and everything through the law of gravity (symbolized by the surrounding snake). Through

La Tierra

Se ve al mundo rodeado por una serpiente en forma helicoidal o espiral, en sus 4 vértices se hallan: un pez (elemento = agua), una cabra (elemento = tierra), un dragón (elemento = fuego) y una paloma (elemento = aire). Pues la Tierra contiene a los cuatro, ya que en su parte más profunda, y dentro de sus volcanes hay fuego, agua en forma de río subterráneo, sobre su superficie en cascadas, arroyos que bajan desde una montaña, mares que la rodean pero que ella sostiene, etc., y dentro del agua: el aire, el oxígeno como uno de sus componentes.

En fin ella nos recibe al nacer, y nos cobija en el último momento: el de nuestra desencarnación.

Nos sostiene a todos y a todo, por la Ley de la Gravedad (simbolizada en la

gravity, plants grow and multiply, giving us their fruits; that is to say, the earth is the "mother" par excellence—mother of animals, plants, and human beings.

She plays a fundamental role for many African people, as well as for the old Europeans, who called her Demeter and Ceres. In some South American regions she is called La Pacha Mama (i.e., Mother Earth). The people ask her for good crops and cattle, and general progress in life. In places known as *Apachetas*,* offerings are made so that she might fulfill requests. Her day is celebrated every August 1 and 2 with song, drink, and dance to native music with the sound of *quenas, charangos, bombos,* and *ciqus* (wind, percussion, and string instruments).

It is scientifically known that the core of the Earth contains solid iron in spite of the high temperatures prevailing there. This metal agrees with the element that belongs to the first Orixá (Ogun Xoroké**) in a gradual scale from Saint to Obatalá or Oxalá—that is, the deepest and innermost to the outermost and uppermost: the sky. We see that nothing is detached; rather it is linked and related. How would primitive people know this? Through intuition, innate knowledge, mystic revelation, research? This question has yet to be answered, but it is certain that they knew it.

African people called the Earth "Oddudduá," although some believe

carta por la serpiente que la rodea), y a través de su gravidez, crecen y se reproducen las plantas, éstas nos dan frutos, es decir, que ella es la "madre" por excelencia; la de los animales, las plantas, y los hombres.

Tiene una importancia fundamental para muchos pueblos de Africa como para los antiguos Europeos que la llamaron "Demeter" y "Ceres." En regiones de América del Sur, se la denomina "La Pacha-Mama," o sea la madre tierra y se le pide prosperidad en sus cultivos, en la ganadería y progreso general en sus vidas. En lugares en donde se encuentran "Apachetas",[1] se le dejan ofrendas para que cumpla con los pedidos, y así es que, entre los días 1 y 2 de Agosto se celebra entre cánticos, bebidas, su día, bailando al compás de música autóctona del altiplano, al son de quenas, charangos, bombos y sikus, etc. (instrumentos musicales de viento, percusión y cuerdas).

Se sabe científicamente que en el interior de la Tierra hay hierro en estado sólido, a pesar de la alta temperatura que allí se encuentra, concuerda este metal con el elemento que le pertenece al primer Orixá (Ogun Xoroké[2]) en la escala gradual por orden de Santo hasta llegar hasta Obatalá u Oxalá, o sea desde el interior la parte más profunda, hasta lo más exterior y superior: el cielo, vemos pues que nada está desligado, sino concatenado, inter-

---

*A natural place where prayers are offered and different objects are buried as an offering to reveive the benefits of Mother Earth.

**An Orixa worshipped by Camdomblé followers.

---

1. Lugar físico natural, en donde se realizan oraciones, entierran pedidas y diversos objetos, a modo de ofrenda, para recibir los beneficios de la "madre tierra."

2. Orishá a quien se le rinde culto dentro del Candomblé.

that she is the feminine version of Oxalá, who is respected and valued as a whole, although presently there are no records of her worship.

Meaning

Upright: Travels, changes in our body (modifications, operations) or place of residence (moving), home repairs and/or renovations. Search for inner and outer beauty. Contacts with influential, suitable, and important people. Doors and paths that open for the consultant. Favorable outcome of ventures and new activities. Decisions made will be the correct ones, but they must be fast and sincere. Conception, births, and deliveries.

Upside-down: Closed doors, roads full of difficulties and obstacles. Care should be taken when traveling, difficulties during trips or in making plans. Aborted or complex moves. Trouble in becoming pregnant or during pregnancy, with possibility of miscarriage. Hesitation and delays caused by you. Lack of practicality.

relacionado. ¿Cómo lo sabrían los primitivos? ¿Por intuición, conocimiento innato, revelación mística, investigación? Esta pregunta no encuentra todavía una respuesta exacta, pero lo cierto es que lo sabían.

Los Africanos llamaron a la Tierra con el nombre de "Oddudduá," aunque algunos piensan que es la versión femenina de Oxalá. Esta es respetada y valorizada en su conjunto pero en la actualidad no hay registro de que se le dé culto.

Significado

Al derecho: Viajes, cambios en nuestro cuerpo (modificaciones, operaciones) o en nuestro lugar de residencia (mudanza), arreglos y/o refacciones en ella. Búsqueda de la belleza interior y exterior. Contacto con gente influyente, idónea e importante.

Puertas y caminos que se abren para el consultante. Todo lo que comience o emprenda será favorable. La toma de decisiones será certera, pero deberá ser rápida y munida de total sinceridad. Concepción, nacimientos, parto.

Invertida: Puertas que se cierran, caminos con dificultades y escollos. Cuidado en viajes, perturbaciones en ellos o en la tramitación para efectuarlos. Mudanzas que no se concretan o con graves preocupaciones. Dificultades para quedar embarazada o durante el embarazo, con posibilidades de pérdida del mismo.

Indecisiones y retrasos del cual es Ud. el autor. Falta de practicidad.

The Sun

This card is covered by a big Sun with diverse, uneven rays, which give us the idea of a lively, unstill, mobile Sun. Two equal arms extend from the center, forming two equal sides of a pyramid and leading to the centers of two quite different Suns. The Sun on the left seems more powerful and creative, while the Sun on the right consists of side-by-side rays forming an endless circle of ways or paths. The center of the pyramid holds a crux ansata, symbolizing life in ancient Egypt.

As an active, masculine, and yang principle and the source of life and power, the Sun governs the solar system (which derives its name from the Sun, or *Sol*). All of us revolve around him.

According to the Yoruba people, the Sun is the source of energy, but, as in

El Sol

Un gran sol abarca la mayor parte de la figura, está formado por diversos rayos no uniformes (nos da idea de un sol vívido, no estático o inmóvil), de su centro sobresalen dos brazos iguales (que luego conforman los dos lados idénticos de una pirámide) que van a dar al centro de dos soles bien diferenciados. El de la izquierda que pareciera tener más fuerza o más impulso creador y el de la derecha compuesto por brazos delineados uno al costado del otro formando una rueda interminable, describiendo caminos o senderos. En el centro de la pirámide se encuentra la cruz "ansata" de los antiguos Egipcios, símbolo de la vida.

El sol es un principio activo, masculino, yang, es fuente de vida y poder, es soberano del sistema solar (de allí

the case of the Moon, he is not acknowledged as an Orisha (i.e., they were never specifically worshiped as such).

Given his luminosity and great energetic power, and being the axis and life giver, the Sun was interrelated with Oxalá or Obatalá, who is offered both white flowers and sunflowers. The latter are believed to have great beneficial powers because they are always looking toward the king of stars.

The Sun was worshiped by another African culture: the ancient Egyptians. In another version of the death of Osiris, the Sun is murdered by Seth while Isis, the wife of Osiris, is kidnapped and imprisoned for subsequently marriage to the god of the darkness. Thoth (the god of magic, self-created, possessing the secret of death) knew the words of resurrection and helped Isis to free herself, giving her the power to resuscitate her husband.

Isis and Osiris had two children (two Suns); one was called Horus (conceived before his father's death) and the other Harpocrates (conceived after Osiris's resurrection).

These represent the left-hand Sun (the rising Sun) and the right-hand Sun (the dawn, the paths that describe the figure), respectively; one latent and the other that must continue or pass.

Meaning

Upright: Success in your professional, marital, or extramarital love life, or in any event or situation you are going through. Since the Sun is a creator, he affords us creative power for art and science. Twins; duplicity and duplication of factors. The double. Fortune.

este nombre) ya que todos giramos en torno de él.

Los Yorubas lo tienen como fuente de emanaciones energéticas, y al igual que en el caso de la luna, no reconocen en ellos a un Orishá; es decir nunca le rindieron culto en forma específica y por sí solos.

Por su luminosidad y gran poder energético, por ser el eje central, por dador de vida, lo interrelacionaron con Oxalá u Obatalá (quien recibe como ofrendas flores blancas), pero también flores de girasol—se la cree de gran poder benéfico, por buscar o mirar siempre al astro Rey—).

Si, otra cultura africana, los antiguos Egipcios, le rindieron culto y, en otra versión de la muerte de Osiris, en donde es asesinado por Seth y en donde su esposa Isis, había sido raptada y encarcelada para luego esposarla por el dios de la oscuridad; Toth (dios de la magia, que era autocreado y que poseía el secreto de la muerte) dueño de las palabras que podían resucitar, ayuda a Isis a librarse y le da conjuros mágicos para revivir a su esposo.

Isis y Osiris, tiene dos hijos (dos soles), uno llamado Horus (concebido antes de la muerte de su padre) y Harpócrates (concebido luego de haber resucitado Osiris).

Uno y otro serían respectivamente, el sol de la izquierda (el naciente) y el otro, el de la derecha (el amanecer—de allí los caminos que describe la figura—), uno lo latente y el otro lo que debe continuar o transitar.

Significado

Al derecho: Exitos en su vida profesional, marital, de pareja, o en algún

Upside-down: Delays and complications causing uncertainty and doubt. Possible breakups and work problems. It may also mean growth problems, gland malfunction and hormonal imbalance; consult your physician.

Lack of vitality.

hecho o situación que se esté planteando. Por ser creador nos devela el alto poder creativo en Artes y Ciencias. Mellizos o gemelos, duplicidad y duplicación de factores. Lo doble. Fortuna.

Invertida: Retrasos y complicaciones, creando incertidumbre y dudas. Posibles quebrantos en la pareja y en el trabajo. Puede significar también problemas de crecimiento y desrregularización en glándulas y desequilibrio hormonal. Falta de vitalidad. Consulte a su médico.

The Moon

A last-quarter Moon has been chosen for this card. With a schematic and geometrical (fixed and immobile) figure, the darkest part represents what has worn away while the white part represents the little light the Moon reflects on the Earth. Tears run down from her diamond-shaped tips (pain).

Three summits of stone and earth (the material) point toward the sky (the spiritual), as if asking for a chance or opportunity for salvation. There follows an expanse of snow-covered terrain setting a parameter: the limit of indifference. In the center, a spade pierces a bleeding heart (annihilation of illusions and treason). Esoterically, she is negative, with no poetic or romantic sense.

In principle, she is feminine and yin, but in this identification as a last-

La Luna

Una luna en cuarto menguante es la elegida para simbolizarla, su figura es esquemática, geométrica (fija e inamovible), la parte oscura es lo que ella misma se corroe y la parte blanca la poca luz que refleja sobre la tierra; termina con formas romboidales lagrimeantes (dolor).

Tres cumbres de piedra y tierra (lo material) se elevan hacia el cielo (lo espiritual) como pidiendo una chance u oportunidad de salvación; luego una extensión de terreno blanco (zona de nieve) poniendo un parámetro, límite de la indiferencia. y en su faz central, una espada clavada sobre un corazón sangrante (aniquilamiento de las ilusiones, traición). Esotéricamente ella es negativa, no conteniendo ningún sentido poético o romántico.

quarter Moon, she represents the loss of values and/or strength.

Like the Sun, the Moon has been revered since the beginning of time by the Egyptians, who called her Isis. Isis loved her husband Osiris so much that, after his brother Seth (the Egyptian Cain) locked him in a chest (which was designed in the shape of Osiris to hold only him) and threw him into the Nile, Isis succeeded in resuscitating him by using magic formulas.

The Phoenicians called her Astarté, the goddess of love and fecundity. The Yoruba do not consider her an Orisha, but realize her importance and relationship to humanity. She exerts an influence on births and psychic abilities. The Yoruba relate her to the feminine (thus the symbol of the Full Moon with Yemayá) and everything related to nature. For magicians, a Full Moon may be either good or bad because the positive and negative poles are contained in it.

The most developed countries in technological and social terms have studied the Moon, particularly regarding how this satellite of the Earth influences the tides, women in labor, and the nervous system, which is altered in many people during the full phase. This is confirmed by a greater number of suicides, murders, rapes, robberies, etc., which occur when the Moon is full. This is to say, she has a great power over human behavior.

Even nowadays, we refer to a highly strung or ill-tempered person as a "lunatic."

For the esoteric in general, the last-quarter Moon is far from having the benevolent character accorded to it by poets or sought by lovers.

Su principio es femenino, es ying, y en esta identificación como cuarto menguante es la pérdida de valores y/o fuerza.

La luna fue reverenciada al igual que el sol desde siempre, por ejemplo por los Egipcios, para quienes ella era "Isis"; quien amaba tanto a su esposo "Osiris," que luego que su hermano "Seth" (el Caín de los Egipcios) lo encerrara en una especie de cofre el cual podía contener solamente la figura de Osiris (pues dibujaba su entorno perfectamente), tirándolo luego al río Nilo; más tarde Isis logra resucitarlo mediante fórmulas mágicas.

Para los Fenicios fue "Astarté," divinidad del amor y la fecundidad. Los Yoruba no reconocen en ella a un Orishá pero saben de su importancia y relación para con el Hombre, influyendo en los nacimientos, el psiquismo y relacionándola con lo femenino (de allí la simbología de la luna llena con Yemayá) y todo lo inherente a la Naturaleza. La luna llena para lo mágico puede ser buena o mala, contiene los dos polos, el positivo y el negativo.

En los países más avanzados tecnológica y socialmente, se han hecho estudios, sobre cómo este satélite de la Tierra influye sobre las mareas, las parturientas y sobre el sistema nervioso (alterándolo de sobre manera durante la luna llena) comprobándose que cuando está en su plenitud hay mayor cantidad de suicidios, asesinatos, violaciones, robos, etc., es decir que tiene gran poder sobre la conducta humana.

Aún hoy día nos referimos a alguien muy nervioso o de mal humor con el término: "es un lunático." Y para lo esotérico en general, la luna en cuarto

Rather the Moon in crescent quarter is considered in general as the great benefactor of all things.

Meaning

Upright: Sadness, depression, grief. Sorrow, hidden enemies ("Lilith," the dark side of the Moon), negative charges, bad spiritual influence. Torture, abduction, loss of freedom. Nervousness, nervous system imbalance that could lead to madness. Terror, uncontrollable fear. Slander. It may also mean alcohol or drug abuse, or any kind of harmful or highly detrimental dependence.

Upside-down: Disillusionment. Underestimation. Mirage. Distorted thinking. Difficult or hindered talk. Lack of communication.

menguante no reviste el carácter benevolente conferido por los poetas y ansiado por los enamorados. No así la luna en cuarto creciente, que es considerada la gran benefactora en general para todas las cosas.

Significado

Al derecho: Tristeza, depresión, melancolía extrema. Penas, enemigos ocultos ("Lilith" —el lado oscuro de la luna—,), cargas negativas, mala influencia espiritual. Tortura, raptos, pérdida de la libertad. Nervios, desequilibrio del sistema nervioso, pudiendo llegar a la locura. Terror, miedos irrefrenables. Calumnias. Puede significar alcoholismo o drogadicción (o algún tipo de dependencia nociva o altamente perjudicial).

Invertida: Decepciones. Subestimación. Espejismo. Distorsión en el pensamiento, dificultad o trabas para y con el hablar. Incomunicación.

The Outcast

A naked man, in a carefree and contemplative manner, as if stretching after hard work. The bag he carries on his shoulder contains the minimum a human being may have. His lips hold a flower, a symbol of innocence and naiveté.

His legs are crossed, showing that he can change his position as he pleases. One foot is slightly propped up and is being pecked by a bird, causing him pain—the only feeling that will call him back to reality and prevent him from falling into complete emptiness. The other foot is twisted in an uncomfortable though not impossible position.

In spite of being on the edge of a precipice, he turns his back to it and holds lightly onto a palm tree.

I call this card "the outcast" because, within several African tribes, a

El Expulsado

Un hombre desprovisto de ropa, en actitud despreocupada, contemplativa, como desperezándose luego de una ardua tarea. En el saco que lleva sobre sus hombros tiene lo más precario que un ser puede tener, en su boca, apretándola con sus labios hay una flor (símbolo de inocencia, candidez).

Sus piernas cruzadas (demostrando así que su posición puede revertirla cuando quiera) y uno de sus pies apenas apoyado, el cual es picado por un ave (que le inflige "dolor," único sentimiento que lo llamará a la realidad, y a través de ésta la posibilidad de no caer en el vacío) y el otro en perfecto escorzo, posición anatómicamente incómoda pero no imposible.

A pesar de estar al borde de un peñasco, le da la espalda y tiene un

person who did not abide by the rules of his social group had only one alternative: exile.

The chosen animal, a rooster, awakens us from a lethargic state. This is not a casual selection. The rooster is chosen because this brave fowl does not exude adrenalin as a result of fear.

The Afro-Cubans and other Santeros from the Caribbean and Central America are devoted to an Orisha named Osún. His image is placed on the door of the house that belongs to the Santero or follower so that he watches and takes care of the home. If this image, commonly made of iron, falls or suffers some kind of harm, it is a warning that some misfortune might occur.

Also, he is considered a warrior Saint because he defends his master bravely. He is not only seen in houses but also in shops and factories.

According to some popular sayings, his song scatters the darkness, announcing that the Sun is arriving, bringing with it a new day.

Jesus told Peter that, before the rooster crowed, he would deny him three times. ...

Meaning

Upright: Overwhelming and difficult-to-handle situation or attitude. Uneasiness, nervousness, but lightheartedness at the same time. Childish behavior, laziness, complacence, lyricism; immoderate, unrestrained, and misunderstood altruism. Hypersensitivity, although seemingly numb to feelings, which may be an a mental block. Need to suffer to mature. Total incongruity; sickness, madness, yet geniality at the same time, meaning that he is not using his powers,

punto de apoyo muy leve, sin aferrarse a él, que es el tronco de la palmera.

La llamo a esta carta "el expulsado," porque generalmente en distintas zonas tribales de Africa, quien no se comportaba acorde a su grupo de pertenencia, le quedaba un solo camino: el exilio.

El animal elegido, que lo despierta, lo saca del letargo, es un gallo, la elección no es casual, ya que con esta valiente ave que no exuda adrenalina (como símbolo de temor), los Afrocubanos y otros Santeros del Caribe y América Central, representan a un Orisha llamado Osún, su imagen se la coloca encima de la puerta de entrada de la casa del Santero o creyente, para que vigile y cuide el hogar. Esta imagen generalmente hecha de hierro, si llegara a caerse o le sucediera algún percance, está avisando o comunicando de que algo va a suceder, puede haber peligro o algo lamentable. Es tomado en cuenta como un Santo guerrero, pues defiende tenazmente a quien lo posee. No solamente se lo puede ver en las casas, sino que en muchos comercios también lo tienen.

Refranes populares dicen que su canto disipa las tinieblas anunciando la llegada del sol y con él, un nuevo día.

Jesús dirigiéndose a Pedro le dijo que antes de que cantara el gallo, lo negaría tres veces. ...

Significado

Al derecho: Situación o actitud que lo desborda y no la puede manejar. Intranquilidad, nervios, pero a la vez y aunque parezca una dicotomía, existe despreocupación. Infantilismo, espíritu de pereza, complacencia, lirismo, altruismo desmedido, desenfrenado, mal enten-

intelligence, or creative imagination, which is significant.

His reactions are hard to explain, understand, or control. He sees the trees but not the forest. He loses himself in unnecessary details and his priorities change.

His love affairs are conflicting and morbid, and he tends to abandon them.

He may be a great poet who will never finish a single tercet, a great musician who will never perform his symphony, an excellent sculptor or painter who will never complete his piece or work of art. An inveterate Bohemian who will drown his pain in alcohol, bar talk, and spending nights without any set purpose or objective. Lack of tenderness or love. If you find yourself in this situation, change immediately to avoid sinking into the abyss. Do not wait until pain knocks at your door to get you back to reality. If it is not you but another person, help him immediately to free him from that freezing catharsis. Remember: he needs affection and understanding immediately.

Upside-down: As this card is completely ambivalent, it may present various contradictory and opposite situations. Therefore, he may change what has been said before and go back to the right path, or else his weaknesses and/or deficiencies may become aggravated and irreversible: suicidal instincts, sexual perversion, obsessive neurosis, uncontrolled psychism, cynicism, psychical vampirism; a thousand masks for a single face because he does not know who he is or where he is going, etc.

A weak character is a defect that, under critical circumstances, certainly leads to disastrous conse-

dido. Hipersensibilidad, aunque pareciera adormecido en sus sentidos, lo que habla muchas veces de un bloqueo mental. Necesita sufrir para madurar. Incongruencia total, enfermiza, locura pero a la vez cierta "genialidad"; lo que nos habla que no pone en práctica sus potenciales, su inteligencia ni imaginación creativa, la cual no es poca.

Tiene reacciones inexplicables, que a veces ni él mismo entiende o controla. Ve el árbol y no el bosque, se pierde en detalles innecesarios, su orden de prioridades está desestabilizado.

Sus relaciones sentimentales serán conflictuadas, mórbidas, con tendencias abandónicas.

Puede ser un gran poeta que nunca terminará un solo terceto, un gran músico que nunca ejecutará su sinfonía, un excelente escultor o pintor pero que jamás concluirá su pieza u obra de Arte. Bohemio empedernido, que ahogará su dolor con borracheras, charlas de café, trasnochando sin fin ninguno, ni con ningún objetivo previsto. Persona falta de cariño, amor, si Ud. atraviesa esta situación, reviértala urgentemente para no caer al abismo, no espere que el dolor golpee su puerta para volverlo a lo concreto a lo real; y si es otra la persona, acuda a ella inmediatamente para sacarla de esa catarsis que la inmoviliza, recuerde: necesita afecto y comprensión de inmediato.

Invertida: Como es una carta totalmente ambivalente, pueden presentarse varias situaciones controvertidas e inversas.

Por lo tanto, puede modificar todo lo anteriormente expuesto y encaminarse en la vida, o agudizarse aún más sus falencias y/o carencias, convirtién-

quences; there is a void that nothing can fill.

—Jaime Balmes

dose en un personaje o una situación
irreversible, ejemplo: instintos suicidas,
perversión sexual, neurosis obsesiva,
psiquismo totalmente descontrolado,
cinismo, vampirismo psíquico, mil
caretas para una sola cara, ya no sabe
quién es ni a dónde va, etc.

Un carácter débil es un defecto
que, en circunstancias críticas, es
manantial seguro de consecuen-
cias desastrosas, hay un vacío que
con nada se puede llenar.

—Jaime Balmes

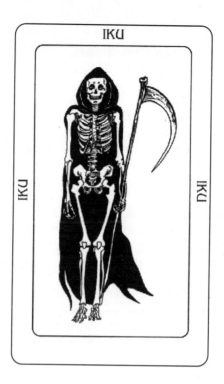

Iku

A skeleton covered by a hooded black cloak down to the feet. We see that this figure is not standing on the ground and is surrounded by nothing—an image of no space and no time. She is timeless. She doesn't seem to be affected by hours, minutes, or days. Nevertheless, she exists. But she does not consider where to place her bones (it could be a castle, a house, a hospital, an institute, or a shack).

She is holding a sickle in one of her hands, a sharp cutting instrument with which she cuts off situations or things, bringing them to an end. She arrives without regard to age, sex, color, social standing, role in society, or financial position.

The ancient Africans believed that the soul of a deceased person had to

Iku

Un esqueleto cubierto con una capa con capucha de color negro que llega hasta la altura de los pies, vemos que esta figura no pisa suelo alguno y que la nada la rodea (imagen de no-espacio = no-tiempo), ella es atemporal, las horas, los minutos o días parecieran no importarle, no cuentan; existe a pesar de ellos y no considera el lugar en donde apoyar su osamenta (pudiendo ser un castillo, una casa, un hospital, un instituto, una choza, etc.).

En una de sus manos porta una hoz, elemento cortante y filoso con el cual cercena, pone fin a situaciones o cosas.

Ella llega sin medir edades, sexo, color de piel, status social, rol en la sociedad, o posición económica alguna.

Los Antiguos Africanos, tenían la creencia de que el alma de un difunto

cross a river (a belief similar to that of the ancient Romans and Greeks, who thought that their deceased traveled over the river Styx) before reaching the last stage corresponding to its behavior in this world. The spirit of the deceased remained attached to the body until its relatives threw earth on the grave. Similar concepts are shared by many spiritualists.

Before the burial, the body was washed with special herbs to liberate and purify it, according to the spiritual affinity between the deceased and the herbs. He was shaved, dressed in his best clothes and jewelry, and then placed in the tomb with his dearest possessions or belongings and with food to feed himself during the trip to the world beyond.

His partner mourned and tried to respect even the slightest detail to avoid offending or disturbing the spirit; for example, avoiding the use of special or luxurious adornments, and instead wearing ragged, worn-out, or torn clothes (a symbol of *egún*, which means dead or spirit of death). Other examples include purposely neglecting the hair or shoes, doing minimal housekeeping, avoiding bathing oneself, etc. This is done so that the bereaved understands the pain and affliction of the deceased. This will also facilitate access to the next plane upon death, thus ensuring that the *egún* not be disturbed or persecuted.

At present, both Santería (devotion, veneration, and respect for Saints or Orishas) and Candomblé and certain other African cults normally use a cord of protection against *Kiumbas*,* made

---

*Disturbing or harmful spirits of the dead; in general, of outlaws, such as murderers, the corrupt, dangerously insane people, etc.

debía cruzar un río (misma creencia tenían los antiguos Romanos y los Griegos, que pensaban que sus muertos viajaban en el río Plutón); antes de llegar al último estadio que le correspondiera de acuerdo a como se había comportado en este mundo, y que el espíritu del que había desencarnado quedaba pegado a la materia hasta el momento en que sus deudos empezaran a tirar tierra sobre su sepultura (similares conceptos son compartidos por muchas doctrinas espíritas).

Antes del entierro, se lavaba el cuerpo con hierbas especiales (que actuaban como forma de liberación y purificación, de acuerdo a la afinidad espiritual establecida entre el difunto y las mismas), se lo afeitaba, vestía con sus mejores atuendos, joyas, etc, y luego se lo depositaba en sus tumbas con sus cosas o pertenencias más queridas y con alimentos para que pudiera hacer uso de ellos en su viaje al más allá.

Su pareja guardaba luto, y trataba de respetar el más mínimo detalle, para no ofender o molestar al ser desencarnado, por ejemplo: no usar enfeites especiales o lujosos, vestir ropa ajada, gastada o ralada (símbolo de egún, que significa: muerto, espíritu de muerto), no cuidar su peinado, su calzado, utilizar lo mínimo indispensable en la casa para el desarrollo habitual de las tareas, no higienizarse demasiado; todo esto para que su ex-compañero comprendiera su dolor y aflicción, y que su ascenso al otro plano le fuera más fácil, asegurándose así, la no persecución espiritual o perturbación del egún.

Actualmente en la Santería (adoración, veneración y respeto a los Santos u Orishas como en el Candomblé, y

of *palha da costa** and soaked in *abó*** for 3 or 7 days, and prepared and hallowed through protective prayers, while the *palha* is made into a braid.

The purpose of this cord is to protect the person who holds it from any *kiumba* who may wish to cause harm, and make him or her immune to any spiritual attack.

In Nigeria, the Yoruba hold a rite every year to remember their dead. They dance with masks and colorful tunics; the cadence of the rhythm, the dance, and the songs wrap them in a mystical halo and a communion with those who have departed.

The dead are remembered on November 2, when they are offered food which varies according to the African nation ruling the ritual. They are also offered a glass of water illuminated with a white candle (preferably made of wax, for it will better preserve the impregnation of fluid placed on it through thoughts or prayers). I have also noticed that odd numbers of white flowers are offered and that Catholic masses are requested for the subsequent days (note the merger of two religions) to give peace to the soul being remembered.

In the Isle of Itaparica, Brazil, there is only one House of the Egún, where predecessors are revered. Their cult is secret and prohibited to persons who have not been initiated, and the role of women is not great (for many, nonexistent).

---

*A Brazilian name for a type of raffia or straw.

**A sacred liquid made up of rainwater, river water, cascade water, herbs, etc.

en algunas otras líneas de origen Afro es común la utilización de una guía protectora contra "Kiumbas," que son espíritus de muertos perturbadores o maléficos (generalmente pertenecientes a personas que en vida llevaron un pasar al margen de la Ley y las buenas costumbres y moral, pudiendo ser asesinos, corruptos, dementes peligrosos, etc.), hecha de "palha da costa"* (denominación dada en Brasil) y embebida durante 3 ó 7 días en "abó" (líquido sagrado, compuesto en su gran parte de agua de lluvia, de río, cascadas, hierbas, etc.), confeccionada y consagrada a través de rezos protectores, mientras se entrelaza la palha en forma de trenza.

El fin de esta guía es proteger a quien la lleve de cualquier kiumba que quiera perjudicarlo, estando inmunizado de cualquier ataque espiritual.

En Nigeria, los Yorubas hacen un rito anual recordando a sus difuntos, bailan enmascarados y con atuendos largos muy coloridos, la cadencia del ritmo, la danza, cánticos, los envuelve en un halo místico y de comunión con aquellos que han perdido.

Hay una fecha en el año para su recuerdo, que es el día de los muertos, que generalmente se celebra el 2 de Noviembre, en donde se le ofrece un plato de comida (que varía de acuerdo a la Nación Africana, que se tiene como regente del ritual) y un vaso de agua iluminándolo con una vela blanca (preferentemente de cebo, ya que así conservará mejor la impregnación de los fluidos, volcados en ella a través de pensamientos u oraciones). He observado también que se ofrecen como pre-

---

*Especie de rafia o paja.

Why should we be afraid of death? When we are, it is not and when it is, we are not.—Heraclitus

Meaning

Upright: End of something, change or transmutation. Metamorphosis. Sign of disease, peak of something, transformation into another thing. Renewal. Danger or crisis. Death of a thing, thought, situation, feeling, condition, state, etc. Egún or Kiumba.

Upside-down: Stagnation, inertia, statism, uncertainty, restlessness, preoccupation. Protests, annoyance, confrontations. Hunger, desolation, poverty. Egún.

sente, flores blancas en número impar, y en los días subsiguientes se encargan misas católicas (aquí observemos la fusión de dos pensamientos religiosos) para la paz del alma recordada.

En la isla de Itaparica (Brasil), hay solamente una "Casa de Egún" en donde se reverencia a los antepasados, su culto es secreto y vedado a los no iniciados, y la mujer no tiene en él un gran desempeño y, al decir de muchos éste es nulo.

Por qué temerle a la muerte? Cuando nosotros estamos ella no está y cuando ella está nosotros ya no estamos.—Heráclito

Significado

Al derecho: Fin de algo, cambio o transmutación. Metamorfosis.

Puede marcar enfermedad, culminación de algo, para la transformación en otra cosa. Renovación. Peligro o crisis. Muerte de una cosa, pensamiento, situación, sentimiento, estado, etc., Egún o Kiumba.

Invertida: Paralización, inercia, estatismo, incertidumbre, desasosiego, preocupaciones. Protestas, disgustos, enfrentamientos. Hambre, desolación, pobreza. Egún.

EL KARMA

KARMA

O KARMA

Karma

Celestial rays descend, protecting, sheltering, and covering this universal law.

In the center, the ansate cross serves as a balance where all our actions will be weighed. Each scale of the balance holds an eye, showing that nothing is beyond the control of the Law of Cause and Effect.

The two ends of life, childhood and old age, are represented on each side of the card. The physiognomy involved is intended to show how the passing of time modifies not only physical but also mental features, attitudes, and standards of conduct drawn from experience.

The old woman leans on her image as a young girl, as if turning her back to the past. She seems to be preparing herself resignedly for what may come, aware that lost time will not return and

El Karma

Rayos Celestiales caen como forma de protección, amparando y cobijando esta ley Universal.

En el centro, la Cruz Ansata, sirve como balanza en donde se pesarán nuestras acciones; en cada platillo hay un ojo, demostrando que nada escapa al control de la Ley de Causa y Efecto.

A cada lado, se encuentra representando las dos puntas de la vida la infancia y la vejez, en donde se han querido conservar la fisonomía, para demostrar como el paso del tiempo va modificando no solo estructuras físicas sino mentales, actitudes y normas de conducta que dicta la experiencia.

La mujer mayor recostada sobre su imagen de niña, y al hacerlo pareciera darle la espalda a su pasado, es como si se preparara para lo que vendrá en un

that gained time may be capitalized upon. She will have to make a new start, and, in this endless wheel, all good done for her and the others will be compensated, bringing more peace and quiet.

The wisdom of an old person will join the innocence of a child, a perfect combination marking an instant of ecstasy and deep enlightenment.

There are many Universal Laws, such as the Law of Life, of Growth, Reproduction, and Death (or rather disincarnation). We all know them, and sometimes during our life we think that they are unfair and indiscriminate. However, there is one Law above all others, about which many things are unknown. In my opinion, this is due, among other things, to our internal desire to justify errors, defects, and wrongful deeds, and to pass them off onto others as if they were the perpetrators.

Such is the Law of Karma which governs all of us and which is the driveshaft of a supplementary Law called the "Law of Reincarnation"; i.e., coming back to this world in our essence or spirit but in a different body to fulfill and bear our Karma.

It is also called the "Law of Cause and Effect," for it explains our behavior, and arises from the fact that whatever we do in this or former incarnations will be the original cause or source of what we will have to live through on this plane or on other planes, either enjoying life for all the good done or repairing defects and past bad behavior.

This perfect interlocking is synchronized and supervised by a Superior Intelligence and Justice called God, who is the first and sole cause of our existence.

gesto de resignación, sabiendo que el tiempo perdido no podrá ser recuperado y el ganado será capitalizado. Tendrá que volver a empezar, y en esta rueda sin fin, todo lo que haga de provecho para sí y los demás, tendrá una retribución lo que le determinará más Paz y sosiego.

La sabiduría del anciano, se juntará con la inocencia del niño, combinación perfecta que marcará un instante de éxtasis y de profunda iluminación.

Existen varias Leyes Universales como ser: la ley de la Vida, la de Crecer, Reproducirse, Morir (mejor dicho Desencarnar), todas las conocemos, y a veces en determinados momentos de nuestra existencia, nos parecen injustas e indiscriminadas, pero hay por sobre todas ellas, una sobre la que todavía se ignoran muchas cosas, pienso que eso se debe, entre otros factores, al deseo interno de justificar nuestros errores, defectos y malas acciones; muchas veces delegarlos a otros, como si los demás fueran los causantes.

Esta Ley, es la del Karma, a la cual nadie escapa, y es el eje motor de otra que la complementa, cuyo nombre es "La Ley de la Reencarnación," es decir volver a este mundo, con nuestra esencia o espíritu pero albergados en otro cuerpo para cumplir y sobrellevar nuestro Karma.

También llamada "Ley de Causa y Efecto," porque a través de la misma, encontramos explicaciones a todos nuestros comportamientos.

Deriva de la idea de que todo lo que hacemos en esta vida de encarnados u otras anteriores, será la causa o fuente originaria, de lo que tendremos que vivir en este plano o en otros, ya sea

Therefore, Karma may be either positive or negative depending on our behavior.

As we reach a spiritual light, we purify our bad Karma and bring ourselves closer, through this difficult learning experience, to higher dimensions, until some day we will be with God our Father.

This card may be related to a little cultured Orisha, whose name is Tempo, Naná Burucú's son, whose function is related to "The Karmic Law."

Meaning

Upright: If we live our lives according to truth and justice, we will be rewarded with good Karma. This is wise teaching, where time is of the essence; let us not lose it. Freedom of spirit. Reward for good work. Legal actions and conflicts are in our favor. Along the road, we will find the true oasis, regardless of the obstacles or difficulties encountered. Let us do away with them. Let us use the intelligence and free will our Lord has given us and help our fellow human beings, respecting and loving them above all.

Upside-down: Time lost on false promises, chimeras, and impossibilities. You will have to repair and correct mistakes and start again, without any interruptions or delays, and conform to the truth. Lost actions. Bad speculation resulting in difficulties, uneasiness, and financial loss. The bread you deny to others today will be taken away from you tomorrow.

gozando por todo el Bien realizado o reparando defectos y malos comportamientos pretéritos.

Este engranaje perfecto, está sincronizado y fiscalizado por una Inteligencia y Justicia Superior que denominamos Dios, siendo este como ya dijimos la causa primera y única de nuestra existencia. Convengamos entonces de que el Karma, puede ser positivo o negativo, de acuerdo a nuestro comportamiento.

A medida que alcanzamos luz espiritual, vamos depurando nuestro mal Karma y acercándonos a este duro aprendizaje a dimensiones superiores, hasta llegar algún día a estar con nuestro Padre, Dios.

A esta carta se la puede relacionar, con un Orisha poco cultuado cuyo nombre es Tempo, hijo de Naná Burucú, cuya función estaría relacionada con la "Ley del Karma."

Significado

Al derecho: El transcurrir nuestra existencia acorde con preceptos de Verdad y Justicia, nos deparará un buen Karma. Enseñanza sabia, en donde el tiempo es fundamental, no lo desperdiciemos. Libertad de espíritu. Recompensas por obras realizadas. Juicios y planteamientos de orden legal, en donde seremos beneficiados. A lo largo de nuestro camino encontraremos el verdadero oasis, no importa las piedras o escollos que se nos interpongan, desechémoslo con la inteligencia y el libre albedrío que Dios nos dotó, ayudando a nuestro prójimo, respetándolo y por sobre todas las cosas amándolo.

Invertida: Malgastar el tiempo en falsas promesas, quimeras e imposibles.

Tendrá que reparar los errores, enmendarlos y comenzar nuevamente, sin interrupciones, dilaciones y ajustándose a la verdad. Pleitos perdidos. Malas especulaciones, que redundarán en inconvenientes, malestares y pérdidas económicas. Enmiende la faz sentimental, sino será su propia víctima y carcelero de sus pasiones. El pan que habrá negado será el que no tendrá mañana.

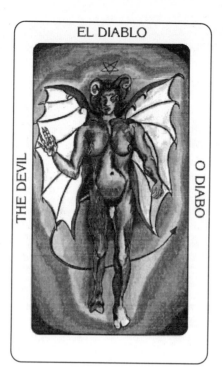

EL DIABLO

THE DEVIL

O DIABO

The Devil

Against the forces of light, there is darkness and gloom; at the beginning of creation, there is destruction; and before order, there is chaos and confusion. These concepts were known to the Yoruba, who attributed the characteristics of what we know as the devil to "Olosi."

Olosi was created by Olodumare, who gave him powers, intelligence, autonomy, and physical perfection as well as the invaluable gift of immortality. But this first being to inhabit the Earth felt powerful and beautiful and wanted to make his intelligence prevail over the intelligence of his Creator. His pride and vanity grew until his Creator became angry and wanted to punish him with fire. Olosi therefore took refuge inside the Earth, car-

El Diablo

Como contrapartida a las fuerzas de la luz, existe la oscuridad y las tinieblas, al principio de construcción el de destrucción, al del orden el caos y la confusión, estos conceptos no escapaban al conocimiento del pueblo yoruba, quienes reflejaron en "Olosi" las características más parecidas a lo que se conoce como el Diablo.

Olosi, había sido creado por Olordumare, otorgándole poderes, inteligencia, autonomía y perfección física, dándole el don inapreciable de la inmortalidad.

Pero este primer Ser que habitó la Tierra, sintiéndose poderoso y hermoso a la vez, quiso hacer prevalecer su inteligencia a la Inteligencia Superior que lo había creado, su orgullo y vanidad fueron creciendo hasta hacer

rying with him the fire that had men-
aced him. Thereafter he adopted his
current name, denying his first name
("Omo Oba"). Ever since, he has tried
to cause men to deviate from good,
attempting to awake in them a rebellious nature and evil thoughts and
actions, estranging them from the
First Cause.

In spite of this myth wherein this
character is similar to the devil, aside
from being a creature tending towards
evil, it was believed that humanity was
prone to both good and evil, being
responsible for their own actions before
Divine Justice.

The devil is not present in the pantheon of the worshipers of Orixás, for
they are the energy of light governed by
God, or Olorum Olofi.

We cannot disregard the existence
of force against him or opposed to him.
Taking into consideration that Tarot
decks refer to and include a devil, we
will use this force, recognized by our
subconsciousness, whether or not we
believe in it.

For Christians, the devil was the
most perfect creature of God. So Lucifer
(morning star) or Luzbel (beautiful
light) rose against the power of God,
carrying with him a third of the angels
in Heaven. The rebels started a strong
and bloody fight against the Creator
until they were expelled from His side.
The devil has hosts of fallen angels and
unnumbered legions of demons. We
will not deal with their many and different names, but will simply state that all
of them take advantage of low human
instincts. Suffice it to say that they are
known as "incubi" (male demons) and
"succubi" (female demons).

despertar el enojo de su Creador; quien
quiso castigarlo con centellas de fuego,
por lo que Olosi se refugió en el interior
de la Tierra, llevando consigo el fuego
que lo había amenazado.

A partir de ese día adopta el nombre por el que se lo conoce, negando su
primera denominación, la forma nomi-
nativa con que se lo había creado, o sea
Omo Oba. y desde entonces trata de
desviar las buenas acciones de los Hombres, despertando en ellos la rebeldía y
todas las malas obras y pensamientos
que lo alejan de la Causa Primera.

A pesar de este Mito en donde este
personaje es similar al del Diablo, más
allá de concentrar en un Ser al Mal,
concebían la idea de que el Hombre
alberga dentro de sí la potencialidad del
Bien y del Mal, haciéndose responsable
por sus actos ante la Justicia Divina. En
el Culto a los Orishas, el Diablo no tiene
lugar, ya que estos son energías de Luz,
regidos por Dios u Olorun.

Pero no podemos desconocer la
fuerza opuesta al Bien o antagónica a él;
haciendo esta consideración y teniendo
en cuenta que en la mayoría de los
mazos de cartas se refieren al Diablo y
lo cuentan entre ellas, vamos a utilizar
esta fuerza, la cual nuestro subconsciente, creyendo en la existencia en él o
no, le da cabida.

Dicen los cristianos que fue la
creación más perfecta de Dios, así pues
Lucifer (Lucero de la mañana) o Luzbel
(lindaluz) se levantó contra el poder de
Dios, y arrastró a un tercio de los ángeles que habitaban el cielo, los cuales
entablaron una ardua batalla contra el
Creador, hasta lograr su expulsión del
lado de El. Sus huestes son muy
grandes, sus legiones incalculables, pero

In our card, the devil resembles a half-man and half-beast creature with bat wings ending in claws, he-goat horns, sharp-cornered eyes and ears, a large thick-lipped mouth (symbol of extreme sensuality), and upturned eyebrows, making up a perfidious and defiant face.

The devil's body includes both sexes (for it influences both men and women), a huge belly (as a result of gluttony or material craving), one leg hairier than the other (serving as support for its devil plans), legs ending in hooves like an animal, and a tail ending in a triangle like a whip that inflicts painful punishment.

The two hands are different: one is like a paw and the other is more like the hand of a human being.

Lastly, there is an inverted pentagram, symbolizing the fall of Man, head first.

Meaning

Upright: Black magic or evil witchcraft, terrible energetic and/or spiritual pressure creating a completely negative magnetic field. Ignorance. Bad thoughts, jealousy and destroying envy; wickedness at all levels.

Upside-down: The meaning is eased, though persistent. Temporary deviation from evil; be careful, however, because it may come back more worse than before. Confusion. Nervous breakdown. Passivity and annihilation of the human will.

> Most people find hell not in any future life, but on this very Earth.
> —Schopenhauer

no vamos a tener el mal gusto de comentar alguno o algunos de sus variados y diferentes nombres, pero aclararemos que todos ellos se sirven de los más bajos instintos humanos, solo diremos que se los conoce como íncubos (demonios hombres) y súcubos (demonios mujeres).

En nuestra carta toma las características de un ser con alas de murciélago, con terminaciones córneas en sus puntas, mitad hombre y mitad bestia, cuernos de macho cabrío, ojos y orejas angulosas, boca grande de labios muy carnosos (símbolo de extrema sensualidad) y cejas ascendentes, demarcan un rostro pérfido y desafiante a la vez.

Su cuerpo denota los dos sexos (con la idea de que tiene ingerencia tanto en el hombre como en la mujer), un vientre abultado que da idea de sus apetencias digestivas o materialista s, una pierna más velluda que la otra, siendo ésta sobre la cual tiene su punto de apoyo para avanzar en sus maléficos planes, terminando ambas en pezuñas como las de un animal, una cola que termina en forma de triángulo, cual látigo que castiga con dolor.

Sus dos manos, con distintas formas, una como una garra y otra más parecida a la de un ser humano.

Y por último la estrella de cinco puntas pero invertida (simbolizando la caída del Hombre, configurándolo cabeza hacia abajo).

Significado

Al derecho: Magia Negra o brujería, terribles presiones energéticas y/o espirituales, creando un campo magnético negativo totalmente.

Ignorancia. Malos pensamientos, celos y envidia con fines destructivos, perversidad en todos los estratos.

Invertida: Su significado se aliviana un poco, pero su persistencia continúa. Alejamiento temporal del mal, igualmente cuídese pues al retornar, puede acometer con mayor voracidad. Confusión. Alteración del sistema nervioso. Pasividad y aniquilamiento de la voluntad del Hombre.

> No es ninguna vida futura, sino en esta misma tierra, donde la mayor parte de las personas encuentran el infierno.
> —Schopenhauer

The Enslaved Prisoner

A slave with hands and feet tied to a wooden log and several chains locked around him. Nobody shares his pain. The punisher is not present either, and the slave's destiny is adrift.

His eyes are closed, revealing an inner effort to survive and his mental communication with Olorum or Olurun (God for the Africans), asking for help and salvation.

His hope is based on his knowledge that there is another life beyond this one. His faith is the "immortality of the soul."

> To live and to cease living are imaginary solutions. Existence is anywhere else.
> —"The Surrealist Manifesto," *Le Sagittaire*, 1946

El Prisionero Esclavizado

Un esclavo, maniatado de pies y manos a un tronco de madera, diversas cadenas lo rodean en forma de atadura. Nadie lo acompaña en su dolor, el que lo castigó tampoco se encuentra en la escena, quedando a la deriva de su propio destino.

Sus ojos cerrados, nos revelan el íntimo esfuerzo por sobrevivir, la comunicación mental con Olorun u Olorum (Dios para los Africanos) pidiendo ayuda y salvación.

Su esperanza se encuentra en que, el negro sabía que más allá de esta vida, se encontraba otra, su Fe es y era "la inmortalidad del alma."

> Vivir y cesar de vivir son soluciones imaginarias. La existencia está en otra parte.
> —"Les Manifestes du surrealisme," *Le Sagittaire*, 1946

This card represents any person who has been persecuted because of his or her ideas or thinking; a prisoner of ignorant persons who, many times, in the name of "high ideals," single out, accuse, and finally execute innocent people whose sole crime is the preservation of ideals and thoughts.

The blacks have not been freed from slavery. On the contrary, how many tears they had to weep to defend their dignity as human beings! It was hard for them to be acknowledged as having the same rights as white people: the freedom to think, feel, and do, using as a means of expression the same liberty afforded to any other person in the world. Sectarianism and discrimination affect not only color; great men and women have lived in this world defending what they believed to be fair and deserving. Their truth need not be the same as that of others, because each of us must find his or her own truth. The fight is tough, though soul-enriching. For such a purpose, we need to use the free will that God has given us.

These are great human beings, as I said before. For me, the greatest of them all was Jesus of Nazareth, master of masters, enlightened and enlightener of minds and souls, all Love and Love in all.

Dear Nazarene! You were executed, maltreated, singled out as a criminal. Centuries have passed, but your name still beats in the hearts of millions of human beings who look to you for redemption.

Another example is Saint Cecilia, patroness of musicians, who died singing in her horrible martyrdom, as if wishing to transmute her pain into a

Representa a quien de alguna u otra forma, fue mira de persecuciones por su ideología o pensamiento sobre algo; presa de los ignorantes, quienes muchas veces en nombre de "altos ideales," señalaron, acusaron, y por fin ajusticiaron la mayoría de las veces a gente inocente, cuyo único crimen era el de conservar su pensamiento e ideal.

De esta esclavitud no escapa el negro, al contrario, ¡Cuántas lágrimas le costó, cuántas vertió, por defender su dignidad como ser humano! Cuanto le costó que le reconocieran los mismos derechos del Hombre blanco; el poder pensar, sentir y hacer, utilizando la libertad como medio de expresión como cualquier otra persona. Pero los sectarismos y la discriminación no pasan solo por el color de la piel; grandes hombres y mujeres, pasaron por este mundo defendiendo lo que creían justo, digno, su verdad, que no tiene porque ser igual que la de los demás; pues cada uno de nosotros debe hallar la propia. Es ardua la lucha, pero nos enriquece espiritualmente. Para ello hace falta utilizar el libre albedrío con que Dios nos dotó.

Como ya dije, grandes seres humanos, para mí el más grande de todos: Jesus de Nazareth, maestro de maestros, iluminado e iluminador de mentes y almas, todo Amor y Amor en lo todo.

¡Querido Nazareno!, fuiste ajusticiado, maltratado, señalado, entre y por criminales, siglos han pasado, pero tu nombre sigue siendo aclamado en el corazón de millones de seres que buscan en ti el Camino de la Redención.

O también por ejemplo: Santa Cecilia, patrona de los músicos, que en

harmonious melody. She defended her Faith, her greatest treasure.

Socrates too, a great philosopher who created the maieutic method ("know thyself," the Truth) that disturbed many persons, was accused with absurd pretexts and statements arising from ignorance and stubbornness. He was sentenced to death and died, in the culmination and prominence of his moral integrity, after rejecting an escape planned by his friends.

As long as we are not free thinkers, we will be prisoners of our fears and aliens to our intelligence.

We can refer to the myth of the cave told by Plato in *The Republic.* He speaks of a group of prisoners chained in a cave, where they can see only the shadows projected by the fire on one of the cave walls. This is their only truth; but if only one of them could be freed and go out of the cave, he would see a different reality illuminated not by the fire but by the sun. At first, the freed man would be perplexed and shocked with the new visions. He would not believe his first vision, but then his eyes would become accustomed to the light, to that reality, and they would acknowledge it as true. If he were to go back to the cave and tell the others what he had discovered, he would be laughed at, and if he tried to free them and take them to the light, they would probably kill him if they could.

Barbarians, ideas cannot be killed.
—Domingo Faustino Sarmiento
(1811–1888), Argentine hero,
writer, and politician

Meaning
Upright: You are the victim of defamation, gossip, and felonies around you. Strengthen yourself; you will need it

medio de su espantoso martirio, murió cantando (como queriendo transmutar ese dolor en armoniosa melodía). Defendía su Fe, su más alto tesoro.

Como también Sócrates, gran filósofo que fue el creador del método de la Mayéutica (el cual tiene por finalidad que el propio interlocutor obtenga por sí mismo "La Verdad"), cosa que incomodó a muchos y fue acusado con pretextos absurdos y manifestaciones que partían de la obstinación e ignorancia. Muere como coronamiento y encumbramiento de su integridad moral, luego de un proceso que termina en su deceso, rechazando la posibilidad de evasión preparada por sus amigos.

Mientras no seamos libres pensadores, seremos prisioneros de nuestros miedos y extraños a nuestra inteligencia.

Nos podemos remitir al Mito de la Caverna, relatado en su obra "La República" por Platón; ésta se refiere a un grupo de prisioneros encadenados en una caverna, en la cual sólo ven lo que el fuego a través de las sombras proyecta sobre una de sus paredes, esta es su Unica verdad, aquí plantea este gran filósofo, la posibilidad de que, si uno de ellos se liberara, y se encaminara hacia la entrada de la caverna vería una realidad distinta iluminada ya no por el fuego sino por el sol, en un primer momento quedaría perplejo, inmovilizado por lo que descubriera. A primera instancia no lo podría creer, luego sus ojos se acostumbrarían a esa luz, a esa realidad, y las reconocería como ciertas. Si volviera con los demás a contarles lo que descubrió se burlarían de él, y si luego intentara liberarlos para luego llevarlos a la luz, segu-

because your surroundings are exerting pressure on you. You will be subject to unjustified moral, physical, and/or spiritual punishment.

You are not allowed to be or to do. Loneliness, execution, suffering. Everything is hard to attain, sacrificial and difficult at the same time. Laments and hardship. Retaliation and binding, etc.

Upside-down: The greatest pain has ceased, but the effects of incomprehension still affect you. Break the chains, whether physical, moral, spiritual, or mental. You can do it. Avail yourself of the truce that your enemies and torturers have granted to you.

Ease your tension and forgive with the sublimation of love. You must face reality.

> Father, forgive them; for they know not what they do. (Luke 23:34)

ramente lo matarían si pudieran apoderarse de su persona.

> Bárbaros, las ideas no se matan.
> —Domingo Faustino Sarmiento
> (1811–1888), escritor, político,
> prócer Argentino

Significado

Al derecho: Usted es víctima de difamaciones, habladurías, felonías en torno suyo. Refuerce su ego, lo necesitará pues su entorno se encuentra en forma agobiante sobre su persona. Recibirá castigos morales, físicos y/o espirituales injustificados.

No lo dejan ser ni hacer. Soledad, ajusticiamiento, sufrimiento.

Todo se le hace cuesta arriba, sacrificado y tortuoso a la vez. Lamentaciones y penurias. Represalias y ataduras, etc.

Invertida: La plenitud del dolor ha cesado, pero los efectos de la incomprensión ajena todavía repercuten en su persona.

Rompa con las cadenas, ya sean físicas, morales, espirituales, o mentales; Ud. puede hacerlo, aproveche este momento de tregua que sus enemigos y victimarios le concedieron.

Afloje sus tensiones, y con la sublimación del amor: perdone.

Olvide para resurgir, para ello debe enfrentarse con la realidad.

Secondary Cards

Cartas Secundarias

As de Agua

Ace of Water

Às de Água

69

Ace of Water

A dolphin symbolizes spirituality. The fish symbolizes Christianity in the West and good fortune or luck in the East.

Among the ancient peoples, especially the Greeks, who deemed that this animal belonged to Apollo without disregarding the fact that it swam in the waters governed by Poseidon, this animal was taken as something "sacred." This belief was also shared by philosophers and poets, some of whom held that if the dolphins were disturbed, the Gods of Olympus would also be disturbed.

Meaning

Upright: There comes a new stage in which your childhood experience is present, and a person who makes a bal-

As de Agua

Un delfín, símbolo de espiritualidad. El pez, simboliza y representa el sentimiento cristiano en Occidente y la Buena Fortuna o la Buena Suerte en Oriente.

Entre los pueblos de la Antigüedad, sobre todo para los griegos (quienes consideraban que el delfín pertenecía a Apolo especialmente, sin dejar de tomar en cuenta que cursaba las aguas bajo el reinado de Poseidón, con el cual también lo vinculaban.

Era valorizado casi con una connotación "Sagrada", pues así pensaban de él filósofos y poetas; algunos de ellos sostenían que perturbándolos, molestarían también a los Dioses del Olimpo.

ance between past and present will project a future of love. Feelings prevail without mental or psychic confusion. Times of great beauty and joy.

　　Upside-down: Imbalance. False expectations. A lost love with difficulty; doubts about a true feeling. Displeasure becomes somatic in the digestive area.

Significado

Al Derecho: Comienza una nueva etapa en donde su experiencia pasada desde la niñez, se hace presente; y quien establece un equilibrio entre su pasado y su presente, proyectará un futuro de amor.

　　Prevalecen los sentimientos sin que ello obnubile su mente o psique. Momentos de gran belleza y regocijo.

　　Invertida: Desequilibrio. Espectativas falsas. Amor perdido, con dificultades, dudas sobre un sentimiento verdadero.

　　Disgustos que somatizará en el área digestiva.

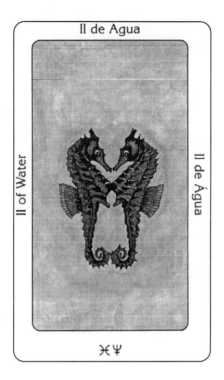

II de Agua

II of Water

II de Água

II of Water

Two sea horses united, intertwining themselves in harmony with the two forces of nature: yin and yang, feminine and masculine, vowing endless love and forming a single universal heart.

Meaning

Upright: Feast and happiness of a great love based on harmony. Stage of a friendship, couple, or love affair with mutual understanding, spirituality with tender feelings of piety and charity.

Your love or companionship is beyond the material; it deepens in crystalline and limpid waters where mysticism reaches the highest values. Oath of endless love or friendship.

Upside-down: Confusion, tears, sorrow, breakup. Mystification. The sea

II de Agua

Dos hipocampos que se unen entrelazando en armonía las dos fuerzas de la naturaleza, el ying y el yang, femenino y masculino, prometiéndose amor eterno, formando un sólo corazón universal.

Significado

Al derecho: Festejo y felicidad entre un gran amor, fundamentado en la armonía. Etapa de una amistad, pareja o aventura amorosa en donde tendrán entre sí mutua comprensión, espiritualidad con sentimientos de caridad y piedad.

Su amor o compañerismo va más allá de lo material; se profundiza en aguas cristalinas y límpidas donde el misticismo alcanza sus más altos valores. Juramento de amor eterno o amistad eterna.

is rough, although the surface is calm; therefore, its depth is frighteningly dark, which brings up violence, psychic instability, and untrue feelings.

Invertida: Confusión, lágrimas, penas, ruptura. Mistificación. El mar está revuelto, aunque en su superficie esté calmo, por lo tanto en sus profundidades hay oscuridad tenebrosa; trayendo violencia, inestabilidad psíquica y sentimientos no verdaderos.

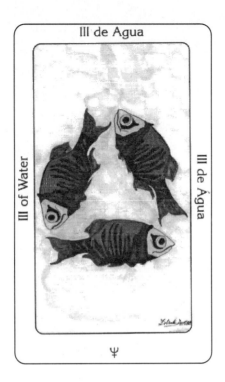

III of Water

Three fish making up the sides of a triangle. This summation of the cards I and II of Water results in something which represents the Trinity of the Father, the Son, and the Holy Spirit. A perfect triangle, symbol of faith, with underlying power, brings about a teaching which is an experience of all the above-mentioned processes.

Meaning
Upright: Victory, good fortune, possibilities favoring triumph, success and prosperity. Things end as they started. The effect comes from a positive cause that will bring us pleasure and emotional stability.

Upside-down: Impiety; lack of faith, understanding, and charity. False

III de Agua

Tres peces formando un triángulo. La sumatoria de las cartas número I y II de Agua, nos da por resultado la trilogía que representarían al Padre, Hijo y Espíritu Santo. Un triángulo perfecto, símbolo de Fe en donde el poder está subyacente, trae consigo una enseñanza que es la experiencia sumatoria de los procesos premencionados.

Significado
Al derecho: Victoria, buena fortuna, posibilidades propiciatorias de triunfo, éxito y prosperidad. Así como empiezan terminan las cosas, el efecto proviene de una causa positiva que nos dará placer y estabilidad emocional.

Invertida: Impiedad, falta de Fe, de comprensión y de caridad. Falsas

promises and prophets. A vanishing success. Extreme sensuality. Desire for material domination and slavery through gluttony, alcohol, and sex.

promesas y falsos profetas. El éxito se esfumará. Extremada sensualidad. Deseos de dominación material y de querer esclavizar a través de la gula, el alcohol y el sexo.

♏ ♂ ♇

IV of Water

The African *dipnoi* is a fish with lungs that, during drought, shelters itself in the earth within a cocoon that becomes so hard that it is like a protective cuirass. A hole in the upper part of the cocoon allows the fish to breathe freely. It can remain in that state for almost four years and resume its usual life upon returning to water.

There was a time when the rain stopped and even the deepest lakes dried. Time to think, to seclude oneself, to go deep into the human mind to draw one's own conclusions, solve paradigms and mysteries of life and death. But after that be prepared to start again.

Meaning

Upright: Abulia, dissatisfaction, fatigue, lack of happiness because of material

IV de Agua

El dipnoo Africano, es un pez pulmonado que en épocas de sequía se cobija en la tierra, formando un capullo que se endurece a tal grado, como si fuera una coraza protectora, el mismo tiene en su parte superior un orificio que lo conecta con el aire de la superficie, pudiendo así respirar libremente. Puede permanecer en este estado hasta "4" años, y al volver al agua, recobra su vida normal.

Tiempo en que la lluvia cesó y hasta en los lagos más profundos se evaporó todo el contenido de sus aguas. Tiempo para pensar, recluirse, internarse en lo más profundo de la mente humana para sacar conclusiones, resolver paradigmas, misterios de la vida y de la muerte; pero luego de ello estar preparados para volver a comenzar.

losses. You should have taken advantage of bonanzas; now the only thing remaining to you is to wait for a new opportunity.

Reject or refuse the help or collaboration of others. Think whether your fault lies in accepting what you should have rejected or in disregarding opportunities.

Upside-down: What was asleep, almost dead, or lost reappears with possibilities of new relations.

Significado

Al derecho: Abulia, insatisfacción, cansancio, falta de alegría por pérdidas materiales. Habría que haber aprovechado más el tiempo en épocas de bonanza, ahora sólo queda esperar una nueva oportunidad.

Desecharemos o negaremos la ayuda o la colaboración de parte de los demás. Medite en dónde estuvo su falla; en aceptar lo que no debió o en desechar lo que se le presentó.

Invertida: Lo que estaba adormecido, casi muerto o defenestrado vuelve a resurgir con posibilidades de nuevas relaciones.

V de Agua

V of Water

A man in a river with leeches beneath wants to save himself from drowning by holding onto a branch, but …

The turbid waters are crowded with dangerous animals whose purpose is to destroy the man through vampirism, by feeding themselves with the man's blood.

Meaning

Upright: Deep sorrow over problems you planned to solve. Bad luck with friends or love, and a broken marriage or relationship. There is no time for lamentation, protests, or complaints. Loss of values. Negative energy surrounding you.

Upside-down: Possibility of holding on to a new hope. Perhaps nature pities you, and the tree that you once cut

V de Agua

Un hombre ahogándose, debajo de él hay sanguijuelas, quiere salvarse tomándose de una rama pero...

Las aguas turbias están llenas de animales peligrosos que sólo quieren su destrucción, a través de un proceso vampírico, alimentándose de su propia sangre.

Significado

Al derecho: Profunda tristeza sobre temas que esperaba arreglar. Infortunio con amigos, en amores y un matrimonio o pareja destruidos. Ya no hay tiempo para lamentaciones, quejas o protestas. Pérdida de valores afectivos. Energía negativa que lo rodea.

Invertida: Posibilidad de aferrarse a una nueva esperanza, quizás la Natu-

down will start to grow again and develop that branch, the only opportunity that you can hold onto to be able to get out of that muddy, dangerous water. If your Karma so allows, you will start again and try to love and seek love. You will have a new group of friends and a different scale of values.

raleza se apiade de usted y el árbol que una vez hachó, se extienda y haga crecer esa rama; única oportunidad de aferrarse a ella y así poder salir del agua fangosa y llena de peligros. Si así su Karma lo permite, comenzará de nuevo, buscará amar y ser amado. Formará un nuevo grupo de amistad y una escala de valores diferentes.

VI de Agua

VI of Water

VI de Agua

VI of Water

During a night of the Full Moon, the tide has risen high. The Moon, mother *par excellence,* gives us shelter and protects us in the dark night. Therefore, a mermaid is lying on the water. She was sent by our great mother Yemayá, who protects our homes and families.

A school of multicolored, mostly silver fish swims around. Although the night is dark, the Moon in its plenitude illuminates the immensity of the waters.

Meaning
Upright: Glee, re-encounter with our friends and return to our origins. Interchange of ideas, thoughts, knowledge, and presents.

Upside-down: Denial of the origins of scruples or self-inflicted penalties. Do

VI de Agua

En una noche de luna llena, la marea ha crecido en forma notable. La luna, madre por excelencia, nos cobija y protege en la oscuridad de la noche, por ello una sirena se recuesta sobre las aguas. Ella fue enviada por nuestra gran madre, Yemaya, protectora de nuestros hogares y familias.

Bajo las aguas un numeroso cardumen de peces multicolores, prevaleciendo el plateado. Aunque la noche es oscura, la luna en su plenitud ilumina en la inmensidad de las aguas.

Significado
Al derecho: Júbilo, reencuentros con nuestros amigos y vuelta o regreso a nuestros orígenes. Intercambio de ideas, pensamientos, conocimientos, regalos.

not hold onto the beginning of your life or become stagnant. Allow yourself to renew your customs and styles according to the times that will come. Consider that a strong, permanent relationship that does not evolve in accordance with your mental, spiritual, and physical growth may become an oedipal relationship.

Invertida: Negación de sus orígenes por escrúpulos o sanciones presunciosas que Ud. mismo se prodiga. No se aferre ni se estanque en los comienzos de su vida; permítase renovar sus costumbres y estilos de acuerdo a los tiempos que llegan. Tenga en cuenta que una relación muy fuerte, continua y no evolutiva de acuerdo a su crecimiento mental, espiritual y físico, puede convertirse en una relación edípica.

VII of Water

An undefined figure is looking down from a cliff. The sea or river is divided into seven layers represented by seven chiaroscuro tones.

A man drops a *buzio** into the water as an offering so that his requests will be satisfied and answered.

The seven states of man are in confusion, and his seven chakras or energy centers are altered. Therefore, only a completely dark shape can be seen in spite of the fact that it is daytime.

The summit represents the place of pre-eminence he would like to attain or keep, by demanding answers or making requests in a manner perhaps not appropriate. Jesus said, "Ask, and it

---

*A sacred snail shell through which the Orishas or Saints answer.

VII de Agua

Desde un peñasco mirando hacia abajo hay una figura no definida; mar o río dividido en 7 capas, 7 tonos más claro-oscuros.

Un hombre lanza hacia el agua un buzio o cauris (caracol sagrado por el cual los Orishas o Santos responden) lo arroja a modo de ofrenda para conseguir satisfacción y respuesta a sus pedidos.

Confusión en los 7 estados del hombre, alteración de sus 7 chakras o centros de energía; por eso en su figura se ve solamente su entorno oscurecido totalmente a pesar de que es de día.

La cumbre, significa el lugar de preeminencia que quisiera conseguir, retener exigiendo respuestas, realizando pedidos quizás de la manera no más adecuada. Jesús dijo: "Pide y se os dará," pero eso no significaba que

shall be given you," but this does not mean that whims or earthly ambitions will be satisfied. Another of His sayings was, "Man shall not live by bread alone."

Meaning

Upright: Chimerical petitions; unrealizable dreams; excessive fantasy or selfishness that leads you to ask a lot without giving much. Do not ask what you cannot give or demand what you cannot demand; do not promise what you are not sure to fulfill. Illusions that fade away as a result of selfishness.

Spiritual persecution. Blackish aura, attacked astral body.

Upside-down: Look for the solution in the right path and persist. Understand that humility leads to greatness, and only those who have a great spirit reach great goals.

Look for the path of faith, on a step-by-step escalation, asking without demanding and giving without expecting any compensation. Do not look down with arrogance and do not underestimate the things you do not have. It may be due to a lack of learning or understanding.

cualquier capricho o ambición terrenal fuera conseguida porque sí; porque entre sus lemas también estuvo: "No sólo de pan vive el hombre."

Significado

Al derecho: Pedidos quiméricos, sueños que no se habrán de realizar, excesiva fantasía o egoísmo que lo ha llevado a exigir demasiado entregando poco. No pidas lo que no puedes entregar ni exijas lo que no puedes exigir, ni prometas aquello que no sabes si vas a poder cumplir.

Ilusiones que se disipan por egoísmo. Persecución espiritual. Aura ennegrecida. Pericuerpo atacado.

Invertida: Busque la solución en el camino adecuado, insista de esa manera. Comprenda que la humildad lleva a la grandeza y solamente los grandes de espíritu alcanzan las grandes metas.

Busque el camino de la Fe, escalando poco a poco, pidiendo sin exigir y dando sin esperar recompensas. No mire desde su pequeñez con arrogancia ni subestime de esa forma a las cosas que quizás por falta de aprendizaje o comprensión no ha llegado a valorar.

 VIII de Agua

VIII of Water

VIII de Água

♏ ♂ ♇

VIII of Water

The octopus has eight tentacles, and the eighth astrological house is that of Scorpio, whose rulers (Mars and Pluto) could detonate the weapons of war. In numerology, four represents stability and balance; it also represents the four cardinal points, the four seasons of the year, the four riders of the Apocalypse, and the four Gospels. Eight, the doubling of four, since it is a number of ambition, means immoderation when incorrectly used. It may become an evil creature that, like the spider weaving the threads of its own house, den, or habitat, also a trap for its future victims or prey, will not hesitate to trap and end the freedom and integrity of its victims. Surely, this is a dangerous card.

VIII de Agua

Ocho son las patas del pulpo, y octava es la casa astrológica que le pertenece a Escorpio, cuyos regentes Marte y Plutón, actuarían como detonantes de bélico poder. Si el 4 en numerología es la estabilidad, el equilibrio; nos simbolizan los 4 puntos cardinales, las 4 estaciones del año, los 4 jinetes del Apocalipsis, los 4 Evangelios; el 8 por ser un número de ambición (al duplicar el 4), cae en lo desmedido cuando es mal utilizado. Puede convertirse en este ser maligno, que al igual que la araña que teje su propia casa, guarida, hábitat, pero también red para sus víctimas, futuras presas; no dudarán en un sólo instante en atrapar, cercenar la libertad e integridad. Indudablemente esta carta es peligrosa.

Meaning

Upright: Imbalance as a result of excessive ambition, which be long lasting due to the above-mentioned characteristics. A dangerous attitude when facing the reality of life, forgetting that time goes by and we are not eternal—at least with respect to our bodies. If we are reincarnated, we will have to make right any wrong we did before, as a result of the law of cause and effect. Therefore, let us not be nomads of ourselves; let us not deceive in love or abandon a success to hoard higher ones, for the boomerang effect will beat us almost immediately.

Upside-down: Possibility of reflection and reviewing things, of abandoning worldly and mean things to reach spiritual rejoicing; otherwise, instead of victimizers, we will become victims of our own deeds.

Does a ship trapped by a huge octopus seem like the result of excessive imagination, or a tale by Jules Verne? Perhaps it may be possible, as real as many others things he wrote.

Denys de Montfort describes the following terrifying experience:

> After loading a cargo of slaves, ivory and gold dust, they were weighing anchor when they were surprised by the appearance of a gigantic squid that threw out its legs towards two of the masts. By wrapping its tentacles around the masts, the weight of the squid dangerously tipped the ship. With the help of as many cutting devices as they could find, the crew attempted to cut off the monsters' limbs. Desperate because of the apparent futility of their efforts, they invoked their patron saint, Saint Thomas. The sincere prayers

Significado

Al derecho: Desfasaje por excesiva ambición, característica que puede convertirse en longeva por los móviles ya explicados. Por lo mismo, peligrosa actitud para enfrentarse con la realidad de la vida, olvidándonos que el tiempo pasa y que no somos eternos (por lo menos en lo referente a nuestro cuerpo), y que si volvemos a reencarnar, todo lo que hagamos equivocadamente, por una ley de "Causa y Efecto" tendremos que repararlo. Por lo tanto no seamos nómades de nosotros mismos, no engañemos en el amor, ni abandonemos un éxito por acaparar otro mayor. Pues casi inmediatamente el efecto boomerang se volverá contra nosotros sin tener que esperar demasiado.

Invertida: Posibilidad de reflexión, de rever las cosas, abandonar lo mundano y lo mezquino para un verdadero gozo espiritual, de lo contrario de victimarios pasaremos a ser víctimas de nuestras propias acciones.

Un barco atrapado por un enorme pulpo, ¿parece fruto de una imaginación excesiva, o un relato de Julio Verne? Tal vez como otras tantas cosas que él escribió, sea posible, real ...

Denys de Montfort describe de esta forma esta espeluznante experiencia:

> Habiendo finalizado el embarque de su carga de esclavos, marfil y polvo de oro, elevaban anclas cuando les sorprendió la aparición de un gigantesco calamar que lanzó sus brazos hacia dos de los mástiles. Enlazando los tentáculos en los topes de los masteleros, el peso del calamar inclinó peligrosamente la embarcación. Con ayuda de cuantos objetos cor-

spurred the terrified sailors who finally attained their objective. Leaving behind part of its tentacles, the monster disappeared into the water, and the ship recovered its equilibrium. Back in their homeland, all sailors went in procession to Saint Thomas' chapel where they sang the *Te Deum* and then offered an *ex voto,* a picture representing the encounter with the squid, which was hung in the chapel.

—*Monstruos y Bestias Míticos*
(Ed. Noguer S.A.)

tantes lograron encontrar, los tripulantes intentaron cercenarle los miembros al monstruo. Desesperados por la aparente inutilidad de sus esfuerzos, invocaron a su patrón, Santo Tomás. Las plegarias sinceras actuaron de acicate para los horrorizados marinos, los cuales finalmente consiguieron su objetivo. Dejando tras sí parte de sus tentáculos, el monstruo desapareció bajo el agua y el buque recuperó el equilibrio. De vuelta a la patria, todos los tripulantes se dirigieron en procesión a la capilla de Santo Tomás, donde cantaron el Tedeum y después ofrendaron un exvoto, que fue un cuadro donde se representaba el encuentro con el calamar, lienzo que se colgó en la capilla.

Monstruos y Bestias Míticas
(Ed. Noguer S.A.)

IX of Water

According to Hebrew Kabbalah, the ninth Sephirah called Yesod represents the Moon. This explains the nine moons in this sky full of stars; fishermen have thrown their nets into the sea and will catch an abundance of fish when they bring in the net.

Meaning

Upright: Prosperity and profits; in love, we begin to harvest the fruits of good sowing; the mind goes hand in hand with the heart; there is no imbalance between the emotions and the mind. We are very close to complete happiness. Our physical welfare is evident when these factors are found in combination.

Upside-down: We have almost reached the top, which does not mean

IX de Agua

Según la Kábala hebrea, el noveno lugar llamado "Yesod," representa la luna, de allí las nueve lunas que enmarcan este cielo rodeado de estrellas, donde las redes se han tirado al mar y al recogerlas, los pescadores obtendrán abundancia.

Significado

Al derecho: Prosperidad, ganancias, empezamos a recoger los frutos de unas muy buenas simientes en el Amor, la mente va de la mano con el corazón, no existen desfasajes entre lo sentimental y lo mental. A un paso estamos de la felicidad plena. Cuando se conjugan estos factores es evidente nuestro bienestar físico.

Invertida: Llegamos casi a la cima, lo que no significa la cumbre; no desperdiciemos lo que el mar nos ha rega-

the summit. Let us not misspend what the sea has offered us; let us try to use it for good and eat only what we need. Do not let your feelings interfere with negotiation. We should free what deserves to be free. All excesses may bring sadness or illnesses that will prevent us from reaching our goal.

Love that can be transformed into physical love only.

lado; sepamos consumirlo de buen agrado. Comamos de sus frutos lo que necesitemos; lo que implica decir, no negociemos con los sentimientos. Demos libertad a lo que merece ser libre. Todo exceso nos puede traer tristezas o enfermedades y por lo tanto no llegaremos a la meta.

Amor que se puede transformar en algo físico solamente.

X of Water

X de Agua

ℋ Ψ ☽

X of Water

The X of Water reveals that we have reached plenitude, the highest or crowning point of our efforts and achievements, since we reach number 1 by reducing the number 10 (1 + 0 = 1). The communion of ten fish forms a crown (centralized and unified power), showing the first Sephirah of the Kabbalah, named Kether. The summation of fish emerging from the water as a symbol of spiritual triumph reveals the tenth Sephirah of Kabbalism, Malkuth.

One of these could be the ten-centimeter butterfly fish living in the Congo River. These fish can emerge from the water with the help of pectoral fins and glide over the water with an indescribable skill, like the jumping fish that live in shallow waters in Africa. These fish hold water in special sacs that

X de Agua

El X de Agua es la manifestación de que se ha llegado a la plenitud, a lo máximo, a la coronación de nuestros esfuerzos y logros, ya que la reducción del número 10, nos da el número 1 como resultado; la comunión de los 10 peces conforma una corona (el poder centralizado y unificado) que revela el Sephirot número 1 de la Kábala, que lleva el nombre de Keter. Y su totalidad, la sumatoria de peces, que se levantan desde las aguas como emblema de triunfo espiritual, da la revelación del grado 10 de la Kábala, cuya denominación es Malkut.

El pez mariposa podría ser uno de éstos, habitan en el río Congo y alcanzan un tamaño alrededor de "10" centímetros; logran salir del agua gracias a sus fuertes aletas pectorales, también

keep their gills moist and enable them to live outside their habitat for long periods of time.

Meaning

Upright: The fish transcend their element, being able to survive with half of their bodies out of the water, forming a crown that represents friendship, a joining of forces, and a mental request or petition. They also have to cross barriers to stay for a while in another context or environment (the air). Ask and be thankful through faith for the lasting joy that is not a gift from the Almighty, but comes from the learning process of each member of a couple or group.

This crowning rewards the task performed; everything has been fulfilled, for the spirit is everything and the spirit is in all things, since the spirit is the creation of God, the Creator present in everything.

Your partner will be prolific. Your offspring and/or creation (whether literary, artistic, or other) will enjoy this love that embodies body, mind, and spirit. Total peace.

Upside-down: Your efforts have been in vain; what was free has become trapped within itself, bringing licentiousness, treason, unfaithfulness, and loss of spiritual values. High degree of miscommunication, confusion, and shock. Serious crisis between the couple or within the group. To return to the water, the fish will not make an elliptic movement but go back and sink. This implies deep sadness for this sensitive animal.

logran planear sobre la superficie con una destreza indescriptible. o también el pez saltarín, que viven en aguas poco profundas de Africa reteniendo el líquido elemento, en sacos especiales conservando húmedas las branquias y así poder estar períodos bastante considerables fuera de su hábitat.

Significado

Al derecho: El pez trasciende su elemento, logrando sacar medio cuerpo fuera del agua, formando entre todos ellos una corona, en donde se conjugan el compañerismo, la unificación de fuerzas y un ruego o pedido mental; teniendo que trasponer barreras para permanecer un tiempo en otro contexto o medio (el aire). Implora y agradece a través de la Fe, la dicha duradera que no es regalo del Todopoderoso, sino del aprendizaje de cada uno de los componentes de la pareja o del conjunto.

Con esta coronación, premia a la tarea realizada, todo se ha logrado; ya que el espíritu es lo todo y en todas las cosas hay algo de espíritu (ya que es creación de Dios, y el Creador está en todas las cosas).

Su pareja será prolífica. Sus hijos y/o creaciones (literarias, artísticas, etc.) disfrutarán de este amor, que conjuga lo corporal, lo mental y lo espiritual. Paz total.

Invertida: Los esfuerzos han sido en vano, lo que estaba libre, se ha encerrado en sí mismo, trayendo libertinaje, traición, infidelidad, pérdida de valores espirituales. Alto grado de incomunicación, confusión, aturdimiento. Grave crisis en la pareja o en el grupo.

El pez para volver al agua no va a hacer un movimiento de elíptica, sino

que retrocederá, tendrá que hundirse,
lo que implicará para este sensible animal una profunda tristeza.

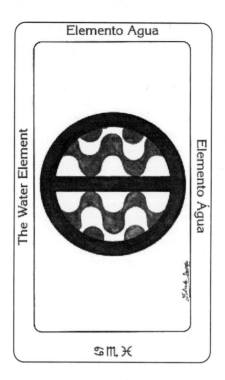

Elemento Agua

The Water Element

Elemento Água

♋ ♏ ♓

The Water Element

Thales called Water "the humid" or "humidity" *(to hygron)*. He believed that the Universe and everything in it came from an initial or primary substance: Water. He said this because he thought that all living things need this element to live.

Water is a feminine and passive element.

Three astrological signs correspond with it:

1. Cancer—Cardinal sign
2. Scorpio—Fixed sign
3. Pisces—Mutable sign

Meaning

Upright: The purifying capacity of water and its spirit to give things. Take into account the dates that govern the three

Elemento Agua

Tales llamó humedad o "lo húmedo" (to hygron), al principio de todas las cosas, creía que el Universo y todo lo que él posee devenía de una materia inicial o primaria, y ésta sería el agua, así lo aseveraba pensando que todo ser vivo necesitaba de este elemento para su existencia.

El agua es un elemento: femenino y pasivo.

Le corresponden tres signos astrológicos:

1. Cáncer—Signo Cardinal
2. Escorpio—Signo Fijo
3. Piscis—Signo Mutable

Significado

Al derecho: La capacidad purificadora del Agua, y su espíritu de prodigar

astrological signs. Characteristics: creativity, intuition, sensitivity, and psychic ability. Nutrition and nutrients.

Upside-down: Similar to the above, with different characteristics and in different situations. With respect to the first: instability, volubility, and indifference. Regarding the second: a situation of drought or dryness.

cosas. Tomaremos en cuenta, las fechas que rigen los tres signos que le pertenecen. Características de: Creatividad, Intuición, Sensibilidad y Psiquismo. Situación de nutrición y nutriente.

Invertida: Similitud con lo anterior, modificándose las características y la situación, con respecto a la primera: Inestabilidad, volubilidad e indiferencia; en cuanto a la segunda: situación de sequía o sequedad.

As de Tierra

Ace of Earth   Ás de Terra

♉

Ace of Earth

A robust animal, a bull, charges with enormous strength. This image was often used by different cultures in legends, myths (such as the minotaur), or symbolic conceptions in art (such as the bull at Casa Farnesio, National Museum of Naples, and the solar bull of the British Museum).

In astrology the bull corresponds to the first sign of Earth. It reveals push, a charging force, and many times obstinacy; it is the one who will take the lead.

This card shows stability by depicting the characteristics of a set position and the fact that the bull appears to be ready to charge.

Meaning
Upright: All projects undertaken, at the financial or material level, will be suc-

As de Tierra

Un toro, animal fornido que embiste con su enorme poderío lo que tenga por delante. La imagen fue muy utilizada en diferentes culturas, para perfilar leyendas, mitos (Minotauro) o inspiración simbólica dentro del Arte (El toro de la casa Farnesio—Museo Nacional de Nápoles—, el Toro Solar—Museo Británico—).

El toro es el animal correspondiente al primer signo de tierra en astrología, nos revela su empuje, su fuerza de embiste, y muchas veces su obstinación, él es el que comenzará, el que tomará la iniciativa.

La imagen en la carta, es reveladora de estabilidad, dando las características de una posición tomada, y demostrando que ya está presto a emprender su marcha.

cessful, profitable, and beneficial. Undertakings producing profit, conquering everything in the way. Do what you have been thinking of; the influence is beneficial. Since the planet Venus governs the bull, you will encounter gentleness, fineness, and beauty in everything undertaken.

Pleasant and agreeable times.

Upside-down: Stubbornness and obstinacy: characteristics that will drive you to confusion and blindness; reconsider the situation. Do not let yourself be carried away by passion. Greed and lack of altruism.

Significado

Al derecho: Todo lo que inicie a nivel económico o material, tendrá buenos resultados, obtendrá ganancias y beneficios.

Emprendimientos redituables, conquistando lo que esté a su paso. Aquello que ha pensado, hágalo, la influencia es benefactora. Por ser Venus, planeta regente de Tauro, en todo lo que empiece encontrará delicadeza, finura y belleza.

Momentos placenteros y agradables.

Invertida: Tosudez, empecinamiento, características que lo llevaran a obnubilarse y enceguecerse; recapacite. No se deje llevar por apasionamientos. Codicia y falta de Altruismo.

ħ

II of Earth

Something huge emerged in front of us, turning the water into a sherry-colored foam, and sank while roaring. That bright black thing was the head of an animal similar to an enormous seal, though larger in width than in height. To me, it seemed like an adult hippopotamus (I mean its head). I've got the impression that we left that place at supersonic speed.

—Ivan T. Sanderson, a naturalist and writer, in *Monstruos y bestias míticos* (Ed. Noguer S.A.)

The natives of that region in Western Africa said that the creature was a M'Koo. It is believed that this animal eats no meat but only fruits and herbs.

II de Tierra

Algo enorme se alzó ante nosotros convirtiendo el agua en espuma de color jerez y al momento volvió a sumergirse sin dejar de rugir. Esa cosa de reluciente color negro, era la cabeza de un animal semejante a una foca inmensa, aunque mucho más ancho que alto. Calculo que abultaría tanto como un hipopótamo adulto (me refiero a la cabeza). Tengo la impresión que abandonamos aquel lugar a velocidad super-sónica.

Ivan T. Sanderson, según el naturalista y escritor, "Monstruos y Bestias Míticos" (Ed. Noguer S.A.)

Los nativos de esa zona de Africa Occidental dijeron que esta criatura era

Another relevant zoologist, Dr. Bernard Heuvelmans, cites the above experience in *On the Track of Unknown Animals,* where he praises naturalist Sanderson for all his works.

According to the scientific support given to this theory, this animal may actually exist, since Africa is a land of mystery and at the same time a land of contradictions and dichotomies, as in this card.

Let us think of a dark, black, huge animal with a terrifying roar, which could be just a mask to safeguard its habitat since it is not carnivorous.

Obviously, it could be inferred that it is an amphibian that may sleep in the water or on the land. It frightens away prospective enemies, as if protecting its territory in a persevering and responsible way that, evidently, has allowed it to survive. It is as if Kronos, the god of time, has been kind to this animal, perhaps because he considered in his verdict that it is completely harmless in spite of its looks.

Meaning

Upright: Possibility of alternating between two places at the same time, while maintaining a perfect and just balance. Paternal but strict character, easy to anger but later transforming itself into something tender and kind, and perhaps because its nature allows, melancholic.

Effectiveness in any given situation.

Upside-down: External disturbances impeding concentration; consequently, you will not be able to handle two economic or financial situations; it will be difficult for you to leave one and accept the other.

un M'Koo, se cree que no come carne y que se alimenta de frutos y hierbas.

Otro zoólogo importante da crédito a esta experiencia, nos referimos al Dr. Bernard Heuvelmans en su obra "On the track of unknown animals"; donde elogia al naturalista Sanderson por todos sus trabajos y le da crédito a lo redactado.

Animal que puede existir, según el respaldo científico antes mencionado, pues Africa es una tierra de misterios a la vez de contradicciones, de dicotomías al igual que esta carta.

Pensemos en un animal enorme con un rugido que atemoriza, de color negro oscuro, sin embargo parecería toda una escena teatral para salvaguardar su propia intimidad, ya que no es carnívoro.

Evidentemente se podría deducir que es anfibio, que puede pernoctar en el agua o en la tierra, alejando celosamente a sus posibles adversarios; como si almacenara o cuidara su territorio con una perseverancia y responsabilidad que evidentemente le han permitido sobrevivir. Es como que Kronos, el dios del tiempo, hubiera sido benévolo con él, quizás porque en su veredicto, consideró a pesar de su apariencia que era totalmente inofensivo.

Significado

Al derecho: Posibilidad de alternar en dos medios al mismo tiempo o momento; manteniendo sin embargo un perfecto y justo equilibrio. Carácter casi paternal pero inflexible, pudiendo llegar a la ira, transformándose después en algo tierno y bondadoso y quizás porque su naturaleza se lo permite, melancólico.

Your time has been shortened, and the verdict will be negative. Therefore, to scrutinize and think about what is best for you complicates your situation; by criticizing too much you lose your opportunities. You are the victim of your own laborious thinking.

En cualquiera de las situaciones que elija será efectivo.

Invertida: Perturbaciones del exterior que impiden la reconcentración, por lo tanto no podrá abarcar dos situaciones económicas o financieras, le será difícil dejar una y aceptar otra.

Su tiempo se acortó y el veredicto será negativo. Por lo tanto escudriñar y pensar qué es lo que más le conviene complica su situación; criticando en demasía y perdiendo la oportunidad es víctima de sus propias elucubraciones.

III de Tierra

III of Earth

III de Tierra

ᛒ♀♍☿Ɓꜱ

III of Earth

This card shows animals standing firmly and securely; the bones of their legs bear all their skeletal structure in spite of their great size and height. One of the giraffes prefers to be in the service of its two companions (a Virgo characteristic), helping to pick the fruits, knowing that prudence (Capricorn) will keep them alive and considering, after a careful analysis (Virgo), that each, jointly with the others will be favored by their mutual help (Taurus). A very long neck (an area governed by Taurus) makes them haughty, elegant, and harmonious (Venus and Saturn acting in close relationship).

In sum, the trilogy of a united Earth.

III de Tierra

Animales que aferran su postura con una posición firme y segura, los huesos de sus piernas soportan toda su osamenta a pesar de su tamaño y altura. Una de ellas prefiere prestar servicio a sus otras dos compañeras (característica Virginiana) ayudando a quitar los frutos, sabiendo que la prudencia (característica Capricorniana) las podrá mantener vivas, considerando luego de cautelosos análisis (Virgo) que cada una mancomunada con la otra se verán favorecidas (característica Taurina). Un cuello muy alto, zona ingerente a Tauro, les da una apariencia de altivez, elegancia y armonía en conjunto (Planetas Venus y Saturno actuando en íntima relación).

En síntesis la trilogía de la Tierra unida.

Meaning

Upright: Conjunction of work, service, and savings made with great effort. Talent and wisdom. Perfect associations.

Upside-down: Selfishness, cynicism, totalitarianism. In sum, ignorance and obstinacy.

Disunion of efforts and lack of collaboration.

Significado

Al derecho: Conjunción de trabajo, servicio y ahorro con esfuerzo. Talento y sabiduría. Se podría hablar de asociaciones perfectas.

Invertida: Desunión de esfuerzos, quite de colaboración.

Egoísmo, cinismo, totalitarismo. En resumidas cuentas ignorancia y obstinación.

IV of Earth

IV de Terra

♑ ♄

IV of Earth

On the summit of a mountain, we see a goat with four gold coins beneath its feet. Four is the most earthly of the numbers. We should remember that the symbol of the Earth is a circle with a cross in the center (see the card of the Earth element) dividing the circle into four equal parts of 90° each (90 x 4 = 360, and 3 + 6 + 0 = 9). Capricorn starts at 270° of the ecliptic (2 + 7 + 0 = 9); it starts at the end of the ninth zodiacal house belonging to Sagittarius and ends at 300° (3 + 0 + 0 = 3). Thus the wheel of life turns round and round until it reaches the house of Taurus, the first sign of Earth, which starts at 30°. The wheel turns around and never stops, transmuting and changing (9), through cycles (3), everything that is determined, fixed, established, and balanced (4).

IV de Tierra

En la cumbre de una montaña se ve una cabra, debajo de sus pies, 4 monedas de oro. El cuatro el más terrenal de los números, recordemos que el símbolo de la tierra es un círculo y en su interior una cruz (ver comparativamente la carta de la tierra) que lo divide en 4 segmentos perfectamente iguales de 90° cada uno (90 x 4 = 360, o sea 3 + 6 + 0 = 9). Capricornio en el mapa astral Fijo o en reposo comienza en los 270° (2 + 7 + 0 = 9), se inicia al finalizar la novena (9) casa zodiacal (perteneciente a Sagitario) y culmina en los 300° (3 + 0 + 0 = 3), y así la rueda de la vida, ya que a los 30° comienza la casa de Tauro, primer signo de Tierra. La rueda que gira, y nunca para, que transmuta y cambia (el 9), que lo hace a través de ciclos (el 3), todo determinado, fijo o en reposo, establecido y equilibrado (el 4).

Meaning

Upright: By perseverance, you attain the success you had planned, gaining very important ground through which you can control, manage, and order. Success can bring loneliness, however, and to reach this success, perhaps you shall sleep alone. Profits; the goat always reaches the top of the mountain.

Upside-down: Your extreme severity can estrange you from the reality that surrounds you. You are liable to fall into excessive ambitions. Avarice, stinginess—or, on the other hand, squandering, excessive spending, trusting that you will always succeed materially.

Remember that the higher you reach the more careful you will have to be. It is difficult for human beings to keep balance while on top. You can be surprised and fall as quickly as you rose to the top.

You have not learned the lesson of Saturn, a severe but fair judge. Everything at the right time and in the right proportion.

Significado

Al derecho: Consigue a fuerza de perseverancia, el éxito que se había propuesto, ganando un terreno muy importante desde el cual puede controlar, dirigir y mandar. El éxito puede acarrearle soledad, y para llegar a éste también quizás deberá pernoctar en la soledad. Ganancia económica, la cabra siempre llega a la cima de la montaña.

Invertida: Su extrema severidad puede alejarlo de la realidad que lo rodea o rodeaba, pudiendo caer en ambiciones desmedidas. Avaricia, recelos; o bien, el otro extremo, despilfarrando y gastando desmedidamente, confiando en que siempre volverá a ascender en la vida material.

Recuerde, cuanto más alto llegue, deberá cuidarse aún más, pues el equilibrio en las alturas para los seres humanos, es difícil de mantener, y así como escaló puede caer abruptamente creando un total desconcierto.

No aprendió la lección de Saturno, juez muy severo, pero también justo. Todo a su tiempo y en su justa medida.

V of Earth

V de Terra

ħ ⚹ ♏ ♂ ♇

V of Earth

A volcano with a goat falling into it. Five bats are seen in the night sky against a dark and cold background. From number four of Earth we go to number five, the number of humanity. But several factors made it impossible to profit from the lesson of stability given under the number four.

A world of darkness surrounds the mountain. The goat that was on top falls abruptly into the volcano and reaches the depth of the Earth and its internal Fire, which consumes and destroys it. The sign Scorpio represents the volcano, the depth, the five bats, the fears, the dread, and the subconscious.

We also come to the conclusion that the goat passes through the purifying Fire (sign of Fire: Sagittarius) until reaching the epicenter of the eruptions

V de Tierra

Un volcán, adentro de él, cae una cabra. Dentro de un panorama nocturno y frío, se divisan en el cielo 5 murciélagos. Del 4 de tierra se pasa al 5, el número del Hombre, pero evidentemente diversos factores, hicieron que no se pudiera capitalizar la enseñanza de estabilidad del número 4.

Un mundo de oscuridad rodea la montaña, la cabra que estaba en su cima desciende abruptamente por la boca del volcán, llegando a la profundidad de la tierra en sí, a sus fuegos internos, consumiéndola y destruyéndola. El signo de Escorpio, representa el volcán, la profundidad, los cinco murciélagos, los temores, miedos y el subconsciente.

También llegamos a la conclusión que pasa por el fuego (Signo de fuego: Sagitario), que purifica hasta llegar al

(Scorpio with the two ruling planets: Mars and Pluto); that is to say, it passes through the ninth astrological house and retreats to the eighth house belonging to Scorpio (house of heritage, death, subconscious fears, etc.)

Meaning

Upright: Full retreat for not learning the lesson of life received. Fire and lava destroy all chances that you may take the ascending path again.

Serious economic loss; unemployment. Dark and morbid thoughts, even in business. Your spirit has darkened; a vampire force has absorbed your energy. Loneliness is in your way.

Upside-down: You can make up for some of the lost ground, but nothing will be easy, and perhaps what you get will not be permanent or even lasting. It is advisable to recover spiritual values to find the your balance again.

epicentro de las erupciones internas del volcán (Escorpio, con sus dos regentes planetarios: Marte y Plutón) o sea que atraviesa la casa 9 Astrológica y sigue retrocediendo hasta la octava perteneciente a Escorpio (Casa de la herencia, muerte, los temores del Subconsciente, etc.).

Significado

Al derecho: Retroceso total por no aprender la lección de vida recibida. El fuego y la lava destruyen toda posibilidad de que pueda volver a retomar el sendero ascendente.

Pérdidas económicas muy graves, falta de empleo. Oscuridad y morbosidad en sus pensamientos aún en los términos mercantiles. Su espíritu se ha ennegrecido, una fuerza vampírica absorbió su energía. La soledad está presente en su camino.

Invertida: Puede recobrar alguna posición ventajosa pero nada será fácil, y lo que consiga quizás no sea permanente, ni dure mucho tiempo, es aconsejable retomar los valores espirituales para encontrar de nuevo el equilibrio en todo.

♉

VI of Earth

A man, the sovereign animal among the others who shares his kingdom, distributes food in equal shares, giving six bales of foodstuff to the prejudiced goat and the impetuous zebu.

Meaning

Upright: You have won because you have received from the powerful one who offers support equitably.

Take it as a gift. It can represent important employment offers.

Contracts and associations where all parties will share on a fifty-fifty basis.

Seize this opportunity.

Upside-down: Do not let your stubbornness or omnipotence blind you. Do not covet more than you deserve. Danger of envy, corruption, fraudulent contracts, blackmailing and extortion.

VI de Tierra

El Hombre, animal soberano sobre los otros, que comparten su reino, reparte alimento por partes iguales, dando 6 fardos de comida a la prejuiciosa cabra y al impetuoso cebú.

Significado

Al derecho: Ha ganado, pues recibió del poderoso, que con equidad le ofrece sustento.

Tómelo como un regalo; como ofrecimientos laborales importantes. Eventos contractuales y asociativos en donde cada cual "comerá" por partes iguales.

Aproveche esta oportunidad.

Invertida: No deje que su tosudez o su omnipotencia lo cieguen. No quiera más de lo que merece.

Peligro de envidias, corrupción, contratos fraudulentos, chantajes y extorsiones.

VII of Earth

A man has climbed the seventh palm after considering that, since it is the tallest or best seen from his viewpoint, it has more fruits. They will not be for him but will be shared with others.

The fecund and fertile land by nature will not disappoint him but will allow him to enjoy its richness, and its love will be reflected in what it will give him.

Meaning

Upright: Time for harvesting and checking what you have sown, to verify that the palm has been faithful by giving its fruits prodigally, as loyal and helpful as humanity has been to its environment. A person that does not speculate, but who shares and expects the same from his own group.

VII de Tierra

Un hombre se trepa a la séptima palmera, previo análisis de que por ser la más alta o la que mejor se ve desde su óptica, tendrá más frutos, que no sólo serán para él sino que compartirá con los demás.

La tierra fecunda por naturaleza, no lo defraudará, le hará gozar de su riqueza y su amor se verá reflejado en lo que le brindará.

Significado

Al derecho: Momento de recoger, de verificar en forma concreta lo que en otrora se sembró. Comprobar que la palmera ha sido fiel, prodigándole sus frutos, tan leal y servidora como el Hombre será con los que lo rodean. Un ser que no especula sino que, comparte

Upside-down: Lack of analysis; the tallest, the biggest, the strongest and presumably the safest is not always the one that has more fruits; what you sowed first will not always grow faster.

Your conjectures were hasty; your impatience brings you little prosperity despite your having invested the same amount of work. Seek old people's experience, for one becomes experienced and learns about the mysteries of the Earth in one's old age; this can assist when you need food, support, money, etc.

y espera lo mismo de sus congéneres.

Invertida: Falta de análisis, no siempre lo que es más alto, grande, fuerte y presumiblemente seguro es el que contiene más frutos, no es una constante que lo que creció con mayor rapidez sea lo primero que se sembró.

Sus conjeturas fueron apresuradas, su impaciencia le trae escasa prosperidad, aún habiendo invertido el mismo trabajo. Busque la experiencia de sus mayores, ya que la experiencia de la tierra y sus misterios los aprende el Hombre en su vejez, éstos pueden auxiliarlo prestándole comida, sustento, dinero, etc.

VIII of Earth

A man creating, manufacturing, and preparing his own utensils and instruments in which to store his food and drink. The picture also shows how the Earth not only provides shelter to humanity but also that its seeds will give fruits and raw materials to build, create, shape, and invent our means of support. Without the Earth, there would be no pottery, perhaps one of the oldest arts and crafts of humanity. Taurus gives an impulse to create fine and delicate works in an artistic and craftsman-like way (through being governed by Venus). Virgo is the one who thinks and, after a thorough analysis, decides which utensils are best for each case, which will be used to store food and contain beverages, etc., giving its knowledge to others. And Capricorn is

VIII de Tierra

Un hombre creando, fabricando, elaborando sus propios utensilios, instrumentos para guardar su comida, bebida, para contener su alimento. La escena describe también cómo la tierra, no sólo cobija al ser humano, sino también a su semilla que dará frutos, le ofrecerá la materia prima para construir, crear, moldear e inventar los medios para su subsistencia, sin la tierra no existiría la alfarería, quizás una de las más primitivas de las artes y de los oficios del Hombre. Tauro es quien da el impulso para crear con cierta fineza y sutileza en forma artística y artesanal (por su regente Venus), Virgo es el que piensa y luego de un concienzudo análisis decide qué utensilios son los más apropiados para cada caso, cuáles para conservar la comida, los que serán

the one who will determine how to store such food and foresee any scarcity; the manager, fiscal controller, keeper of the safest methods, prudent person.

The art of the Yoruba people is one of the oldest and best known within Africa. Refined in its artistic conceptions, it is intimately connected to religion, its rites and cults. Two big urban centers that excelled were old Oyó and Ifé cities, but they were only part of a huge complex where this art was combined with actual life as a means of expression.

Meaning

Upright: A road traveled at a slow but safe pace. Through learning, you will be able to use your potential and enjoy everything you have obtained.

You will become aware that you are able to create new systems not only for profit but also for science, arts, and alchemy, from the most trivial to that which the human mind has not yet discovered. This does not mean that you cannot ask for help.

Upside-down: Do not stop the driving force when feeling sure and calm because you have enough material to spare, and do not take the VIII of Earth (a cosmic lemniscate, symbol of infinite wisdom and inspiration) as a paradigm without reaching conclusions. As for preserving knowledge, do not make the mistake that these conclusions may not apply to other generations. Without them there would be no evolution.

Lack of practicality; abandonment at the halfway point; useless practice. Energy, work, and inspiration vanishing in time. Pride and egocentrism.

empleados como contenedores de bebidas, etc., poniendo su conocimiento al servicio de los demás y Capricornio el que determinará cómo almacenar esos alimentos, el que preverá por la posible escasez de la comida, el administrador, el fiscalizador, el conservador de los métodos más seguros, el prudente.

El Arte del pueblo Yoruba es de los más reconocidos y antiguos dentro del Africa, refinado en sus concepciones artísticas está íntimamente relacionado con la religión, sus ritos y cultos. Dos grandes centros urbanísticos ancestrales como las ciudades de Oyó e Ifé, se destacaron en ello, siendo éstas sólo parte de grandes complejos en donde el Arte se confundía como medio de expresión con la vida misma.

Significado

Al derecho: Camino recorrido paso a paso, lento pero seguro. Un aprendizaje que le permitirá utilizar sus potenciales, y empezará a disfrutar de todo lo que consiguió.

Tomará conciencia de que Ud. mismo (lo que no quita que pida ayuda) podrá crear con una capacidad inventiva, nuevos sistemas, no sólo para lo lucrativo sino para las ciencias, las artes, la alquimia, desde lo más trivial hasta lo que la mente humana todavía a lo mejor no ha descubierto.

Invertida: No se quede en el impulso, estando seguro y tranquilo porque tiene material de sobra, ni haga del VIII de Tierra (lemnisco cósmico— símbolo de infinita sabiduría e inspiración—) un paradigma sin llegar a conclusiones, y por preservar conocimientos no cometa el error, de

que éstos no puedan trascender a otras generaciones, siendo así no existirá evolución.

Falta de practicidad, abandono a mitad del camino, prácticas inútiles. Energía, trabajo e inspiración que se pierden en el tiempo. Orgullo y egocentrismo.

IX of Earth

A lonely woman with her back turned is plowing the land for subsequent sowing.

Meaning

Upright: This woman has adopted that position because she prefers solitude to the incompatibility of those who could not understand her, for time was running away and it was necessary to provide for the future.

She prefers to go away. She herself, with her wisdom, upon noticing the danger, but without false pride, cultivates a virgin land with love in order to enjoy its fruits later.

Deep love for life and all of nature, without retaining useless and destructive rancor.

IX de Tierra

Una mujer solitaria se encuentra de espaldas labrando la tierra, para luego sembrar la semilla.

Significado

Al derecho: Esta mujer adopta esta posición, porque prefirió su soledad a la incongruencia de los que no la supieron comprender, que el tiempo pasaba y que ya era el momento de precaverse para el futuro.

Prefiere alejarse, y ella sola, con sabiduría, al advertir los peligros, pero sin falsos orgullos, con amor cultiva una tierra virgen, para luego disfrutar de lo que ésta le proveerá.

Profundo amor a la vida, a la Naturaleza toda, no guardando rencores inútiles y destructivos.

But that on the good ground are they, which in an honest and good heart, having heard the word, keep it, and bring forth fruit with patience.—Luke 8:15

Upside-down: As a result of your position, you may lose your home, partner, or family. Since you are alone, you can be robbed; be cautious. Any exodus brings knowledge, as well as danger or trouble, and perhaps suffering as well.

Mas la que cayó en buena tierra, éstos son los que con corazón bueno y recto retienen la palabra oída, y dan fruto con perseverancia.—Lucas 8:15

Invertida: Su posición puede hacerle perder su hogar, pareja o familia. Al estar sola pueden hurtarle o robarle, tome precauciones. Todo éxodo trae aprendizajes, y con él, los peligros o sinsabores, y a veces quizás también los sufrimientos.

X of Earth

X de Terra

♑

X of Earth

In this scene, we can see ten bags containing grain, corn, precious stones, different kinds of fruits, gold coins, etc.

The tenth house in astrology belongs to Capricorn, representing prestige, power, social standing, honor, third-party recognition, glory, and fame. It is related to our performance in our career, profession, occupation, task, or role in society or in the community. It represents the father and all of the paternalistic attitudes inherent therein. This card is closely connected with the tenth house because of the number correspondence and very similar meanings.

Meaning
Upright: You got what you wanted. Nothing was free; on the contrary, you

X de Tierra

En la escena podemos ver 10 bolsas conteniendo: granos, choclos, piedras preciosas, diversos frutos, monedas de oro, etc.

Así como la casa número 10 en astrología pertenece a Capricornio, y representa el prestigio, poder, posición social, honores, reconocimiento de los demás, gloria y fama, estando relacionada con el desempeño en nuestra carrera o profesión, ocupación, tarea o rol a desempeñar en una sociedad o comunidad, representando al padre y todas las actitudes paternalistas inherentes al mismo; esta carta tiene íntima relación con la casa mencionada, por correspondencia numérica y la similitud en significados muy semejantes.

got it only with effort and tenacity. Today your social standing is stable and rich, and you are admired and respected by others. Your success could have been inherited. If so, go on with it, and the circle will be endless, without a beginning or end.

You are in a position to increase what you have (land, houses, business, vehicles, etc.).

Upside-down: Excessive ambition; loss of a beloved, an inheritance, or legacy, of everything saved and all that you have. Disrespect to your elders and for the wisdom of all times, "Kronos"...

Significado

Al derecho: Se consiguió todo lo que se quería tener, nada fue regalado, muy por el contrario, se consiguió con esfuerzo y tenacidad. Hoy, su posición es estable, rica y tiene el respeto y la admiración de los demás. El éxito logrado pudo haber sido heredado, si es así, continúe con lo testado, y el círculo continuará por siempre, sin principio ni fin.

Está en condiciones de incrementar lo que ya posee, terrenos, casas, negocios, vehículos, etc.

Invertida: Ambición desmedida, pérdida de un ser querido, de una herencia o legado, de todo lo atesorado, de todo lo que había conseguido. Falta de respeto a su gente mayor, y a la sabiduría de todos los tiempos, "Kronos" ...

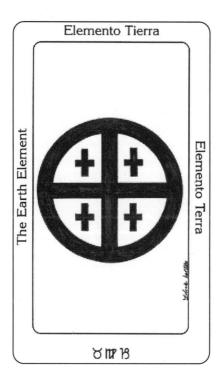

Elemento Tierra

The Earth Element

Elemento Tierra

♉ ♍ ♑

The Earth Element

Anaximander believed that the origin of all things was "the unlimited" and "the indefinite" *(to apeiron)* and that probably, as Greek geometricians said, "the indefinite" was round. We should recall that the planet Earth has always been present in the conceptualization of humanity, as a maximum exponent of the round.

The Earth is a feminine and passive element.

The Earth has three corresponding astrological signs:

1. Taurus—Fixed sign
2. Virgo—Mutable sign
3. Capricorn—Cardinal sign

Meaning

Upright: All the materiality given by the Earth. Relate all aspects and interests

Elemento Tierra

Anaximandro creía que el origen de todas las cosas, estaba en "lo ilimitado" y "lo indefinido" (to apeiron), y posiblemente como decían los geómetras griegos, éste último fuera esférico. Recordemos que en la conceptualización del Hombre, como máxima figura de lo redondo siempre estuvo el Planeta Tierra.

La tierra es un elemento: femenino y pasivo.

Le corresponden tres signos astrológicos:

1. Tauro—Signo Fijo
2. Virgo—Signo Mutable
3. Capricornio—Signo Cardinal

Significado

Al derecho: Toda la materialidad que da la Tierra. Relacionaremos en todos los

connected with it. Take into account the dates that govern the three signs belonging to it. Characteristics: meticulousness, pragmatism, determinants, and assurance.

Restrained or restraining situation.

Upside-down: Similar to the above, with changes in the characteristics and situation. With regard to the former: stubbornness, obstinacy, avarice, and criticism; with regard to the latter, unrestrained or unrestrainable situation.

aspectos e intereses que tengan que ver con ella. Tomaremos en cuenta, las fechas que rigen los tres signos que le pertenecen. características de: Meticulosidad, Pragmatismo, Determinantes y Seguridad.

Situación contenida o contenedora.

Invertida: Similitud con lo anterior, modificándose las características y la situación, con respecto a la primera: Tosudez, empecinamiento, avaricia y crítica; en cuanto a la segunda: situación desbordada o desbordante.

As de Fuego

Ace of Fire

Ás de Fogo

♈ ♌ ☉

Ace of Fire

The lion represents Leo, the fixed astrological sign of Fire. Since the lion is considered the "king of the jungle," it has been selected to represent the first card of the Fire element. Another reason for choosing it was its "fieriness" in love. Some lions perform coitus more than 360 times within a period of seven or eight days, with different females, and with only a few seconds between each act.

Since Leo is governed by the Sun, it gives the Ace of Fire characteristics of vehemence, vigor, and centrality.

The situation or person reflected by this card will have to be the center of attention and will desire the cooperation of listeners.

If this happens, the person's ego will be reinforced because of feeling understood and flattered. You should

As de Fuego

El león representa al signo de fuego astrológico Leo, y debido a ser considerado el "Rey de la Selva," se lo ha elegido como digno representante de la primera carta de este elemento. Otra causa fue su "fogosidad" en el terreno amoroso, algunos tienen más de 360 encuentros sexuales con diferentes hembras, en un período no mayor a 7 u 8 días en secuencias de pocos segundos entre una relación y otra.

Leo al estar regido por el Sol, le confiere al As de Fuego, características de vehemencia, vigor y centralidad.

La situación o persona que se vea reflejada en ella, querrá ser el centro de atención de todas las miradas, y querrá que sus oyentes le presten cooperación.

De hacerlo así, reforzará su ego, pues se sentirá comprendido y halagado.

show them that they are the manager and decision maker, and no one else could do it better. They will accept your suggestions willingly, provided that you make them understand that their bright idea was inspired by long and genial learning at your side.

Meaning

Upright: Push and undertake some job or enterprise. Characteristics of a leader able to undertake any activity. Although you delegate the toughest work to others, you supervise and monitor good performance. You are a charismatic person who will not be unnoticed. Your impulse may be great, but you know when to brake in time.

There will be no dullness or sadness because of your personal touch. Great sexual vigor and full activity in that field. Fieriness. Your effort will be noticed, but you will also have to make an effort, since, to obtain results, it is necessary to have the power of decision.

Upside-down: Retrocession in plans; you will have to postpone them. Rejection of plans, which will cancel that original and new job or undertaking. Mediocrity and lack of grasp. Loss of sexual potency; remote or troublesome relationships. Useless efforts, because they will not be taken into account. You are not feeling valued; you are hurt, and the offense will lower your defenses.

Deberá demostrarle, que es él la persona que dirige y toma las decisiones, y que ningún otro individuo podría hacerlo mejor. Aceptará de buen grado sus sugerencias, siempre y cuando Ud. le de a entender, que esa brillante idea se inspiró en el largo y genial aprendizaje cursado al lado de su persona.

Significado

Al derecho: Empuje y emprendimiento en algún trabajo o empresa. Tiene características de liderazgo para efectuar cualquier actividad. Si bien es cierto, que los trabajos más pesados los delega a otros, su desempeño está en fiscalizar, y observar el buen desempeño. Es una persona carismática, y esto pesará en su imagen la cual no pasará desapercibida. Su impulso puede ser grande y sabe dar el primer "zarpazo" a tiempo.

Poniendo su toque personal, no habrá hastío, ni tristezas.

Gran vigor sexual y actividades plenas en esas funciones. Fogosidad. Su esfuerzo se notará, y deberá hacerlo, ya que hace falta poder de decisión, para notar resultados.

Invertida: Hay un retroceso en los planes, deberá posponerlos.

Lo que estaba planificando será rechazado, esta postergación anulará ese trabajo o emprendimiento original y nuevo. Mediocridad y falta de "garra." Disminución de la potencia sexual, relaciones distantes o con problemas. Esfuerzos inútiles, pues no lo tomarán en cuenta. Ud. no se siente valorado, está herido, y la ofensa, bajará sus defensas.

II de Fuego

II of Fire

A lion and a lioness are watching the entrance to a temple. The lioness is on the left side, representing feelings, and the lion is to the right, relating to actions or deeds. Behind them is a temple belonging to no particular religion but devoted to true thinking or freedom to act in the world of reason. In many parts of the world, particularly in the East, it is usual to see animals guarding the entrance to a village, a house, a city, or a temple. They create an energy field like any photoelectric cell.

Meaning
Upright: Need to join forces for mutual understanding and protection. Companionship in a new enterprise or job; the joining of feelings, compared to our

II de Fuego

Un león y una leona custodiando las puertas de un templo, del lado izquierdo la hembra, representando el lado de nuestros sentimientos; y del derecho el macho vinculado con nuestras acciones o hechos, atrás de ellos, un templo sin obedecer a ninguna tendencia religiosa en particular sino contemplando la idea del pensamiento verdadero o la libertad del accionar en el mundo del raciocinio.

Es común ver en muchas partes del mundo, sobre todo en Oriente la figura de guardianes en forma de animales custodiando la entrada a las aldeas, casas, ciudades o templos. Actúan ejerciendo un campo de acción energético como cualquier célula fotoeléctrica.

deeds, expresses a logical, equivalent, and rationalist attitude. If you put these principles into practice, your dominion and your achievements will increase. Whoever crosses this entrance may also cross different frontiers.

Upside-down: Losing strength. Imprudence, lack of security measures against outside dangers. Your defenses are weak. Your actions do not coincide with your feelings or with what is proper. Impossible exchange.

It will be hard to break the ice (due to different languages, usage, cultural differences, political ideas, and so on).

Significado

Al derecho: Necesidad de unirse para la mutua comprensión y protección. Compañerismo en la nueva empresa o trabajo a realizar, la unión de los sentimientos equiparados a nuestro accionar denota una actitud lógica, equivalente y racionalista. De poner en práctica estos principios, su dominio se extenderá y sus logros serán variados. Quien traspase este portal podrá también transponer diferentes fronteras.

Invertida: Fuerzas en baja. Falta de prudencia y de medidas de seguridad contra peligros externos. Sus defensas están en baja. Su accionar no coincide con lo que realmente siente ni con lo que tendría que ser. Imposibilidad de intercambios.

Costará mucho romper el hielo (diferencias de idiomas, de usos, arraigos culturales, ideologías políticas, etc.).

III de Fuego

III of Fire

III de Fogo

♂ ☉ ♃

III of Fire

Three torches in the night form an equilateral triangle and illuminate a sack full of glittering gold ingots. It is as if they were escorting the wealth of these ingots, which shine not only because of their own nature, but also because of the light of the three torches.

Meaning
Upright: Income obtained as a result of cooperation and great effort. Power, nobility, and fortune. Influential people will cooperate or associate with you; freedom and autonomy in any undertaking, for the torches represent the power of your free will and the strength of your spirit.

Upside-down: Withdrawal of cooperation and efforts (the fire was extin-

III de Fuego

Tres antorchas dispuestas como un triángulo equilátero, iluminan en la noche un saco repleto de lingotes de oro, como escoltando esta riqueza, que reluce por su propia constitución pero también gracias a la luz dispensada por las 3 antorchas de fuego.

Significado
Al derecho: Ganancias obtenidas a través de un espíritu de colaboración, y de un gran esfuerzo. Poderío, nobleza y fortuna.

Gente influyente se asociará o colaborará con sus propósitos, lo que emprenda o realice gozará de libertad y autonomía ya que las antorchas representan el poder de su libre albedrío y la fuerza de su espíritu.

guished). Adverse opinions and vested interests that may hide in the darkness and shadows of the night, resorting to lies or false statements, waiting to seize the gold that will fall from the sack. Freedom will be extinguished as light has been, perhaps as a result of vanity or pride, corruption, selfishness, and matter prevailing over the spirit. If the fire goes out, it is for lack of oxygen. You will feel depressed and suffocated and may be subject to phobias, fear of confined places, etc.

Invertida: Retiro de colaboración, quita de esfuerzos (el fuego se extinguió). Opiniones adversas e intereses creados que pueden esconderse en la oscuridad y en las sombras de la noche valiéndose de mentiras o falsos argumentos para apoderarse del oro que caerá por su peso, de la bolsa que lo contenía. Lo que otrora era libertad se acabará como la luz lo ha hecho; muchas pudieron haber sido las causas, como la vanidad o el orgullo, la corrupción, el egoísmo y la preponderancia de lo material sobre lo espiritual. Si el fuego se apagó, el oxígeno no fue suficiente; se sentirá oprimido, con sensaciones físicas de ahogo, con repercusiones fóbicas, miedo al encierro, etc.

IV of Fire

Four members of a family walk arm in arm towards the sea, as if forming a chain of strength and union. All of them are dressed in white and each carries a lighted pale-blue candle to the limits of the Kingdom of Yemanyá, to thank her for the happiness received.

Meaning
Upright: Thankfulness and recognition of all favors, help, and cooperation received collectively or individually, but representing the majority.

Social, family, community, or work group.

Humility in isolated or connected acts, which gradually and systematically bring prosperity, happiness, joy, and peace.

IV de Fuego

Los 4 integrantes de la familia caminan hacia el mar con sus brazos entrelazados, formando una cadena de fuerza y unión. Están completamente vestidos de blanco y tienen en una de sus manos una vela celeste prendida llevándolas como ofrenda hasta los límites del Reino de Yemanyá en forma de agradecimiento por la felicidad recibida.

Significado
Al derecho: Agradecimiento y reconocimiento de todos los favores. Ayudas, colaboraciones, que se hacen en conjunto o individualmente, pero en forma representativa de la mayoría.

Grupo social, familiar, comunitario o de trabajo.

Upside-down: The bonanza has not stopped, but do not forget that everything has been obtained through effort; do not reject family demands or corporate requirements, since dispersion and dissension may cause adverse effects.

Bear this in mind.

Humildad en actos escalonados o en forma de eslabón que sistemática y paulatinamente traerán prosperidad, alegría, regocijo y paz.

Invertida: La época de bonanza no ha terminado, pero no olvide que todas las cosas han sido obtenidas a través del esfuerzo, ni deseche las exigencias familiares ni los requerimientos societarios que pudiera tener, ya que la dispersión o la desunión pueden traer efectos contrarios.

Téngalo en cuenta.

V de Fuego

V of Fire

V de Fogo

℗ ♂

V of Fire

A fire-breathing dragon is defeated, chased away, and kept at bay with lighted logs.

"Fire is fought with fire." This is what these five men think and do, with faith and tenacity.

Meaning

Upright: Use the same weapons as your opponents—or more powerful ones. Your cleverness and astuteness (the fire itself) should be part of a strategy to deliver an accurate blow and have an efficient defense. The struggle will be hard and tiresome.

The beast will try to corrupt you. Do not allow yourself to be tempted; otherwise it will catch you. Fight fairly and the victory will be yours!

V de Fuego

Un dragón que lanza fuego por sus fauces es abatido y ahuyentado con fuego, también repelido a golpes con los mismos troncos de madera encendidos.

"El fuego se combate con fuego." Así lo piensan y así lo hacen estos 5 hombres, que luchan con fe y tesón.

Significado

Al derecho: Utilice las mismas armas u otras que puedan superar el efecto de las de sus contrincantes. Su astucia y vivacidad (el fuego mismo) deberá ponerlas al servicio de una estrategia que de en el blanco para que su golpe sea certero y su defensa eficaz. La contienda será ardua y fatigosa. La bestia intentará corromperlo, no deje que la tentación lo venza pues entonces realmente caerá en sus fauces.

Upside-down: The dispute, struggle, battle, fight, quarrel, war, litigation, obstacles, danger, and/or slander have come to an end. Renew your strength and forget. … Remember that Fire purifies everything.

¡Luche con elementos nobles, y la victoria será suya!

Invertida: El litigio, la lucha, la pelea, la contienda, la riña, la guerra, los obstáculos, el peligro y/o la calumnia han terminado. Renueve sus fuerzas, y olvide. … Tenga en cuenta que el fuego todo lo purifica.

VI de Fuego

VI of Fire

VI de Fogo

♂ ♃ ♐

VI of Fire

Six tired and exhausted men return to the village after the previous sequence, rescuing a woman from the voracious and instinctive appetite of the beast. Each of them is clutching a torch, which seems to be brighter as evidence of their victory. They pull a net holding the body of the feared beast.

Meaning
Upright: The village will know the outcome of the battle, and the news will quickly spread. Evil has been defeated, and the beauty of the woman is reflected in the nobility and kindness of the man, who fights with justice as a weapon or tool, to achieve success.

The battle was a great stratagem, fought with true art and science.

VI de Fuego

Vuelven 6 hombres a la aldea fatigados, cansados. Luego de la secuencia anterior, rescataron a una mujer del apetito instintivo y voraz de la bestia. Cada uno de ellos empuña en sus manos, una antorcha, cuyo fuego parece brillar mucho más como prueba de la victoria obtenida. Arrastran en una red, el cuerpo del temido animal.

Significado
Al derecho: La aldea conocerá el resultado de la batalla, y estas noticias correrán raudamente entre sus habitantes. Se ha vencido al mal y en la belleza de la mujer rescatada se simbolizan las dotes de nobleza y bondad del Hombre que lucha con la justicia como arma e instrumento, trayendo como corolario el éxito.

Progress, prominence, success, and achievements.

Upside-down: Do not let arrogance dim your achievements. It may turn away those who wish to honor you and show their admiration. Do not rest on your laurels or fall into monotony, laziness, or complete idleness, justifying yourself by your past achievements. Do not become a false idol or hero.

La batalla fue una gran estratagema, un verdadero arte y ciencia al luchar. Adelantos, encumbramientos, éxitos y logros.

Invertida: No deje que la soberbia empañe sus logros, pues podrá hacer retroceder a aquellos que quieran agasajarlo, brindándole su más amplia admiración.

Tampoco se deje estar ni haga una alianza con la monotonía, la pereza y el ocio extremo, justificándose por lo ya alcanzado. No se convierta en un ídolo o héroe de pies de barro.

☉ ♃ ♐

VII of Fire

A flying dragon spits seven flames. On the earth, a man protects himself with a large shield from this bloody attack.

Meaning

Upright: Bravery, dexterity, and courage in facing trouble. Quick thinking and skill in action. You are clever in business or commercial matters, and will take preventive and defensive measures against competition and rivalry in your field. You will gamble with opportunities and plan and consider defensive strategies—but not offensive ones.

You will take into account public opinion, internal and external audiences, the environment, and the media. Your actions will be carefully protected and profitable in the long term.

VII de Fuego

Un dragón desde los aires, lanza 7 llamaradas de fuego. Un hombre desde la tierra con un gran escudo cubre la casi totalidad de su cuerpo, defendiéndose así de tan cruento ataque.

Significado

Al derecho: Gran valentía, destreza y coraje al enfrentar los inconvenientes. Ligereza en el pensamiento y destreza en la acción. Usted es una persona competente en el área mercantil, comercial o empresarial, arbitrará las medidas precautorias y defensivas contra la competencia y la rivalidad en su área. Especulará con las oportunidades, estimará y tendrá en cuenta las políticas de defensa, y no de ataque.

Tomará en cuenta la opinión pública, los públicos internos y exter-

177

Upside-down: A less comfortable position will demand resources that may not be as practical or evolved as an exchange, barter, payment in kind, and so on.

nos, el medioambiente y los medios. Cubrirá su acción con medidas proteccionistas que a largo plazo le redituarán.

Invertida: Una posición más incómoda le exigirá nuevos recursos, quizás no tan prácticos ni evolucionados como el cambio, el trueque, el pago en servicios o especies, etc.

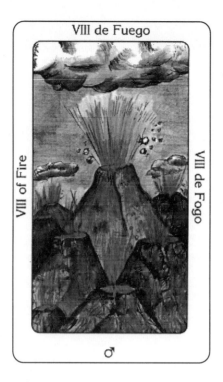

VIII de Fuego

VIII of Fire

VIII de Fogo

♂

VIII of Fire

Eight craters form the main subject of this card. They have been inactive or dormant for a long time and have now become active once again, expelling fire from the bottom, which can be seen perfectly well at the summit.

Meaning
Upright: What was dormant, calm, quiet, or asleep has been awakened with much versatility, with an almost spontaneous agility. You did not expect this reaction, which is perhaps a little sudden, but it is effective. Quick messages, either oral, written, graphic, or through diverse advertising campaigns, will have repercussions and cause reactions at different levels and within different contexts.

VIII de Fuego

Ocho picos de volcanes son el eje central de la representación, han estado apagados e inactivos por mucho tiempo, y ahora entraron en erupción saliendo fuego de sus entrañas, distinguiéndolo perfectamente en sus cimas.

Significado
Al derecho: Lo que estaba dormido, apaciguado, callado, adormecido, se ha puesto en funcionamiento con gran versatilidad, rapidez, agilidad casi espontánea. No se esperaba esta reacción un tanto apresurada, pero no por ello, no efectiva. Mensajes rápidos, ya sean orales, escritos, en medios gráficos o en campañas publicitarias diversas, que encenderán las mejores repercusiones y reacciones en los diferentes

A passionate love suddenly comes to light, after hiding for many years, perhaps because of lack of courage to show it.

Upside-down: The explosion has stopped at all levels. It seems to have vanished, but this is not the case. There is simply a delay or instability, a period of rest, calm, deceleration, or retardation in the above-mentioned areas.

ámbitos y contextos a tener en cuenta. Encendido amor que se manifiesta en forma inesperada, tras largos años de desconocimiento o falta de coraje para evidenciarlo.

Invertida: La explosión se ha detenido en todos los niveles, pareciera haberse esfumado pero no es así, simplemente existe un retraso o una inestabilidad, período de descanso, apaciguamiento, desaceleración o retardo en todos los ámbitos mencionados.

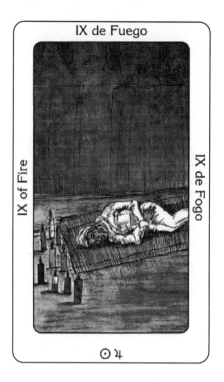

IX de Fuego

IX of Fire

IX de Fogo

⊙ ♃

IX of Fire

Nine large candles, each representing a state of meditation and enlightenment. A man wearing a white turban lies on a straw mat in a profound mystical state, knowing that this period of asceticism and fasting will result in his transformation and regeneration. (The number nine is the only number that, when multiplied by another, results in a number that, when reduced to a unit, becomes nine again).

Meaning

Upright: Apparent inactivity, because your actions will be more mental and/or spiritual as you enter a stage of self-improvement during which it is necessary to save energy.

For that purpose, it is advisable that you refrain from material things to

IX de Fuego

Nueve velones son los intérpretes, cada uno de ellos es un estadio de meditación e iluminación, un hombre con la cabeza cubierta con un paño blanco en forma de turbante permanece recostado sobre una estera en profundo estado místico, sabiendo que éste período de ascetismo y ayuno, le permitirá la transformación y regeneración.

(El número 9, es el único número que multiplicado por otro, el resultado obtenido, luego de reducirlo a la unidad vuelve a dar 9).

Significado

Al derecho: Supuesta inactividad, ya que su acción será más mental y/o espiritual, iniciando de esta forma una etapa para su superación como ser humano,

reach higher levels of consciousness. Abstain from alcohol and sex.

Upside-down: Something spiritual that you could not, or failed to, obtain; time wasted or lost, postponing valuable things for superficial ones. These delays in action may open astral and/or material doors to your adversaries, thus causing innumerable unforeseen events and difficulties.

en donde es tiempo para ahorrar fuerzas. Es aconsejable para ello, abstenerse de cosas materiales para poder llegar a planos superiores de conciencia. Restricción de alcohol y sexo.

Invertida: Algo espiritual que no supo o no pudo conseguir, tiempo malgastado o perdido, postergando lo valedero por lo superfluo. Estas demoras en lo que tiene que hacer, pueden abrir puertas astrales y/o materiales a sus contrincantes, trayéndole innumerables imprevistos e inconvenientes.

X de Fuego

X of Fire

Ten piles of red-hot coals: anticipate a test of strength and courage, but also the confirmation of truth and reality, ruling out any doubts or uncertainty. The time has come to show what can and must be. When the truth of the spirit prevails, matter is not harmed. An *Omorishá,* with his inner Saint, walks impassively over the burning embers, showing afterwards no trace of any injury, burn, blister, or wound. The trance and his faith are so strong, and the power of the Orishá is so unlimited, that the man's feet seem to be covered with an ethereal and invisible asbestos coat, protecting the son or medium of the Saint and demonstrating its presence in this world.

X de Fuego

Diez montones de carbones encendidos al rojo vivo, anticipan una prueba de fuerza y coraje, pero también la confirmación de la verdad, de lo real, no dejando lugar a dudas ni incertidumbres. La hora a llegado de demostrar lo que se puede y lo que se debe. Cuando la verdad del espíritu prevalece, la materia no se daña. Un *Omorishá* con su Santo incorporado camina sin perturbarse sobre estos tizones. Luego no registrará daño de secuela alguna corporal, ni quemaduras, ni ampollas, como tampoco ninguna lastimadura. El trance es tan fuerte, su Fe inquebrantable, el poder del Orisha u Orixá ilimitado que pareciera haber cubierto sus pies con una capa etérea e invisible de amianto, para así proteger a sus hijos o médium, y demostrar que está presente en la tierra.

Meaning

Upright: You will have to face the tests posed by life or by your karma. Ask your spiritual guides for help, trusting that you will not be abandoned during hard times, and you will overcome these tests without any difficulty or hardship. Your reward will be an increase in your self-esteem and the acknowledgement of your honesty by others.

Upside-down: Your means have been neither correct nor suitable. Therefore, you will soon fail. A thousand obstacles will get in the way, bringing you discredit and weakening your spirit.

Try to reconsider, as you will not always be able to get away from tests—and even if you could, the balance would be negative.

Examinations and tests of any nature that you will fail or avoid, resorting to countless excuses.

Significado

Al derecho: Pruebas que le depara la vida o su Karma, deberá enfrentarlas, para ello pídale ayuda a sus guías espirituales, teniendo confianza en que no podrá perder en momentos difíciles, de esta manera las sorteará sin inconvenientes ni pesares y su éxito será rotundo, teniendo como recompensa su autovaloración y el reconocimiento de su honestidad por parte de los demás.

Invertida: Sus medios no han sido los más correctos, ni quizás los más adecuados. Por esa razón el fracaso no tardará en llegar. Mil trabas colaborarán en esta empresa, el descrédito y su propia desmoralización surgirán.

Trate de rever y recapacitar, ya que no siempre podrá escapar a las cosas por demostrar, y el saldo si así lo hiciere será negativo.

Exámenes, pruebas, de toda índole en las que Usted no clasificará o las evitará, teniendo un sinfín de argumentos que al final lo invalidarán.

Elemento Fuego

The Fire Element

Elemento Fogo

♈ ♌ ♐

The Fire Element

Heraclitus believed that everything depends on change and conflict between opposites, governed by the "logos" or "mixing proportion," a law which governs and brings harmony to everything. He identified the "logos" with the everlasting Fire, for it transforms into everything and everything transforms into it.

Fire is a masculine and active element.

It corresponds to three astrological signs:

1. Aries—Cardinal sign
2. Leo—Fixed sign
3. Sagittarius—Mutable sign

Meaning

Upright: The vivifying and transforming essence of Fire and its clarifying spirit.

Elemento Fuego

Heráclito, creía que todo dependía de un mundo de cambio y conflicto entre los opuestos, regido por el "Logos" o "Proporción de la mezcla"; Ley que todo gobierna y da armonía a todas las cosas. Identifica al "Logos" con el Fuego eternamente vivo, ya que se transforma en todas las cosas y éstas en él.

El fuego es un elemento: masculino y activo.

Le corresponden tres signos astrológicos:

1. Aries—Signo Cardinal
2. Leo—Signo Fijo
3. Sagitario—Signo Mutable

Significado

Al derecho: La esencia vivificante y transformadora del Fuego y su espíritu

185

Notice the dates that govern the three signs of Fire. Characteristics of ardor, combativeness, and liveliness.

Incandescent or burning situation.

Upside-down: Same as above, with modified characteristics and situations. With respect to the former, impulsiveness, intolerance, and totalitarianism. With respect to the latter, extinction or end/inactive.

esclarecedor. Tomaremos en cuenta, las fechas que rigen los tres signos que le pertenecen. Características de: Fogosidad, Combatividad y Vivacidad.

Situación incandescente e incendiante.

Invertida: Similitud con lo anterior, modificándose las características y la situación, con respecto a la primera: Impulsividad, Intolerancia y Totalitarismo; en cuanto a la segunda: situación de Extinción o Apagado.

As de Aire

Ace of Air

Ás de Ar

ᴁ ⚥ ♄

Ace of Air

A dove opens its wings as a protective mantle over humanity.

A crystalline figure representing the pure and virginal state in which a human being comes into this world. A symbol of the Holy Spirit.

Meaning

You have a duty and carry a message of peace, the result of which will be successful, reappraising your efforts and encompassing everything. Nothing should be left to chance because nothing is accidental.

It is the victory of love over human mediocrity. A triumph of the spirit. High artistic value. Inspiration.

Upside-down: The card of highest treachery. Disagreement. Imminent danger. Loss of purity, lack of beatitude.

As de Aire

Una paloma extiende sus alas como un manto protector sobre la Humanidad.

Figura cristalina que representa el estado de pureza o virginal que el Hombre trae a la tierra. Símbolo del Espíritu Santo.

Significado

Al derecho: Lleva Ud. un emprendimiento y un mensaje de paz, cuyo resultado será el triunfo, revalorizando su esfuerzo, abarcando todos los ítems sin dejar nada librado al azar, ya que nada es fortuito.

Es la victoria del amor por sobre los planos turbulentos de la mediocridad humana. Triunfo del espíritu. Alto valor artístico. Inspiración.

Invertida: Máxima carta de traición. Desavenencias. Peligro inminente. Pérdida de pureza, falta de beatitud.

Ⅱ☿♎♀

II of Air

Two swans come together leaving trails on the water, which represent the roads they have traveled to reach a communion of body and soul, in a delicate embrace.

Upon facing each other, they will form a heart, a symbol that will prevail through time.

Meaning

Upright: Search for ideals; effective oral or written communication. Agreements, transactions. Joining of strengths and thoughts. Friendship. Concordant feelings; faithfulness, loyalty and respect. There is love in everything you do, and you strike a balance between the material and the spiritual.

Upside-down: Disloyalty, weakness of purpose, disagreements, lack of com-

II de Aire

Dos cisnes van en su encuentro, dejando a lo largo de su paso surcos en el agua, que son los senderos por los cuales tuvieron que atravesar para poder llegar a la comunión de sus cuerpos y almas, en un abrazo sutil.

Al juntarse formarán un corazón, símbolo que prevalecerá en el tiempo.

Significado

Al derecho: Búsqueda de ideales, comunicación certera oral o escrita. Convenio, transacciones. Unión de fuerzas y pensamientos. Amistad. Sentimientos concordantes, fidelidad, lealtad y respeto. Amor en todo lo que haga equilibrando lo material y lo espiritual.

Invertida: Deslealtad, falta de firmeza en los propósitos, desacuerdos,

munication, hotheadedness and a certain degree of violence. Be suspicious and pay attention to your environment. Restate facts that seem ambiguous. Demagogic acts and gestures.

The swans move around with extraordinary elegance and refinement. They swim with a shapely and upright neck, and an assurance that shows what seems to be a constant in their lives: their faithfulness to each other.

As a presage of death, a swan makes guttural noises that later turn into a melody. Such magical music is heard from a distance and imposes silence on its partner, as a sign of respect, who will come and stay by its side until the last minute. This inexorable silence is also observed by their fellow swans, who will witness the scene with extreme loyalty. Perhaps a similar sound is heard afterwards. ... It will be the other swan, announcing that it will soon join its partner.

incomunicación, exaltación y cierto grado de violencia. Desconfíe y preste atención a su entorno. Replantee fundamentos que parecieran equívocos. Actos y gestos demagógicos.

Los cisnes marcan su paso con cierta actitud de suntuosa elegancia y altivez, su nado por las aguas de algún lago, perfílase con un cuello estilizado y erguido revelando un andar que nos demuestra una sincronizada seguridad; dejando traslucir lo que pareciera ser una constante en su vida: su Fidelidad a su compañera.

Como presagio de su muerte emite sonidos guturales hasta convertirlos en una melodía; dicha musicalización con características mágicas desde lejos se oirá y hará enmudecer a su compañera en señal de respeto, quien lo acompañará hasta el último momento. Ese silencio implacable es también cuidado por sus congéneres, quienes presenciarán la escena con suma lealtad. Quizás al poco tiempo, se escuche un sonido similar. ... Será la entonación de la hembra comunicándole a su amor, que pronto estará con él.

III de Aire

III of Air

III de Ar

III of Air

An eagle glides and casts its frightening shadow over the land, already prepared to attack its future prey by surprise. The prey is still unaware of the danger that is awaiting and, as a consequence, it does not appear on the card.

Birds of prey form a very important congregation in Africa. Many of them may break a corpse open with just their beaks, and may lift their victims with their talons and carry them from one place to another. They are persevering in the chase and predatory in a fight. The ancient Egyptians used this sort of bird to represent part of their country.

Meaning

Upright: Danger, breakup, depredation. Separation. Trouble and obstacles. You

III de Aire

Un águila planea y proyecta su atemorizadora sombra sobre la tierra. Está ya preparada para atacar de sorpresa a su futura presa, quien todavía no tiene noción ni conocimiento del peligro que le acecha, por este motivo no aparece en la figura.

Los animales de rapiña, forman una congregación muy importante en Africa, muchas de ellas tan solo con valerse de su pico pueden quebrar un cadáver, y pueden levantar con sus garras a sus víctimas, desplazándolas de un lugar a otro. Son tenaces en la persecución y depredadoras en la lucha. Los Egipcios representaban en ella a una parte del Antiguo Egipto.

will be an easy prey for your enemies; the shadow of doubt and jealousy will condemn you to a sad fate. Violence and perversity.

Upside-down: The time of utter desperation is gone, maybe danger too, but wounds will not be easily overcome.

Tears will come again because of painful memories; healing will be slow and difficult because your heart will have been torn out of your body.

Significado

Al derecho: Peligro, ruptura, depredación. Separación. Inconvenientes y obstáculos. Será presa fácil de sus enemigos, la sombra de la duda y los celos lo condenarán a un triste destino. Violencia y perversidad.

Invertida: Los tiempos de suma desesperación han pasado. Posiblemente el peligro también; pero las heridas son insalvables.

Las lágrimas volverán a brotar por recuerdos dolorosos, la cicatrización demorará, será lenta y dificultosa, pues le habrán arrancado el corazón.

IV de Aire

IV of Air

A man is lying in the middle of the African savanna with four birds of prey around him. One of them is about to attack him, while the others are biting and pecking his body, causing him extreme pain. One of the birds is attacking his head (his future, his plans), another his feet (his past, what he has done). The third one has its talons at the height of his solar plexus, which will make him lose his balance, and the fourth is supporting the other three by silencing the scene and casting its evil shadow so that no one will learn what has happened.

Meaning

Upright: Dangerous situation or place. Your position is completely unfavorable.

IV de Aire

Un hombre tirado en plena sabana Africana, con 4 aves de rapiña, una de ellas a punto de atacar, las otras picando sus carnes; sumergiéndolo en el dolor. Una ataca su cabeza (su futuro, lo planeado), otra sus pies (su pasado, lo transitado), la tercera depositará sus garras a la altura de su plexo solar desequilibrándolo y la cuarta apoya logísticamente a las restantes, silenciando la escena, proyectando su maléfica sombra, para que nadie se entere de lo sucedido.

Significado

Al derecho: Situación o lugar de peligro. Su posición es realmente desventajosa, no teniendo punto de escape o de partida, ya que desde cuatro puntos lo flanquean. Senderos cortados, nada puede

There is no escape, no chance of doing anything, since you are being attacked from four flanks. Paths are closed, nothing can be made real, there is trouble at all levels. Both your hands and feet are tied.

Upside-down: Illness, convalescence, need of rest and cure. Wounds and sorrow caused by loneliness, nobody understands or remembers you.

concretar, inconvenientes a todo nivel, está realmente atado de pies y manos.

Invertida: Enfermedad, convalecencia, necesidad de reposo y de curación. Heridas y penas por soledad, ya que se encuentra hundido por la incomprensión y el olvido.

V of Air

Many water birds share lakes and rivers in Africa, living as a community and even helping other animals, such as the crocodile, which might be dangerous. However, it does not appear to be dangerous for these birds. Some of them warn crocodiles when a man is coming and even clean their teeth by removing vestiges of food.

Cranes are at risk of being annihilated because of their colorful plumage, highly coveted by hunters.

This image shows the bank of a lake where five cranes and a crocodile share their habitat in peace. The crocodile seems quiet and calm, undisturbed.

The real danger, which is barely visible, is represented here by the barrel of a rifle.

V de Aire

Muchas aves acuáticas comparten los lagos y ríos en Africa, llevando una vida de total comunidad y hasta colaborando con algunos animales, como el cocodrilo, que pudieran ser peligrosos, pero no para ellas, por lo menos así pareciera serlo. Algunas de estas aves les avisan del arribo del hombre y hasta colaboran limpiando sus fauces quitando residuos y restos de alimentos.

El peligro del exterminio de las grullas, se debe a que poseen un vistoso plumaje, el cual es muy codiciado por los cazadores.

En la imagen se ve la rivera de un lago en donde comparten despreocupadamente su hábitat, "5" grullas y un cocodrilo, al cual pareciera vérselo en forma apacible y pacífica, no perturbándose por nada.

Meaning

Upright: You are flirting with danger, a brave but unsuitable attitude altogether, since you are not bearing in mind the risk you may be running in ensuring the integrity of others. Although some of your characteristics may lead you to triumph, do not let the greed of others influence you. To achieve this, listen to this warning: reject vanity and pride, pay more attention to your intuition, and ask the people around you to help you. Do not boast of your virtues, since danger may be looming; but you may be unaware of it, or it may be camouflaged.

Upside-down: Extreme envy and greed. Negative ambitions. Sorrow.

Apenas se distingue el verdadero peligro, éste se perfila en la figura del caño de un rifle.

Significado

Al derecho: Alardear con el peligro, actitud valiente pero inconveniente a la vez, no sopesando el riesgo que podría correr por salvaguardar la integridad de otros. Si bien posee características que lo pueden llevar a un triunfo, no deje lugar a la codicia ajena, para ello tome la siguiente advertencia: deseche la vanidad, el orgullo, afine su intuición y pida ayuda a los demás. No se jacte de sus virtudes ya que la acechanza puede no estar frente a Ud., o camuflarse bajo otro aspecto.

Invertida: Envidia y codicia extrema. Ambiciones negativas. Penas.

VI de Aire

VI of Air

Six birds on the seashore fly away. They may be trying to reach other lands, or they may be just flying around, playing in the air. In the air, they feel like queens of the sky, endowed as they are with the gift of flying and the ability to spend the night on any shore where they find suitable weather.

Meaning

Upright: Group, pilgrimage, congregation, exodus, agglomeration, going away to find something new or highly desired. Emissaries or representatives. Your final destiny may come through water on other lands, or it may be related to that element, linked to spirituality and to the highest psychic level.

Upside-down: Dispersion, distraction, disquiet. Immobility, putting

VI de Aire

Seis pájaros se alejan de la vera del mar. Pudieran buscar otras tierras, o simplemente revolotean entre ellas, como jugando con el aire, donde se sienten reinas del cielo. Dotadas con el don de volar y el poder de decisión para pernoctar en cualquier costa que sea favorable en su clima.

Significado

Al derecho: Conjunto, peregrinación, congregación, éxodo, aglutinamiento, alejamiento en busca de algo nuevo o altamente esperado.

Emisarios o representantes. El destino final puede llegar a través del agua que se encuentre en otras tierras, o está relacionado con ese elemento, ligado a la espiritualidad y al nivel más alto del psiquismo.

down roots, settling down. That which does not mutate.

Invertida: Dispersión, distracción, falta de quietud. Inmovilidad, enraizamiento, radicación. Lo no mutable.

VII of Air

A desolate landscape: a tree without leaves and, on one of its branches, a bird's nest from which seven hungry young heads stick out.

We seem to hear their chirping, which reminds us of a sad moaning, calling for some form of love, or the possibility of being rescued and restored.

Meaning

Upright: Possibility of being abandoned, lack of resources, loss of objects or people. The absence of guidelines may bring about moments of desperation, confusion, or futile efforts. Asking for relief and/or help.

Upside-down: Wanting is part of the past. Promising times will return. Motherlike archetypes will be met again.

VII de Aire

Un paisaje desolador, un árbol sin hojas, en una de cuyas ramas se ve un nido de pájaros en donde asoman "7" cabezas de pichones hambrientos.

Pareciérase poder escuchar el piar, como quejoso lamento, llamando a alguna forma de amor, a la posibilidad de rescate y de recuperación.

Significado

Al derecho: Posibilidad de abandono, falta de recurso, pérdida de objetos o personas, extravíos.

La ausencia de la parte directriz puede traer momentos de desesperación, desatino o esfuerzos vanos.

Pedido de auxilio y/o ayuda.

Invertida: La carencia es parte del pasado. Volverán tiempos promete-

dores. Reencuentros con arquetipos maternos.

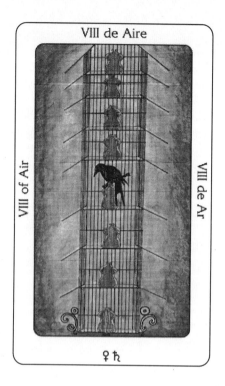

VIII de Aire

VIII of Air

VIII de Ar

♀ ♄

VIII of Air

A great cage with eight levels, each with a door. A gull has been imprisoned in it.

Sadness seems to frame this apparently incredible or impossible scene.

Meaning

Upright: A desire to seize and imprison something pure and innocent.

Truth cannot be hidden or detained. The bars represent the ignorance and wicked foolishness of hangmen. Stopping what should naturally evolve and finding other courses or destinies.

"I'd rather say annoying truths than flattering compliments." This phrase belongs to Lucius Seneca (c. 4 BC –65 AD), a Roman philosopher and writer of tragedies who made brothers of the slaves.

VIII de Aire

Una gran jaula con 8 pisos, y cada uno de ellos con una puerta.

En ella se ha encarcelado a una golondrina.

La tristeza pareciera darle marco a esta escena, que pareciera inverosímil o imposible.

Significado

Al derecho: Querer aprisionar o encarcelar algo puro e inocente.

La verdad no se puede ocultar o detener, los barrotes representan la ignorancia y la necedad malvada de los victimarios. Detener lo que naturalmente debe evolucionar y encontrar otros rumbos o destinos.

"Prefiero molestar con la verdad que complacer con adulaciones". Frase

Upside-down: If the cage appears upside-down, you will have the possibility of fleeing, escaping, recovering the vision provided by free will, since the doors of this great prison will be opened under their own weight, gliding along the bars.

perteneciente a Lucio Séneca (4 a.C.–65 d.C.), filósofo y dramaturgo latino, quien declaró hermanos a los esclavos.

Invertida: Al quedar al revés la jaula, tendrá la posibilidad de escapar, de huir, de recuperar la visión del libre albedrío, ya que las puertas de esta gran celda caen por su propio peso, deslizándose entre los barrotes.

IX de Aire

IX of Air

Hunting and chasing time has begun, and we can see the barrels of nine rifles.

These are aiming at a bird which, flying desperately, is trying to hide among trees and bushes.

Meaning

Upright: Worries, suffering, pressures, and underlying dangers.

Somebody wants something that belongs to us, maybe creditors or some illness. Risk of death.

Upside-down: Hiding. Confinement. The queried term or period has ended. Timely measures. You can and must end that period. The cycle is over. Time is up and you have to be ready.

IX de Aire

El tiempo de cacería y persecución ha comenzado, y los caños de "9" rifles se dejan ver.

Están apuntando a un pájaro que en desesperado vuelo tratará de esconderse entre árboles o matorrales.

Significado

Al derecho: Preocupaciones, sufrimientos, presiones y peligros subyacentes.

Alguien apetece algo que nos pertenece, posibilidad de acreedores, proceso de enfermedad. Peligro de muerte.

Invertida: Ocultamiento. Reclusión. El plazo o período consultado llegó a su fin. Medidas tomadas a tiempo. Puede y debe acabar con ese período, el ciclo ya ha terminado, con-

cluyen los tiempos y hay que prepararse
para ello.

X of Air

Ten birds lie dead. Their wings will no longer carry illusions or dreams, will no longer fly through the air as a symbol of freedom, will no longer watch the strange behavior of humanity from the heights.

They were the victims of men's "love for sport" and were shot dead.

Meaning

Upright: Economic and material ruin. Sad feelings. Bad health. The prediction of this card is not at all favorable. It speaks of ill omens and misfortunes of all kinds.

Upside-down: You regain a position in life, are reborn as "the Phoenix" out of your own ashes.

Absolute triumph after a hard fight of Good against Evil.

X de Aire

Diez pájaros muertos yacen en el suelo, sus alas no llevarán más ilusiones y sueños por realizar. Ni surcarán los aires como mensaje de libertad, ya no visualizarán desde la altura el extraño comportamiento de los Hombres.

Fueron presa de su "deportismo" y víctimas de un disparo.

Significado

Al derecho: Ruina económica y material. Penas sentimentales. Mala salud. Los vaticinios de esta carta no son nada favorables muy por el contrario, aca-rrean malos presagios e infortunios de toda índole.

Invertida: Usted vuelve a tomar una posición en la vida, renace como el "Ave Fénix" de sus propias cenizas.

Triunfo absoluto después de ardua
lucha del bien sobre el mal.

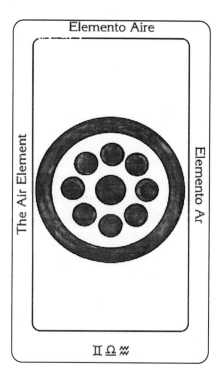

Elemento Aire

The Air Element

Elemento Ar

♊ ♎ ♒

The Air Element

Anaximenes claimed that the Air *(halitus* or breath) was the origin of all things. It insufflates life into humanity and into everything that exists.

Air is a masculine and active element.

This element corresponds to three astrological signs:

1. Gemini—Mutable sign
2. Libra—Cardinal sign
3. Aquarius—Fixed sign

Meaning

Upright: The oxygenating feature of the Air, and its glorifying essence.

Take into account the dates governing the three signs under this element. Characteristics: Intellectuality, expansibility, lyricism, communication.

Elemento Aire

Anaxímenes sostenía que el orígen de todas las cosas era el aire (hálito o soplo).

A partir de él tomaba vida el Hombre y todo lo que existía.

El aire es un elemento: masculino y activo.

Le corresponden tres signos astrológicos:

1. Géminis—Signo Mutable
2. Libra—Signo Cardinal
3. Acuario—Signo Fijo

Significado

Al derecho: La característica oxigenante del aire, y su esencia exaltante.

Tomaremos en cuenta, las fechas que rigen los tres signos que le pertenecen. Características de: Intelec-

A situation of association and brotherhood.

Upside-down: Similar to the above, but the characteristics and the situation are different. Regarding the first case: Volatility and inconsistency. As for the second: a situation of dissociation and dehumanization.

The features of the astrological signs of the four elements—i.e., Cardinal, Fixed, and Mutable—have the following meanings. Cardinal is so called because, when the Sun enters each one of these signs, one of the four seasons of the year begins; that is, at the equinoxes and solstices. The Fixed signs occur at the equidistant moment or middle point of each season, and the Mutable signs indicate the end of each season.

tualidad, Expansividad, Lirismo y Comunicación.

Situación de Asociación y Confraternidad.

Invertida: Similitud con lo anterior, modificándose las características y la situación, con respecto a la primera: Volatilidad e Incoherencia; en cuanto a la segunda: situación de Disociación y Deshumanización.

En cuanto a las características de los signos Astrológicos de Los Cuatro Elementos; o sea a) Cardinales, b) Fijos y c) Mutables; se refieren a que a) denominados así porque al entrar el sol en cada uno de ellos, comienza una de las 4 estaciones del año, o sea los equinoccios y los solsticios; b) es el momento equidistante o punto medio de cada estación; y c) marcan el fin de cada estación del año.

ELEMENTALS

ELEMENTALES

The elementals represent an evolutionary stage in the angelic scale. They live in the four elements: Air, Fire, Water, and Earth. They are the impulses that enliven the idea or conception that nothing is inert, static, or motionless, but that, on the contrary, the work of God is latent in everything.

The theory was conceived that there is a governing force in each one of the elements. These forces, called "elementals," were modeled according to human ideas, and they were included in artistic creations (paintings, sculptures, plays, operas, and so on).

They were present in dreams and hopes. They formed part of countless literary works and films, not all of them for children.

They have formed and continue to form the central characters in short stories and legends, which spur our imagination, make us more sensitive, and help us realize that there is life in everything.

We will start with the Earth, in which gnomes and dwarves live. They take care of the Earth's fecundity; make possible its different exchanges and modifications; and protect its minerals, metals, and precious stones.

In the Fire, the salamanders live, representing strength, the Earth's internal fire, the first spark which lights

Los elementales representan un grado evolutivo en la escala angélica, habitando los cuatro elementos: aire, fuego, agua y tierra.

Son el motor que hace vívida la idea o concepción, de que nada está inerte, estático, inmóvil sino muy por el contrario en cada estadio está latente la obra de Dios.

El Hombre concibió la teoría, de que en cada uno de ellos habitaba una fuerza regente, los modeló de acuerdo a sus concepciones y formó parte de sus inspiraciones artísticas (pinturas, esculturas, obras de teatro, óperas, etc.).

Formó parte de sus sueños y esperanzas, conformando una amplia literatura infantil y cinematográfica.

Conformaron y son los personajes centrales de cuentos y leyendas, que estimulan nuestra imaginación, sensibilizándonos y dándonos la pauta de que en todas las cosas hay vida.

Empezando por la tierra, diremos que en ella se encuentran los gnomos y duendes, quienes cuidan la fecundidad de la misma, hacen posible sus diferentes intercambios y modificaciones protegiendo sus minerales, metales, piedras preciosas, etc.

En el fuego habitan las salamandras, quienes representan la fuerza, el fuego interno de la tierra, la chispa

everything, directing this energy from the center of the Earth towards its surface. They also direct the energy from the Sun towards our planet, taking away shadows and darkness, which, in turn, are supported by the apprehensions and fears created by the typical insecurity of the human being.

Within the Water live the undines, in motion almost all the time, constantly coming and going, using their fluids to discharge energetic imperfections related to the psyche and our behavior within society; they know all the past and future of humanity, and they help us live the present, being great sources of inspiration for artistic works, increasing talent, and revealing data and abilities which increase human knowledge.

Last but not least is the Air, where sylphs live, the Air souls, who take our wishes up to the highest levels and acknowledge the innocence and generosity of humanity. They protect good thoughts and reject others. They are a source of inspiration for science, art, and all spiritual matters.

primera que todo lo cuida y enciende, dirigiendo esta energía desde el centro de la tierra hasta su superficie, y desde el sol hacia nuestro planeta, apartando las sombras y oscuridad, sustentadas por los temores y miedos que la propia inseguridad del Ser Humano crea.

Dentro del agua, conviven las ondinas, quienes están casi siempre en movimiento, provocando el incesante ir y venir en las aguas, y descargan con sus fluidos imperfecciones energéticas que tienen que ver con el psiquismo y nuestra conducta en la sociedad; conocen todo el pasado y el futuro de los Hombres, colaborando en su presente, siendo grandes inspiradoras en las concepciones artísticas, incrementando su talento y revelando datos, aptitudes, le confieren saber y conocimientos.

Y por último en el aire, se encuentran los silfos, las almas del aire, quienes elevan nuestras aspiraciones hasta los estratos más superiores, reconocen en los Hombres la inocencia y la generosidad, trabajan amparando los buenos pensamientos y desechando los otros.

Nos inspiran en la Ciencia y el Arte y en todo lo espiritual.

Ondinas y Sirenas

Undines and Mermaids

Ondinas e Sereias

Undines and Mermaids

These govern different ways of communication or expression: oral, written, gestural. They have a spirit of service for others and generate fraternal feelings.

Meaning

These elementals represent all who, having many years of experience in a certain domain, or having inherited certain behavior, are close to activities which alleviate physical pain: people such as doctors, physiotherapists, and masseurs, among others. Inasmuch as they also represent social communicators, they may be reporters, speakers, art critics, movie reviewers, and so on.

Together with cards of little benefit, they warn about lack of humanitarian feelings and absence of solidarity. Lack of communication.

Ondinas y Sirenas

Rigen las áreas de comunicación o expresión en diferentes formas, oral, escritas o gestual.

Tienen un espíritu de servicio para con los demás, despertando sentimientos fraternos.

Significado

Representan a todos aquellos que por años de experiencia o contenidos heredados, están ligados a actividades que mitigan el dolor físico: médicos, fisioterapeutas, masajistas, kinesiólogos, etc., y como son comunicadores sociales pueden ser: periodistas, locutores, críticos de arte, cinematográficos, etc.

Alertan con su presencia en la lectura relacionándola con cartas no muy beneficiosas de: falta de sentimientos

humanitarios, ausencia de sentidos comunitarios. Incomunicación.

Mensaje del Agua

Message from Water

Mensagem da Agua

A Message from Water

A huge oyster with a mermaid inside. The mermaid is in a very elegant position, showing her to be a sort of Water princess. On her head, the mermaid wears a small crown, which represents a certain aristocratic level, with five stones encrusted in it (since five are the senses, five the fingers on the hands, and five the continents along which she can travel through the Water). With her right hand (the hand with which we normally point to objects, make gestures and movements to give instructions, etc.), she holds and grabs the reins with which she indicates the course of the two sea horses (in this case, the shape of the sea horse is mixed with the features of the regular horse).

One of the horses is white with black details in its harness, while the

Mensaje del Agua

Una enorme ostra marina, que en su interior lleva una sirena en actitud de suprema altivez, demostrando en esa pose ser como una princesa de las aguas. En su cabeza lleva una pequeña corona que le confiere cierto rango, con incrustaciones de cinco piedras (pues cinco son lo sentidos, cinco los dedos de la mano y cinco los continentes que a través de sus aguas puede viajar), con la mano derecha (es con la que generalmente señalamos, gesticulamos y hacemos ademanes para dirigir) sostiene y retiene las riendas con las cuales marca el rumbo a llevar por los dos caballos de mar (que aquí se entremezclan las formas del hipocampo con las características del caballo de tierra). Uno es blanco pero conteniendo detalles negros, y el otro negro conteniendo detalles en

other one is black with white details in its harness. This speaks of the search for a perfect balance of strength.

A philosophical comparison can be made if we refer to the myth described in Plato's *Phaedrus* (Plato was a philosopher born in 427 BC in Athens), in which he tells us that the psyche is made up of three parts, namely rational (located in the head) emotional (located in the chest), and appetitive (related to the concupiscible, located in the ventral zone). The psyche travels in a coach drawn by two horses: a white and docile one (emotional psyche) and a black and rebellious one (appetitive psyche). They are driven by a coachman who represents a balance of strength (rational psyche). Thus, the psyche goes from the *topos uranos* (the eternal, perfect world inhabited by ideas or forms) to the sensible world.

Even if the coachman is helped by the white horse, when the black horse rears the coachman cannot prevent the coach from turning over. As a consequence, the psyche no longer remembers what it has seen in the World of Ideas and inhabits the body.

Our appetitive psyche, which is rebellious and represents the weight of our material desires, can only be dominated through a hard struggle, using the power of reason together with emotions.

Meaning

Upright: Triumphant victory, maximum pleasure in realizing that you were able to defeat the difficulties, either with or without the help of others; material and/or energetic factors on any level of interpretation. You have resorted to your integrity as a thinking

blanco, lo que nos habla de la búsqueda de un perfecto equilibrio de fuerzas.

Podemos hacer una comparación con la Filosofía y para ello nos remitimos al Mito relatado en el Fedro por Platón (filósofo nacido en el 427 a.C. en Atenas), en el cual nos relata que la psique (que consta de 3 partes, a saber: a) racional—localizada en la cabeza—, b) emotiva—ubicada en el pecho—, y c) apetitiva—relacionada con lo concuspicible, habitando la zona ventral—), viaja en un carruaje tirado por dos caballos, uno blanco y dócil (psique emotiva) y otro negro y rebelde (psique apetitiva) conducido por un cochero que sería el equilibrador de fuerzas, siendo éste la psique racional; así se desplaza desde el Topos Uranos (mundo eterno, perfecto en el cual habitan las ideas o formas) al mundo sensible.

Al encabritarse el caballo negro, el cochero a pesar de estar ayudado por el blanco, no puede evitar el vuelco y así es como la psique no recuerda ya más lo que ha visto en el Mundo de las Ideas y se introduce en el cuerpo.

La parte de nuestra psique apetitiva, que es rebelde y representa el peso de nuestras apetencias materiales, sólo puede ser dominada con una ardua lucha, utilizando el dominio de la razón conjuntamente con nuestras emociones.

Significado

Al derecho: Victoria triunfal, máximo placer al comprobar que Ud. supo vencer las dificultades, ayudado o no por otras personas, factores materiales y/o energéticos en cualquier plano de lectura.

Para ello se debe valer de su integridad como ser pensante y racional,

and rational being and defeated base desires and interests as a way to reach your proposed aim. As a result, your plans came true. All this may be hard at the beginning, but not at all unpleasant.

Upside-down: Failure in your thoughts, determinations, unreal dreams or fantasy. Carnal or concupiscent desires, a slightly unethical or amoral triumph. Failure in different things and at different levels.

vencer bajos deseos e intereses, así arribará a la meta propuesta, teniendo como resultante la concreción de sus propósitos. Todo esto puede ser costoso al principio pero para nada displaciente.

Invertida: Fracaso en sus pensamientos, determinaciones, sueños quiméricos, fantasiosos. Deseos carnales o concuspicibles, triunfo poco ético o amoral. Fracasa en diferentes cosas y estratos.

Duendes y Gnomos

Dwarves and Gnomes

Duendes e Gnomos

Dwarves and Gnomes

These elementals govern the circumstances around us, relating us to our social context. They act on material things and bring physical protection.

Meaning

Because the Earth is ancient, these elementals may represent very old, traditional, wise people. If you are a man, you will be wealthy, with a resolute and stable spirit (very earthy characteristics).

You will be financially successful. You have important contacts. If you are a woman, you will have a fighting and persevering spirit, with deep self-confidence.

You will not stand for being disappointed by anybody. You will not accept deceit or lies, and you will not

Duendes y Gnomos

Rigen el entorno del Hombre, relacionándolo con su contexto social. Sus acciones son materiales y de protección física.

Significado

Por la antigüedad de la tierra, pueden representar a seres longevos, muy tradicionales o con mucha sabiduría. Si es un hombre: será acaudalado, con carácter firme y estable (características bien terrenales). Tendrá éxitos a nivel financiero. Sus contactos son importantes y relevantes, y si es una mujer: tendrá un temple combativo y tenaz, con mucha seguridad en sí misma; no soportará que la defrauden, no albergará ni será cómplice de engaños ni mentiras. De un nivel económico

be a partner to somebody else in it. Your economic situation is good, and you will know how to use it for the benefit of everyone.

Together with less than positive cards, they warn about possible selfish, egocentric, and materialist attitudes. Unfavorable legal processes and physical conditions.

bueno, sabrá utilizarlo para bien de todos.

Alertan con su presencia en la lectura estando esta carta acompañada por otras no tan positivas de: posibles egoísmos, egocentrismos, materialismos. Procesos legales y físicos desfavorables.

Mensaje de la Tierra

Message from Earth

Mensagem da Terra

A Message from Earth

A minute being of the surface and depths of the Earth, surrounded by riches provided by his own environment.

A goblin, a gnome, representing the Earth elemental. He resembles the typical image we have of them. His angular features and protruding eyes emphasize his intelligence and vivacity; his long white beard speaks of his years of rule and betrays his age.

He is holding a coin, for these beings are the custodians and faithful guardians of the biggest treasuries. They help in everything connected with wealth and material welfare, protecting cattle from pests and diseases, increasing the fertility of the land and the volume of crops, etc.

At one side, there is a pile of gold ingots, and on the other a sack full of precious stones and coins.

Mensaje de la Tierra

Un ser diminuto de las profundidades y del suelo, rodeado de riquezas que su mismo ámbito le dispensa.

Un duende, un gnomo, para representar al elemental de la tierra. Conforma la imagen típica que tenemos de ellos, sus rasgos angulosos y ojos saltones, resaltan su inteligencia y vivacidad; su larga barba blanca nos habla de los años de su imperio y de su edad.

Aferra entre sus manos a una moneda, porque son los custodios y fieles vigilantes de los tesoros más grandes, y ayudan en todo lo concerniente a la riqueza y bienestar material, protegiendo al ganado de pestes y enfermedades, haciendo los terrenos fértiles y proliferando los cultivos, etc. A un costado tiene un pilón de lingotes de

In front of him are other gems and nuggets of valuable metals, and beyond them is a four-leaf clover, a symbol of good luck. (Western people believe that these spirits live among clover leaves.) There is also a sprig of mistletoe, a plant praised by Celts and Druids. Gnomes have been included in many stories, such as those of the Irish countryside, where they are included in castle legends.

Some researchers affirm that gnomes are cheerful, funny, and prone to play innocent or harmless jokes on people, such as hiding objects and later causing them to reappear.

Meaning

Upright: You will be benefitted and rewarded with money or valuables for all the skill and capacity shown in your actions.

You have a gift for activities related to the earth, such as agriculture, cattle raising, and particularly mining. Fields of study such as agricultural engineering, farming, laboring, geology, etc. Fertility in any kind of plans, desires, and projects.

Upside-down: Probable large financial losses. Obstacles in studies and in the aforementioned fields. Loss of memory and unwillingness to learn. Land poor in minerals, lack of fertilizers, drought, desert land, salt deposits, faults, movements, etc. Thin, parasite-ridden, ill cattle. Lost crops, pests, lack of seeds, and so on.

Practical jokes which are not funny; do not be the joker and try not to be the victim.

oro, y al otro un saco repleto de piedras preciosas y monedas.

Adelante suyo, otras gemas y pepitas de metales valiosos. y más distante de él, se encuentra un trébol de cuatro hojas (símbolo de buena suerte—en Occidente se cree que entre sus hojas se encuentran estos espíritus—), y una plantita de muérdago, planta muy valorada por los Celtas y Druidas, quienes ya los apreciaban y creían en ellos. Muchas historias se han tejido con los gnomos y son pobladores cuentan las mismas, de la campiña de Irlanda, la cual entre la leyenda de sus Castillos se los vinculan.

Afirman algunos estudiosos que tienen un carácter jovial, alegre y muy dables a hacer bromas inofensivas e inocentes, como esconder objetos y hacerlos aparecer luego.

Significado

Al derecho: Será Ud. beneficiado y recompensado en forma monetaria o con valores, por toda la idoneidad y competencia con que se han manejado.

Lo favorecen las actividades ligadas a la tierra, como ser: la agricultura, la ganadería y más específicamente la minería; carreras afines como ingeniero agrónomo, estanciero, peón de campo, geólogo, etc. Fertilidad en todo tipo de planes, apetencias y proyectos.

Invertida: Posibles grandes pérdidas económicas. Trabas en los estudios y en las carreras antes mencionadas. Pérdida de memoria y falta de voluntad en el aprendizaje. Tierras pobres en minerales, falta de abonos, sequía, terrenos desérticos, salares, fallas terrestres, desplazamientos, etc. Ganado enflaquecido, parasitado, enfermo.

Cultivos perdidos, plagas, falta de semillas, etc.

Bromas pesadas e infructuosas, no sea el autor y procure no ser el blanco de ellas.

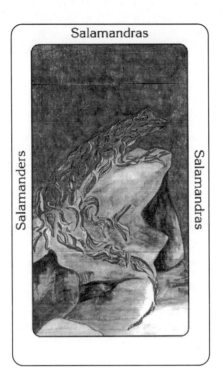

Salamandras

Salamanders

Salamandras

Salamanders

These animals govern physiological functions, collaborating in the process of digestion and body temperature.

They provide push and courage, as well as bravery and justice.

Meaning

This card may represent a man or a woman in his or her 40s or with much experience in life, who fights for ideals and who is a great thinker, strategist, army officer, or ruler. His or her will is strong, and he or she is dynamic and optimistic, as well as realistic and rational.

When appearing with other cards that are unfavorable, this card warns about physiological disorders, imbalance, and a slow metabolism.

Salamandras

Rigen las funciones fisiológicas colaborando orgánicamente en la síntesis alimentaria y la temperatura corporal.

Proporcionan ímpetu y coraje, dan características valientes y justicieras.

Significado

Pueden representar a un hombre o una mujer que hayan pasado los cuarenta años aproximadamente o con gran experiencia de vida, que luchan por sus ideales, son grandes pensadores, estrategas, militares, gobernantes. Tienen un gran poder de voluntad y confieren dinamismo y optimismo. Son realistas y racionalistas. Alertan con su presencia en la lectura conjuntamente con otras cartas que tengan un contenido poco propiciatorio de: trastornos fisio-

lógicos, falta de equilibrio. Metabolismo lento.

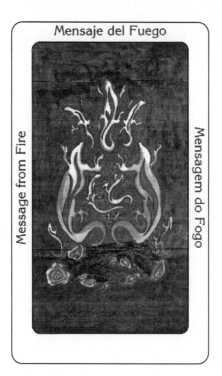

Mensaje del Fuego

Message from Fire

Mensagem do Fogo

A Message from Fire

As a subtle effervescence, the rising flames throw out sparks from the logs, burning everything to survive.

They provide true life to our eyes by reflecting an immanent light. They seem to dance to the rhythm of the creaking logs and become stronger as they burn oxygen. Finally, the flames take the shape of salamanders.

Only one of them is a spark, and all of them together form that latent flame which gives us will power, as the unending fire that keeps burning as long as there is life.

A representative of universal love, the Holy Spirit comes down in the form of flames.

And the Sacred Heart of Jesus shines because of the love of its brethren and all of humanity.

Mensaje del Fuego

Como sutil efervescencia se elevan chisporroteando entre las maderas, consumiendo todo a su paso para subsistir.

Dan verdadera vida a nuestros ojos al reflejar la luz, que en forma inmanente poseen, parecen bailar al compás del crujir de los troncos y al abrazarse con el oxígeno, que hace más intensa su fuerza, se distingue su verdadera forma, la de las salamandras.

Una sola de ellas, es una chispa, y todas en conjunto forman una llama latente, la cual nos inflige e insufla la capacidad volitiva, como el fuego eterno que sigue combustionando hasta que siga la vida.

Representante del amor Universal, del Espíritu Santo que desciende desde el cielo en forma de llamas.

Fire is a pure and purifying element, burning all ignorance and clumsiness and acting as the bulwark of reason and mental penetration.

As energy from the center of the Earth, it encourages us to go on, to work, and to create, by acting on our metabolism, cooperating with our organic functions, and influencing the reproduction of the human race.

Meaning

Upright: Do not let anything or anyone discourage you, since reason acts according to your moves. You have been fair in your attitudes. Courage in fulfilling your duties. Rank and altitude in your performance. The truth is guiding you and love will therefore be your corollary and only means for happiness. Will power to overcome any danger and difficulties.

Upside-down: Do not lose hope if your energy seems to disappear; go back to the path that was apparently lost, find strength in your relatives or beloved, listen to their advice and pay much attention to their suggestions.

Do not allow only ashes to remain after all your work, recover lost love, reinforce your defenses, enliven your optimism.

Del Sagrado Corazón de Jesús, que refulge ardientemente por el amor hacia sus hermanos y la Humanidad toda.

Como elemento purificante y puro, consumiendo la ignorancia y la torpeza, siendo el valuarte del raciocinio y la compenetración mental.

Como energía que desde el interior de la tierra, nos alienta a continuar, a trabajar, a crear, interviniendo en nuestro metabolismo, colaborando con nuestras funciones orgánicas e influyendo en la reproducción de la Raza Humana.

Significado

Al derecho: No se desaliente ante nada ni nadie, pues la razón obra de acuerdo a sus movimientos, Usted ha sido justo, sopesado en sus actitudes. Coraje en el desempeño de sus funciones. Tendrá jerarquía y altitud en sus ocupaciones. La verdad lo ilumina, por lo tanto el Amor será su corolario, único medio para ser feliz. Fuerza de voluntad para sortear todos los peligros e inconvenientes.

Invertida: No desespere si pareciera que su energía parece disiparse, retome el camino que aparentemente a perdido, fórjese en el aliento de los suyos, de sus seres queridos, escuche sus consejos y atienda atentamente sus sugerencias.

No haga que sólo cenizas queden en su labor, recupere el amor olvidado, refuerce sus defensas y reavive su optimismo.

Hadas y Silfos

Fairies and Sylphs

Fadas e Silfos

Fairies and Sylphs

These elementals govern the mental functions, taking part in telepathic processes, increasing precognition and clairvoyance.

Increase in intuition and hypersensitivity.

Meaning

This card may represent an old, mature man or woman who is a dreamer, sensible, melancholic, inspired, a poet, an artist, teacher, writer, scientist, etc.

Someone with a fine character but with strong conviction.

Faithful and tender.

In combination with other, negative cards, chimerical processes and false illusions. Lost illusions. False prospects. Projects with no grounds or future.

Hadas y Silfos

Rigen las funciones mentales interviniendo en procesos de telepatía, incrementando la precognición y la clarividencia.

Aumentan la intuición y los rasgos de hipersensibilidad.

Significado

Puede representar a un hombre o una mujer mayor o de mentalidad madura, muy soñadores, sensibles, melancólicos, inspirados, poetas, artistas, docentes, escritores, científicos, etc.

De buen carácter, pero firmes en sus convicciones. Leales y tiernos.

Alertan con su presencia en la lectura con otras cartas que revelen características negativas de: procesos quiméricos y falsas ilusiones. Ilusiones

rotas. Expectativas falsas. Proyectos sin bases ni futuro.

Mensaje del Aire

Message from Air

Mensagem do Ar

A Message from Air

Ethereal and light, standing on a cloud, this messenger is seen in dreams perpetuating the endless innocence and purity of birth. She is a fairy that grants wishes and protects creators. She drives her heavenly magic from one hand to the other, closing a wonderful circle of creation, with tinkling and shining stars. Her inspiring muse is clearly seen in the halos that fall toward Earth in the form of staves with notes of a future melody. They will reach a bohemian musician who will know how to combine them and become a great artist for the joy and enjoyment of many people.

The fine and crystalline movements do not deprive her of security, courage, and action.

The sylphs were part of our childhood in many tales. Fairies were fea-

Mensaje del Aire

Etérea y liviana, apoyada levemente en una nube, se deja ver por los ojos nublados de sueños perpetuando la eterna inocencia y la pureza del nacer. Ella es un hada, hacedora de deseos y benefactora de genios creadores. Dirige su Magia Celestial de una mano a otra, cerrando un círculo maravilloso de aptitud creadora, engarzándolo de estrellas titilantes y refulgentes. Su musa inspiradora se distingue por los halos, que en forma de pentagramas descienden hacia la tierra, conteniendo notas de una futura melodía, que serán captadas por algún bohemio músico, que sabrá combinarlas, convirtiéndose en un gran Artista para deleite y gozo espiritual de muchos.

Fineza y cristalinos movimientos, no le quitan seguridad, temple y acción.

tured as having protective streaks, granting wishes, and neutralizing the actions of malefactors.

With a motherlike attitude, they always protect good people and compensate their sorrow and abandonment. They cause us to place our faith and hope in something superior that will help us in times of sorrow and helplessness, as well as giving us a strong conviction that their energy will be present even in their absence.

Meaning
Upright: Stick to what you have agreed and do not let yourself down. You have the inspiration and protection necessary to finish your work, creation, project, task, or procedure.

Negative things will disappear and your capacity will be seen. Tune up your senses and train yourself more intensively because there will be great prospects for you.

Upside-down: You have lost faith in your relatives, and they are not taken into account in your work.

Excessive security that has proved to be inconstant.

You have failed to keep up and progress.

Get out of your lethargic state, connect with the environment following the voice of your conscience and internal impulse. You will see that new energy will arise and that your capacity and talent will be a new bastion. Otherwise, you will remain anonymous.

Fueron parte de nuestra niñez, al ser protagonistas de cuentos y fábulas, donde su figura aparecía con ribetes protectores, canalizando deseos y desintegrando la acción de malhechores.

Tuvieron siempre una actitud maternal de protección, amparando a los buenos y recompensándolos de sinsabores y actitudes abandónicas. Dejando como corolario, la Esperanza y la Fe, depositadas en algo superior, que nos socorrerá en momentos de aflicción y cuando nos encontráramos desvalidos, teniendo la íntima convicción de que aún no viéndolos ya, su energía estaría presente.

Significado
Al derecho: Prosiga con lo convenido y no se deje decepcionar, cuenta con la inspiración y protección necesaria para culminar su obra, creación, proyecto, trabajo, diligenciamiento.

Las negatividades se apartarán y su capacidad se dejará ver. Afine sus sentidos, y capacítese más pues habrá grandes espectativas con respecto a su persona.

Invertida: Ha perdido credibilidad entre los suyos, y en su trabajo ya no se lo toma tan en cuenta.

Abuso de su seguridad, transformóse en inconstante.

Se dejó estar, al quedarse inmovilizado no evolucionó.

Salga del letargo, conéctese con el entorno, siguiendo la voz de la conciencia y su impulso interno, reflotarán nuevas energías, y su capacidad y talento serán un nuevo baluarte. De lo contrario pernoctará en el anonimato.

ENERGIZING YOUR DECK OF CARDS

The Tarot of the Orishas has primitive powers that are of divine origin. When the cards are used, a force is produced called *aché,* which means grace and power. The cards represent a dynamic complex of incredible force, and together they develop a kind of macrocosm. In reality, the mystery before you is the first glance of the masterpieces within a holy room, protected and shielded by the Orishas. The idea that I intend to convey is that they are like manifestations of light, giving you the high energy coming from the stratum of good, to guide you in the act of fortunetelling, clairvoyance, and card reading.

Taking into account the great power of the cards when they are in a package together, the 77 images as a whole possess an even greater and more forceful energy. They are like the elements of a great chemical formula that have no effect separately, even when their components, mixtures, and proportions are known.

It is very important not to mark or write on the cards. Do not lend them to

ENERGETIZACION DEL MAZO DE CARTAS

Poderes Ancestrales y de origen Divino, contiene el mazo de Cartas de los Orishas. En sus representaciones se encuentra una fuerza llamada "ache," gracia y poderío. Ellas son un complejo de un dinamismo increíble, y todas juntas desarrollan lo que llamaríamos un Macrocosmos. En realidad lo que tienes frente a ti, es como si fuera el primer reflejo de los originales, Obras de Arte, que se encuentran dentro de un Cuarto Santo, protegidas y amparadas, aceptadas por los Orishas. Lo que quiero decir, es que como manifestaciones de Luz, se encuentran a tu alcance, mecanismos de Energías de altos estratos del Bien; para guiarte en el proceso de adivinación, clarividencia y lectura de cartas.

Por lo tanto y teniendo en cuenta que a pesar, de realizarse una venta masiva de alto alcance; a partir del momento en que las 77 imágenes están todas juntas en un paquete, su energía se potencia y vigoriza. Toma fuerza de empuje e inicio, son como primogénitas. Son como los elementos químicos de una gran fórmula, pero que por separado no producen el efecto, y aunque

anyone (see Recommendations for Use, page xiv in the Introduction), do not color them, and do not make photocopies or reproduce them in any way. For magic, only the original is valid, and not a photocopy of the photo. The photocopy loses its calling power, and even a laser photocopy does not have the same effect as the original product.

Consider what I call the "baptism force." Everyone who has touched the cards since they came into your hands has in some way or another put their energies into them, "baptizing" them, supporting them, understanding the reality that they were dealing with a Tarot of High White Magic.

But, to make it clear and leave no doubt in the matter, the Otá is not the Saint in himself, and of course neither are the cards. But in each line of each card there is a creative strength inspired by the Orishas. How many times I got out of bed to write some phrases or ideas because I was afraid of forgetting them by the morning! Also there came to my mind representations of entire images in detail, with the proportions and shapes completely clear. Good. Having made these clarifications, it is now time to describe the ritual for preparing the cards for use in whatever works you undertake.

Ritual for Energizing the Cards

This ritual is to be performed when your body is clean and you have not consumed alcohol nor had sexual relations for at least seven hours before the ritual. This is not because these things

se supiera sus componentes y su exacta proporción, el secreto de la mezcla, tiempos, y otras condiciones; la fórmula perfecta quedaría en manos del químico. Lo que es importante entonces saber, es: no dibujes o coloques leyendas o inscripciones en ellas, no las marques adrede, no las prestes (ver las recomendaciones para su uso), no las colorees, no las fotocopies ni las reproduzcas ni calques, porque así como una foto original sirve para la Magia, una foto de esa foto pierde poder de convocatoria, y una fotocopia aunque fuera láser, no tiene el mismo efecto y haría la operación Mágica nula.

Piensa en lo que Yo llamo "Fuerza de Bautismo". En todas las personas que han intervenido hasta que tu mazo de Cartas llegara a tus manos. Todas ellas (algunas desconociéndolo) fueron depositando su energía, bautizándolas, apodándolas, dándoles como cosa subyacente y como entendida, lo que en realidad son: un Tarot de la Alta Magia Blanca.

Pero para que no se preste a confusión, ni se deje lugar a dudas, así como el Otá no es el Santo en sí; las Cartas por supuesto no lo son tampoco. Pero en cada una de sus líneas hay Fuerza Creadora inspirada por los Orishas. ¡Cuántas fueron las noches, que tenía imperiosamente que levantarme de mi cama, a escribir alguna frase o idea, temiendo luego que éstas se me olvidaran; como también venían a mi mente representaciones enteras de imágenes, con precisión en detalles, proporciones, etc.,...!

Bien, hechas estas aclaraciones paso a describirte un Ritual para preparar el mazo de Cartas; para que a

are evil but so that your vibrational field and body will be at a frequency that matches the high spiritual spheres, and so that you may in this manner quickly receive all the benefits in the best conditions. This being this the case, you may put the cards in the shape of a circle, face down and counterclockwise, on a small, white carpet of linen, preferably cotton. Another detail that is very important is that, if the operator is a woman, it is preferable for this purpose that she not be in her menstrual period.

The designed circle must remain closed; that is to say, spaces between cards are not to be allowed. If a gap between two cards is observed, it must be closed to make the circle whole. The circle is a concentrating device for certain forces, and being somehow opened disperses these forces and makes the work useless.

In the upper section, farthest from you, place a glass of water to the right of the circle and a lighted white candle on the left. In the bottom section, the one nearest you, you must place a portion of earth and a clay bowl on the left, and to the right a small sword. Thus the four elements are represented and presented in the ritual.

You should be barefooted and dressed in light-colored garments (never black), with no belt or lace to divide your body in two, and looking toward the horizon at the point where the Sun rises. It is recommended that you perform this ritual at dawn, when the Sun begins projecting its first rays, on any day of the week, although any Thursday or Friday is preferred. If you use the hour, day, and week of your birthday, it could be an ideal situation. Do not use your birth

partir de allí las puedas utilizar en diferentes trabajos.

Ritual de Energetización

Cuando tu cuerpo estuviese limpio (no haber tomado alcohol, ni mantenido relaciones sexuales por lo menos 7 horas antes del ritual. __No porque en ello exista algo pecaminoso, sino porque se trata de que el cuerpo y su campo vibracional esté en una frecuencia que coincida con las Altas Esferas Espirituales, y que el operador pueda de esta forma recibir más rápido todos los beneficios, al estar su materia en mejores condiciones); dispone las Cartas en forma de círculo, boca hacia abajo, y en dirección contraria a las agujas del reloj, sobre un tapete o género blanco, preferentemente de algodón. Otro detalle a tener en cuenta, es que si la Oficiante fuese mujer; es preferible, recomendable, pero no prohibitivo, que para este ritual no estuviera con su período menstrual.

El círculo formado debe quedar cerrado, es decir no dejar espacios entre una carta y la siguiente. Si al hacerlo se produjera una separación o espacio entre ellas, debes comenzar a hacerlo nuevamente, recuerda que el círculo es concentrador de fuerzas; y que si se encuentra abierto hay dispersión de las mismas.

Coloca a la derecha del círculo una copa con Agua, a su izquierda una vela blanca encendida, en la parte superior; y en la inferior o sea la que está más cerca tuyo pon a la izquierda una porción de tierra en una vasija de barro, y a la derecha una pequeña espada respecti-

month because it would be not only somehow a redundance but also even something of an archetypal redundance.

When you are ready, free your mind from any other interests. Inhale deeply through your nose and breathe out slowly through your mouth (without any effort and allowing for your physical condition). This operation must be repeated three times in succession, with a considerable interval between each repetition.

Now you are prepared to perform the invocation.

Invocation

O Almighty God:
Give me your grace and permission,
To employ for good,
All that comes from you,
That my mind be open,
That my body know not fatigue,
And that my spirit rise day after day,
tracing your high work.
Let your celestial courts be present
    before me
For my help and protection
And that I ——————— (name your-
    self),
through my guides,
be a beacon of light to darkness,
for the relief of sufferings,
and hope for the misfortunate,
That the Fire here present purify my
    future labors,
That Earth give it a firm base,
That Water gives lightness, quickness
    and transparency.
And that the Air gives life to those who
    need it.
So mote it be!

—Zolrak

vamente. Los cuatro elementos entonces estarán representados y presentes en el ritual.

Hazlo descalzo, con ropas claras (nunca negras), sin ningún cinto o lazo que simbólicamente separe en dos a tu cuerpo, y mirando hacia el lugar donde salga el Sol. Aconsejo realizarlo al amanecer, cuando el Astro Rey, comienza a proyectar sus primeros rayos, en cualquier día de la semana, prefiriendo el Jueves o el Viernes, o también si conoces el día de la semana de tu Nacimiento y la hora en la que se produjo, sería ideal;si así tu lo sientes; en que coincida en el día y hora, pero por supuesto no el mes, porque no solamente sería una redundancia, sino que también una saturación de arquetipos.

Ya preparados despeja tu mente de otros intereses luego inhala profundamente por la nariz, exhalando luego despaciosamente por la boca (sin esforzarte en ello, y de acuerdo a tus condiciones y posibilidades físicas), operación que repetirás 3 veces, con intervalos considerables entre sí.

Ya estás preparado para efectuar la Invocación.

Invocación

¡Oh Dios Todopoderoso!
Concédeme la Gracia y el permiso,
de utilizar para el Bien
todo lo que de ti provenga.
Que mi mente no tenga fronteras.
Que mi cuerpo no conozca el cansan-
    cio,
y que mi espíritu se enaltezca día a día,
en pos de tu Gran Obra.
Que acudan a mi, tus Cortes Celestiales.
En mi ayuda y para mi protección.
Y que pueda Yo ——————— (nom-
    brarse)

a través de mis Guías,
ser un Faro de Luz para las tinieblas,
el alivio para el que sufre
y la esperanza para el desventurado.
Que el fuego aquí presente, purifique
mi futura labor.
Que la tierra le dé bases firmes.
Que el agua le dé ligereza, rapidez y
transparencia.
Y que el aire insufle de Vida, a quien lo
necesitare.
Que así sea.

—Zolrak

ZOLRAK'S CARD THROWING SYSTEM

During the 17 years I have been gathering experience with my clients, I have used several techniques to read the cards. All of the methods seemed to respond to my needs, but I always had the feeling that, although I could answer the different questions put to me during a consultation, there was something else, and I had to resort to intuition and clairvoyance to be able to fill that gap.

We know that intuition and clairvoyance can only work if our receptive system is in good shape. This means that we must be rested, both physically and mentally, leaving aside any personal concerns for the time being and eliminating any noise that may disturb us.

Regardless of our particular ability to employ extrasensory perception, the above conditions should be deemed essential, although they are at the same time provisional because they must be present at a specific location and time, which, if not impossible, is indeed unusual.

Therefore I started experimenting with throwing the cards and came to

LAS TIRADAS DE CARTAS DE ZOLRAK

A lo largo y con el transcurrir de 17 años de experiencia, de toma de contacto con mis pacientes, utilicé varias y distintas técnicas para leer las cartas, todas ellas cubrían mis espectativas, pero siempre sentía la sensación de que las mismas, si bien me daban pautas de manejo para dilucidar los diferentes planteamientos que surgían en el transcurso de una consulta, quedaba siempre algo a indagar, a investigar, a resolver, para lo cual recurría a la intuición y a la clarividencia.

Pero sabemos bien que estas últimas funcionan en forma total y contundente, si todo nuestro aparato receptor está en condiciones para hacerlo, para lo cual se tiene que desechar el cansancio físico y mental, desestimar las preocupaciones personales, desconectarse totalmente de ruidos y perturbaciones en general que nos pueden llegar del medio externo.

Estas condiciones, más allá del grado de percepción extrasensorial que cada uno de nosotros pueda tener, podemos considerarlas como fundamentales y a la vez ocasionales, ya que

devise my own system, which gave me all the information I needed in a more accurate, more orderly manner, and this in turn allowed my interpretation to become more real and tangible.

I went on perfecting my system with additional knowledge, until my throwing system covered my clients' most varied questions and doubts. I called it the "Paxoró Layout," to honor Oxalá or Obatalá because he, as the owner of white and light, could cast light on the questions that remain unanswered and dispel darkness. The Paxoró is Oxalá's scepter, the ceremonial emblem of authority he uses as an aid in walking when he is down here on the Earth, and also the symbol of his rule over the whole world.

This system has five stages (symbolic of a human being), with one, three, five, seven, and nine points at each stage (see the importance of numbers), which, when added, result in 25 items or points (2 + 5 = 7).

I called another layout the "Ansate Cross" to honor a great African people, that of Old Egypt. This is my preferred method. This one has ten items because, by reducing ten (1 + 0), we get 1, or the new beginning, the uninterrupted flow of life.

Layouts by Zolrak

Paxoró Layout

The cards are placed from left to right, and from the bottom upward; that is to say, from stage 5 through 4 and so on, until you get to the last stage, where there is a white dove, the symbol of Oxalá or Obatalá.

para reunirlas en su totalidad, debemos combinar el espacio, el tiempo y la oportunidad en ese tiempo, lo que lo hace no imposible pero sí infrecuente.

Por lo tanto empecé a realizar mis propias tiradas, experimentándolas y comprobé que se acercaban más a lo que Yo necesitaba, que me proporcionaban en una forma más prolija y exacta la información requerida, dándome el pie para argumentar lo que interpretaba con más realismo y en una forma más tangible.

Así las fui perfeccionando y combinando con distintos conocimientos, conformé al fin una tirada que cubría los más variados interrogantes, abarcando totalmente las dudas y ansiedades de mis consultantes. A la misma la denominé "Tirada del Paxoró," en honor a Oxalá u Obatalá, ya que él como dueño de todo lo blanco y de la luz, pondría un manto de blancura y luz sobre lo no develado, disipando las tinieblas. El "Paxoró" es su cetro, su bastón de mando, sobre el cual se apoya para caminar cuando baja a la tierra, y a través del cual dirige y gobierna sobre el mundo.

Esta tirada tiene 5 estadios (el hombre), y en cada uno de ellos 1, 3, 5, 7 y 9 puntos (ver la importancia de los números) su sumatoria nos da un total de 25 ítems o puntos (2 + 5 = 7).

Otras de las tiradas preferidas por mí la denominé "De la Cruz Ansata," recordando a otro gran pueblo Africano, el del Antiguo Egipto.

Tiene 10 ítems, porque el diez reducido nos da por resultado el número 1, que representa el volver a comenzar, el inicio ininterrumpido de la vida.

I recommend shuffling the cards well until you get the feeling (that cannot be put into words) of a "psychic satiation," that internal knowledge that tells us when to stop shuffling. If you do not get that feeling, it is preferable to shuffle them 7, 14, 21 times, etc., in multiples of 7, but not exceeding 7 times 7; i.e., 49 times (which by addition gives 13).

Then we should ask the consultant to cut the pack with the left hand, only once, and place the cards facing him or her.

After that we can start our interpretation.

Meaning of the 25 Positions

25. The context.

24. The environment and its influences.

23. The items that may have a direct influence and that should be taken into account.

22. The items that should be left out, and how to do this.

21. Positive or negative forces.

20. What we have to learn.

19. What we should change for our benefit.

18. The enigma, the riddle, the doubts, that which we do not know.

17. The present time.

—-End of the first stage—-

16. The career or profession.

15. The consultant's doubts or negative charges.

Tiradas de Zolrak

Tirada del Paxoró

Las cartas se disponen de izquierda a derecha, y de abajo hacia arriba, o sea desde el estadio 5 hacia el 4 hasta llegar al último en donde se encuentra la paloma blanca, símbolo de Obatalá u Oxalá.

Previamente aconsejo mezclarlas bien, hasta tener esa sensación casi inexplicable con palabras "de saciedad psíquica" o convencimiento interno por el cual sabemos hasta qué momento seguir barajándolas; si no tuviésemos esa facilidad de percepción es preferible hacerlo 7, 14 ó 21 veces, etc., no excediéndose de 7 veces 7, o sea 49 veces (cuya sumatoria nos da 13).

Luego pedir al consultante, que corte las cartas con su mano izquierda una vez, y hacia su lado.

Resueltos estos pasos estamos listos a disponer las cartas.

Significado de las 25 Posiciones

25. El contexto.

24. El medioambiente y sus influencias.

23. Los elementos a tener en cuenta, aquellos que pueden incidir directamente.

22. Aquellos elementos que hay que desechar, y cómo hacerlo de manera conveniente.

21. Fuerzas positivas o negativas.

20. Lo que debemos aprender.

19. Lo que convendría reestructurar y modificar para nuestro beneficio.

14. The future and who will have an influence on it.

13. Karma. Fears. Things inherited.

12. How to overcome a bad karma.

11. What we should teach, disseminate, reveal.

10. How to correct things or overcome our needs, especially at the professional level.

    —-End of the second stage—-

9. Transmutation and change.

8. Economic matters, material things.

7. Your allies, partners, friends.

6. Your enemies and rivals.

5. Man, his physical and psychic stability or imbalance.

    —-End of the third stage—-

4. Commercial matters, work, productivity.

3. Business matters, transactions, agreements.

2. The couple, marriage, feelings.

    —-End of the fourth stage—-

1. Resolution, the summit, the top. The distant future.

Ansate Cross Layout

With this layout, we shuffle the cards ten times since, as already explained, by reducing 10 we get 1 and 1 is the beginning, the starting point without which

18. El enigma, el interrogante, lo no develado, las dudas.

17. El momento, el presente.

    —Fin del primer estadio—

16. La Carrera, la profesión.

15. Las dudas o negatividades del consultante.

14. Los medios del Futuro, quienes incidirán en él.

13. Lo Kármico. Sus temores. Lo heredado.

12. La superación del mal karma.

11. Lo que debemos enseñar, transmitir, divulgar.

10. Cómo corregir o superar nuestras necesidades (sobre todo a nivel profesional).

    —Fin del segundo estadio—

9. La transmutación, los cambios.

8. Lo económico, lo material.

7. Sus aliados, socios, amigos.

6. Sus enemigos, rivales.

5. El hombre, su estabilidad o desequilibrio físico y psíquico.

    —Fin del tercer estadio—

4. Lo comercial, el trabajo, la productividad.

3. Los negocios, las transacciones, los acuerdos.

2. La pareja, el matrimonio, los sentimientos.

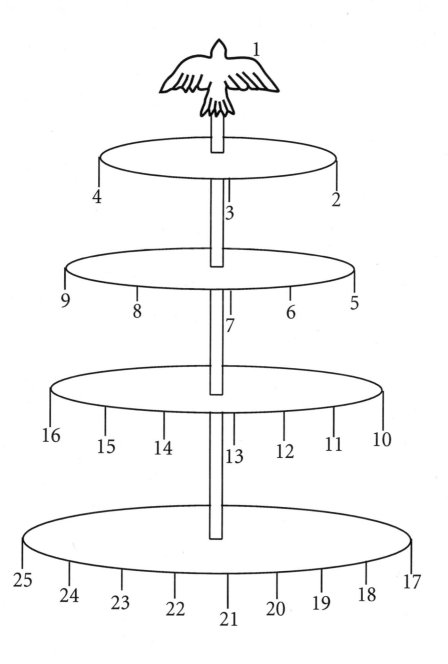

Paxoro Layout, by Zolrak/Tirada del Paxoro, de Zolrak

there would be nothing. This is why this number is related to God, because He is the Beginning and the First Cause.

Nothing could therefore be more appropriate for the Ansate Cross, since the cross represents life. This life survives on other planes until the time comes to reincarnate.

Meaning of the 10 Positions

1. The beginning or starting point (number 1 is always the point of reference or the beginning of something).

2. The wait (the time it takes to consider a specific matter, what happens in the course of time)

3. The present (now, at the time of consultation)

4. The future (what is going to happen, what will come)

5. Instinct (the function of instinct and feelings)

6. Accomplishment (that which becomes concrete)

7. Spirituality (the influence and/or advice of our spiritual guides, our strength and faith; what is true and devoid of any material interests)

8. Mentality (the collective unconscious, what we think and reflect upon)

9. Change (what transmutes or that which we must change)

10. Resolution (the last stage, the end, the results)

—Fin del cuarto estadio—

1. La resolución, la cúspide, el pináculo. El futuro lejano.

Tirada de la Cruz Ansata

En el caso de esta tirada, podemos mezclar las cartas 10 veces, porque como ya explicamos, si reducimos este número, nos da el número 1, que implica el comienzo, el punto de partida, sin el cual no podría existir nada. Por eso es que este número se lo relaciona con Dios, por ser éste el Principio y la Causa Primera.

Nada más acertado para la tirada de la Cruz Ansata, ya que esta Cruz representa la vida, y ésta perdura en otros planos, hasta que nos toque reencarnar.

Significado de las 10 Posiciones

1. El comienzo o partida (siendo el número 1, siempre el punto de referencia o el comienzo de algo).

2. La estadía (la permanencia o duración del asunto a tratar, lo que sucede durante el transcurso del mismo).

3. El presente (la actualidad, qué es lo que sucede en el momento de la consulta).

4. El futuro (lo que depara, lo que vendrá).

5. Lo instintivo (el funcionamiento de los instintos y los sentidos).

6. La realización (lo que se concreta).

7. Lo espiritual (lo que incide y/o

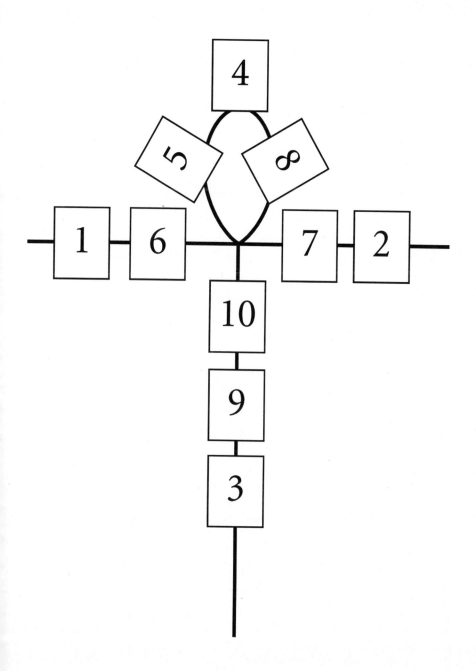

Ansate Cross Layout, by Zolrak/Tirada de la Cruz Ansata, de Zolrak

Gizeh Pyramids Layout

Invocation:

Strong and powerful as the earth itself, from the beginning of all times, I, just in this moment, invoke them, for my words have firmness and discernment. Also, that I might see even though the wind and sand blur my vision, and that I might hear despite the voices of hundreds of incredulous people that would confuse me. Cheops, Chephren and Micerinus, I wish your imperturbable silence will become sounds from my mouth, and as a renewed architect I build stepped phrases full of wise teaching. With your permission and helped by the forces which are still living, they can reach the peak of your majesty.—Zolrak

You must repeat that invocation as many times as necessary, meanwhile shuffling the cards. But do not repeat the invocation more than three times three, or nine times in all.

The shape of the card layout is composed of three pyramids, which represent those of Cheops, Chephren, and Micerinus, in that order. The first pyramid will be placed to your left, and the second to the right of that. These two pyramids form the base of the layout. The third pyramid is then placed above the first two. This last pyramid is the vertex formed by the combination of all three pyramids. Each pyramid will consist of six cards, placed as follows: three cards at the bottom, two cards in the middle, and one card at the top. That is, all three pyramids will contain a total of 18 cards , the reduced number giving us 9 (1 + 8 = 9).

aconsejan nuestros guías espirituales, nuestras fuerzas y recursos de Fe; lo verdadero y separado de intereses materiales).

8. Lo mental (el inconsciente colectivo, lo que pensamos, analizamos).

9. Lo modificable (lo que transmuta o debemos cambiar).

10. La resolución (el último estadio, la finalización, el resultado).

Tirada de las Piramides de Gizeh

Invocación:

Fuertes y poderosas como la tierra misma, desde todos los tiempos Yo las invoco en este momento, para que den solidez y criterio a mis palabras, para que pueda ver aunque vientos de arena confundan mis ojos, para que pueda oír aunque las voces de mil incrédulos quieran confundirme. Keops, Kefren y Micerino, que vuestro silencio imperturbable, se transmute en sonidos que por mi boca salgan, y que como nuevo arquitecto construya escalonadamente frases que como sabia enseñanza llegaran con vuestro permiso y con el de las fuerzas que todavía moran allí hasta vuestras cúspides.—Zolrak

Repite la invocación tantas veces te fueran necesarias mientras mezclas las cartas, pero no más de 3 veces 3, o sea 9 veces.

La figura de la tirada está formada por 3 pirámides, que representan a

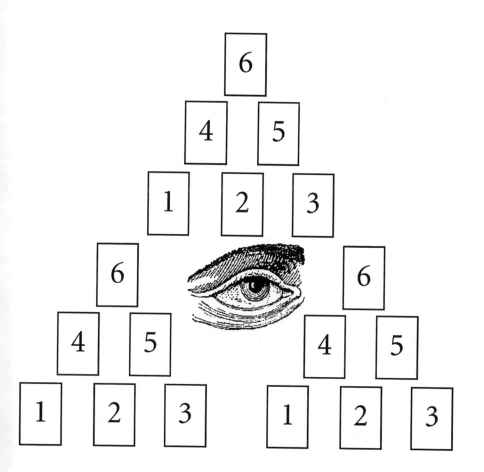

Gizeh Pyramids Layout, by Zolrak/Tirada de la Piramide de Gizeh, de Zolrak

The cards corresponding to the numbers 1, 2, and 3 speak of the past; those numbered 4 and 5 represent the present, and the cards labeled with the number 6 reveal the future.

It is important to note that the total of the numbers belonging to each one of the rows is as follows:

	Column A	Column B
Bases	$1 + 2 + 3 = 6$	$6 \times 3 = 18$
		$8 + 1 = 9$
Middle	$4 + 5 = 9$	$9 \times 3 = 27$
		$2 + 7 = 9$
Top	$6 = 6$	$6 \times 3 = 18$
		$1 + 8 = 9$

From the results in columns A and B, it is deduced that "as it is above, so it is below," and that always, in major or minor measurement, our past is related to our future, "The Law of Cause and Effect." An ending number is inferred by the number 9, which represents the souls, and numerically means the law of reincarnation.

Furthermore, if we add all the numbers of the three pyramids separately, the result will be as follows: $1 + 2 + 3 + 4 + 5 + 6 = 21$, $21 \times 3 = 63$, and $6 + 3 = 9$.

Important: After shuffling the cards, you may immediately place them in the pyramid layout as described. But if your intuition tells you, you may first cut the cards with the left hand toward the consultant's side, leaving three or nine small piles of cards.

On many altars belonging to different sects of the Yoruba religion in America is found the geometric triangle. This triangle represents the Trinity, and in its center is an all-seeing eye,

Keops, Kefren y Micerino en éste orden, y siendo la primera la que dispondrás a tu izquierda, la segunda a su lado; pues ambas forman la base, y la tercera mencionada sobre las dos anteriores, ésta última es el vértice de la forma piramidal que integran las tres. Cada una de ellas tendrá 6 cartas, así colocadas: 3 cartas abajo, 2 en el medio y 1 en la punta. o sea un total de 18 entre las 3 pirámides representadas, cuyo número reducido nos dará 9.

Las cartas que estén ubicadas con los números 1, 2 y 3 nos hablarán del Pasado, las que tengan los números 4 y 5 del Presente y las situadas con el número 6 nos revelarán el Futuro.

Observemos la suma de los números de cada uno de los pisos de las tres pirámides:

	A	B
Base	$1 + 2 + 3 = 6$	$6 \times 3 = 18$
		$8 + 1 = 9$
Centro	$4 + 5 = 9$	$9 \times 3 = 27$
		$2 + 7 = 9$
Arriba	$6 = 6$	$6 \times 3 = 18$
		$1 + 8 = 9$

De los resultados de (A) y (B), deducimos "Como es arriba es abajo" y que siempre en mayor o menor medida nuestro Pasado está relacionado con nuestro Futuro. "Ley de Causa y Efecto."

Como número final resulta el 9, número de las almas, numerológicamente representamos en él a la "Ley de la Reencarnación."

Y si sumamos todos los números de las tres pirámides por separado nos dará 21, y $21 \times 3 = 63$, de lo que $6 + 3 = 9$.

symbolizing He who sees all; that is, God. Some, however, hold the opinion that this symbol represents Ifá, with all its prophetic power. In the esoteric world, it is well known to everybody, and there are even amulets representing its shape.

Also, the all-seeing eye is found on the U.S one-dollar bill, together with other magic symbols.

The real Santero uses signs that are already powerful and effective. For that reason it is usual to observe the ansate cross among them, or the five-pointed star with one vertex up, and also the six-pointed star, which is sometimes part of *riscados* (high white magic workings).

The Yoruba religion, as we have seen, came to the occidental world but brought with it some elements of oriental philosophies, such as karma, reincarnation, mediums, meditation, etc.

That is why in a gesture of real wisdom it is possible to see that many Catholic priests and the faithful respect the Buddha image, even though they are not Buddhists, and give it the same rank that Catholic Saints have. Also, many times, they give it as much importance as Christ Himself. Having received illumination from the Father through the action of the Holy Spirit, both Christ and Buddha became two of the greatest envoys whom God sent to Earth to help humanity in its evolution.

In this way, Buddha is taken to be another illuminated one, who was aware that by means of the Buddhic state (i.e., illumination), the spirit is beyond matter. And so from his philosophy came the most beautiful teachings.

Although this kind of thing was accepted from distant cultures, the

Nota importante: Luego de mezclar las cartas, puedes empezar a disponerlas ya en la forma descripta, o si así lo sientes—valiéndote de tu intuición—hacerlas cortar con la mano izquierda hacia el lado del consultante quedando 3 o 9 montoncitos de ellas.

En muchos altares, de las diferentes líneas o Naciones de la religión de los Yorubas en América, se encuentra el triángulo en representación de la Trinidad, y en su centro un ojo, simbolizando al que todo lo ve, o sea Dios. Aunque algunos opinan que este símbolo representa a Ifá, con todo su poder para profetizar.

En el mundo esotérico es bien conocido por todos, y hasta hay talismanes con su forma.

También se encuentra en el billete de un dólar Estadounidense, conjuntamente con otros símbolos de origen mágico.

El verdadero Santero incorpora símbolos a los cuales sabe poderosos y eficaces, por ese motivo también suele verse a la cruz Ansata entre ellos, o la estrella de cinco puntas al derecho o lo que es lo mismo con un sólo vértice hacia arriba, o también la estrella de seis puntas, las cuales muchas veces forman parte de puntos ritualísticos riscados, o de sus trabajos de Alta Magia Blanca, valga la redundancia.

La religión Yoruba pasa al Mundo Occidental—como hemos visto—, pero vemos puntos de gran coincidencia con filosofías netamente Orientales (Ley del Karma, de la Reencarnación, incorporación mediumnímica, la Meditación, etc.).

Por ello es que en un gesto de real Sabiduría y también con un sentido

most important fact is that nobody understood their meaning or even attempted to do so, not even someone who was obliged to respect them.

Simply, these elements were tacitly accepted, because one of the various Santería precepts was liberty. Therefore a path such as this one was assimilated because it was already in the roots of the religion; the first followers in America were slaves. It is well known that political boundaries do not exist for the spirit, nor territories, ideologies, etc. Intelligence does not admit nor conceive such borders; intelligence cannot be destroyed because the Creator granted this, His own attribute, to humanity.

To obtain knowledge is not only to increase our culture but also to refine our intelligence, because each time we practice reasoning we are also developing our intelligence. Those who think in a stubborn manner and think that reason is always on their side, as well as the truth, are limiting their free thought and consequently that of other people.

In addition, in regard to that which we know as Chakras in our occidental world, scientific parapsychology also knows the different New Age ideas in one form or another and works with them. Chakras are even dated many centuries ago in the oriental world. And here we find another coincidence with the Yoruba world, for these people as far back as antiquity knew the Chakras and worked with them. From this arises the profound respect for *Ori*, the place where the ruling Orisha is settled, corresponding to the spot where the seventh Chakra is located. Furthermore, they were aware of many other ener-

Fraterno, podemos ver que muchos sacerdotes y fieles, respetan la figura del Buda, sin por ello ser Budistas, colocándolo entre las figuras o imágenes de los Santos Católicos; dándole muchas veces la misma importancia del Cristo que habiendo recibido iluminación de su Padre a través del Espíritu Santo, logró ser uno de los Grandes enviados que Dios mandó al planeta Tierra, para ayudar a evolucionar al Hombre.

Toman a Buda como otro iluminado, como otro enviado, quien comprendió alcanzando estado "búdico" o de iluminación, que el espíritu trasciende la materia, rescatando de su Filosofía sus enseñanzas más hermosas.

Y en este gesto de la aceptación de culturas lejanas, lo que Yo creo más importante de destacar, es que nada ni nadie se lo impuso o trató de hacerlo, que nadie lo obligó a respetarlo.

Simplemente para muchos Santeros, es válido e importante, y esto es lo valedero, porque uno de los preceptos de la Santería es la Libertad, y esto se aprendió aunque ya estaba en sus raíces, porque como ya dijimos anteriormente sus primeros cultores en América fueron esclavos. Se sabe que para la mente y el espíritu no hay fronteras, ni de territorios ni ideológicas, ni de ninguna especie. La Inteligencia no lo admite, no lo concibe, como a ésta tampoco se la puede obnubilar o destruir, porque es atributo otorgado al Hombre por el Creador.

Incorporar conocimientos, no sólo es acrecentar nuestra Cultura sino también refinar nuestra inteligencia, porque a medida que practicamos el razonamiento agilizamos esta capacidad aumentando a la primera. Quien es obsecado, y piensa que él solo posee la

getic points that were mutually linked. Some of them are painted and colored before certain religious ceremonies, adopting different shadings according to the circumstance or the ritual to be followed; that is, as a protection or reverence to the ruling Orisha.

A clear example of all this is seen in a common protection generally named "binding the body," which uses different marks on the body to shut all the incoming channels of energy, which are more inclined to attract or consume negative energy waves. In this way, the person is protected against any form of spiritual attack, and any work of black magic cannot penetrate.

The centers so being treated or shut belong to an energetic system and are designed to let the beneficent influence from the Cosmos penetrate into us.

Based on all these concepts, the following layout was created.

Seventh Chakra Layout

The seventh Chakra is placed on top of the head, on the spot designated "small crown." It is the medium by which we are connected with the Cosmos, the Universe, and the sacred.

This is the link or bridge between matter and spiritual things. It has a high degree of vibratory frequency, and for this reason it is possible to claim that it possesses the entire Iris arc (rainbow), where all the colors are collected, with violet predominant, and silver its final vibration.

Those persons who have high spiritual development received it in an incredible manner, and in this case this

Verdad, sólo logra limitarse y al hacerlo corta su libre albedrío y lo que es peor de todo a veces también el de los demás.

Además, lo que hoy conocemos como Chakras en el Mundo Occidental, y que la Parapsicología Científica conoce, las distintas corrientes del New Age de alguna u otra forma trabaja con ellos, en el Oriente su uso y conocimiento es de muchos siglos. Y he aquí otra coincidencia con el Mundo Yoruba, pues este Antiguo pueblo no sólo lo conocía y trabajaba con ellos (de ahí el excelso respeto a la cabeza "Orí," donde se asienta el Orishá regente de ella, y que coincide en zona y lugar con el séptimo Chakra), sino también era sabedor de otros puntos y centros energéticos que se interrelacionan entre sí. Algunos de ellos eran pintados o coloreados antes de alguna ceremonia religiosa, para tal o cual fin, con un color determinado de acuerdo a la circunstancia o al rito a seguir. Como protección o reverencia al Orisha regente.

Un ejemplo claro de ello, lo vemos en una protección que comúnmente se llama "Cerrado de Cuerpo," por el cual a través de diferentes marcas en el cuerpo de la persona, se cierran los canales absorbentes de energía que son más plausibles de atraer o consumir, ondas energéticas negativas. De esta forma, la persona queda protegida de cualquier ataque espiritual, no pudiendo "penetrar" en ella ningún trabajo de Magia Negra. Los centros o puntos así tratados o cerrados, son parte de todo un sistema energético, y sí dejan penetrar las buenas influencias del Cosmos.

Por todos estos conceptos y similitudes, es que también creé la tirada de cartas que denominé:

Chakra is not observed as a concave form like the rest of the Chakras, but as an energy with its own strong emanation showing a convex figure.

This phenomenon explains the aural shape surrounding the heads of Catholic Saints, and also our Orishas' crowns. Even in representations of the Buddha, a noticeable prominence can be easily appreciated underlying the exaltation of this energy.

Many oriental schools claim that 960 radii are defined in the perimeter of this Chakra, and in its center there are another 12 in an upward direction that reach toward the infinite.

If the number 960 is reduced to two ciphers, the result is 15. Therefore, we must make a circle from left to right using 15 cards. Using the same procedure with the number 12, the result is 3. Consequently, working within the circle, we will lay from left to right another three cards.

Procedure

This layout is useful when the consultant has not defined or determined what it is he or she really wants to know. Nevertheless, the consultant is eager to receive a "Message," to hear a communication or some wise sentence that could act as a guide or stimulus for his or her life. This situation is not considered a matter of simple curiosity but, on the contrary, a necessity for something to be satiated with a purpose that is not well determined but that is eminently spiritual.

The fortuneteller must concentrate on the cards, shuffling them as many times as necessary, or a number of

Tirada del Septimo Chakra

El séptimo Chakra, se encuentra ubicado en la parte alta de nuestra cabeza, en lo que llamamos coronilla, y es la vía de conexión del Hombre con el Cosmos, Universo, con lo sagrado.

Sería el puente de relación entre la materia y lo espiritual.

Tiene un alto grado de frecuencia vibratoria, y es por esta causa que se podría decir que contiene todo el espectro del Arco Iris, afluyen a él todos los colores, pero predomina el violáceo y en su vibración final el plateado.

Los seres que tienen una gran vida espiritual, lo desarrollan en una manera increíble, y este Chakra ya no se lo observa como una forma cóncava o en forma de embudo como los demás, sino que va adquiriendo fuerza de emanación y una figura convexa.

De esta manera podríamos explicar la forma aureolar que rodea la cabeza de las figuras de los Santos Católicos, como así también las Coronas de nuestros Orishas, inclusive en la representación del Buda se puede apreciar cómo nace una prominencia muy acentuada, que significaría la exaltación de esta energía.

Muchas escuelas Orientales aseguran que en su perímetro se encuentran 960 radios, y que en su centro hay 12 que se elevan como buscando el infinito.

Reduciendo los 960, a un número de dos cifras nos da 15, por lo tanto haremos un círculo de izquierda a derecha con 15 cartas.

Con el mismo procedimiento de reducción por sumatoria procederemos con el 12, teniendo como resultado al

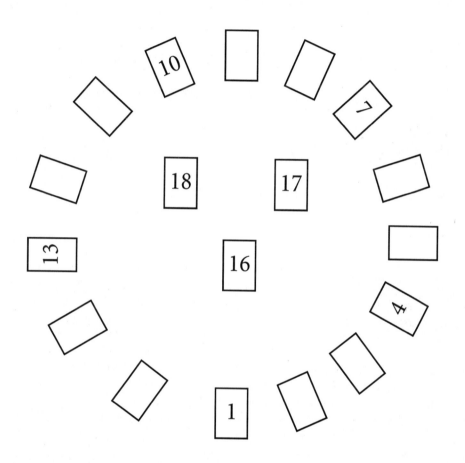

Seventh Chakra Layout, by Zolrak/Tirada del Septimo Chakra, de Zolrak

times equal to the letters composing the name and surname of the consultant. The actual cutting of the deck is not counted in this number.

The cards must then be laid from left to right in linear disposition. The consultant is asked to select 15 cards out of the 77, and then three additional cards, separating them into two stacks to be distributed afterwards in the manner explained above. It is very important that the consultant be advised that, when the cards are selected, he or she must put aside any material thoughts and make the mind as clear as possible, raising the thoughts to the spiritual level. For example, the consultant could concentrate on any religious figure, whether of his or her own belief or from another spiritual ideology, just so long as he or she is conscious that the image is infinitely superior to the human condition. In this way, whatever is to be communicated is left to the will of the Cosmos, or Logos.

The fortuneteller or chiromancer will try to visualize violet or silvered light aimed at both heads (it is recommended to ask in advance the *ago*—that is, license from both Guardian Angels), in order to reactivate all the energetic processes that will fit with the Chakra to be treated.

After the cards have been laid out as indicated above, and knowing that these are not going to be changed again, and that the card placed in position number 1 is the first our consultant selected and removed from the deck, the actual fortunetelling will be done.

1. The reader will try to clarify the astral message, taking into account the cards placed in positions 1, 4, 7, 10, 13, and 16; or six in all.

número 3, por lo tanto dentro del círculo y también de izquierda a derecha colocaremos 3 cartas.

Procedimiento

Esta lectura la suelo utilizar, cuando el consultante no tiene bien definido o determinado en realidad lo que quiere saber, pero sí reconoce la urgencia interior de recibir un "Mensaje," de escuchar alguna sentencia o consejo que le sirva de guía o de estímulo a su vida. No considero a esta situación como simple curiosidad, sino por el contrario, como la necesidad de saciar "algo" no muy bien determinado, pero evidentemente espiritual.

Apelo entonces a concentrarme en las cartas, y luego de mezclarlas tantas veces lo considere necesario, o tantas como letras tenga el o los nombres y apellidos de quien me consulta, sin que el consultante corte las cartas; las dispongo linealmente de izquierda a derecha. Luego le solicito que elija entre las 77 cartas, 15 primero y luego 3, separándolas en dos montones para luego distribuirlas de la manera ya explicada. Es importante de que en el momento de elegir las cartas, le expliquemos a nuestro consultante de que se despoje de cualquier pensamiento material, tratando de dejar la mente en blanco, de elevar su pensamiento hacia algo Superior, sea éste una figura religiosa—cualquiera fuera su ideología—o lo que él crea Infinitamente Superior a su condición Humana.

De esta manera dejamos librado al Cosmos, por así decirlo, o al Logos, lo que éste quiere comunicarle.

El cartomante tratará de irradiar con su mente, o lo que es similar hará una

2. One of the two remaining cards, the central ones in positions 17 and 18, will be chosen by the consultant.

3. The seventh card will become fundamental for the study and interpretation of the message, because it represents the seventh Chakra. It will guide us through the reading, clearing the motive, the sort, and the item to be investigated.

It is not advisable to do this type of layout more than once on the same day, even though answers are eagerly expected. It is much better to let at least 24 hours pass, thus making easy the necessary energetic interchange between our Chakras and our organism.

Other Well-Known Methods Used by Cartomancers

Celtic Method

Positions:

1. That which is covered.

2. That which forms a cross.

3. That which is at the feet.

4. That which is at the left.

5. That which is at his front or over the head.

6. That which is at the right.

7. The fears and uncertainties.

8. The social environment and context.

9. Dreams, desires, and expectations.

10. Results.

mentalización de luz violácea y plateada, dirigida hacia ambas cabezas (aconsejo previamente pedir "Ago"—licencia—a ambos ángeles de la Guarda), para reactivar todo un proceso energético que esté afín con el Chakra a tratar.

Luego de dispuestas las cartas de la manera ya indicada y teniendo en cuenta de que no las volveremos a mezclar, sino que la ubicada en la posición número 1, será la primera que nuestro consultante eligió y extrajo, se trabajará sucesivamente de esta forma observada.

La lectura se hará de la siguiente manera:

1. Trataremos de descifrar el mensaje Astral, teniendo en cuenta las cartas que se encuentren en las posiciones número 1, 4, 7, 10, 13 y 16; o sea 6 en total.

2. De las 2 cartas centrales que quedan en las posiciones número 17 y 18, la daremos a optar al consultante. El mismo deberá elegir entre ambas.

3. La séptima carta se tornará fundamental para encarar el mensaje e interpretarlo, ya que la misma representa al séptimo Chakra. Nos guiará en la lectura y esclarecerá el motivo, la especie o el ítem a tocar.

Este tipo de tirada es aconsejable no reiterarla en el mismo día, aunque ansiosamente asi se espere, deberan por lo menos pasar 24 horas, para facilitar el intercambio energetico necesario producido entre nuestros Chakras y nuestro organismo.

<u>*Meaning of the positions:*</u>

1. The unrevealed, those things that are unknown by the consultant but that may influence the question.

2. That which goes against or interposes, representing the energies, powers, or negative actions involved.

3. The fundamentals of the matter. Also, the present.

4. The past: things which have already transpired, or that which is being forgotten

5. That which is in the mind of the consultant, that which weighs on his or her mind. Alternately, a very distant future, something to be obtained in the long run.

6. The immediate future.

7. Fears related to the formulated issue. Also, the consultant's doubts and ambivalence.

8. The resulting influences over the consultant, companions, coworkers, friends, relatives, and other acquaintances. Public opinion.

9. All of the consultant's ambitions. Everything wanted or desired. What is expected; wishes, hopes, and desires.

10. This position must be combined with all the remaining cards, but mostly with the card placed in the sixth position, and then with the fifth. It gives the whole answer and is the resumé of a verdict.

Metodos Conocidos y Utilizados por los Cartomantes

Método Celta

<u>*Posiciones:*</u>

1. La que está tapada.

2. La que forma una cruz.

3. La que está a sus pies.

4. La que está a su izquierda.

5. La que está en su frente o por sobre su cabeza.

6. La que está a su derecha.

7. Los miedos e inseguridades.

8. Su medio social y contexto.

9. Sueños, deseos y expectativas.

10. Resultado.

<u>*Significado de las posiciones*</u>

1. Es lo no develado, aquellas cosas que el consultante no conoce, y que puede influir sobre lo planteado o cuestionado por él.

2. Aquella que se cruza o interpone, representa las energías, voluntades o acciones negativas que están actuando.

3. Representa los fundamentos de lo que se está tratando. También el Presente.

4. El Pasado, lo ocurrido, o lo que se está dejando en el olvido.

5. Puede representar lo que está en su mente, lo que pesa en su psique; o

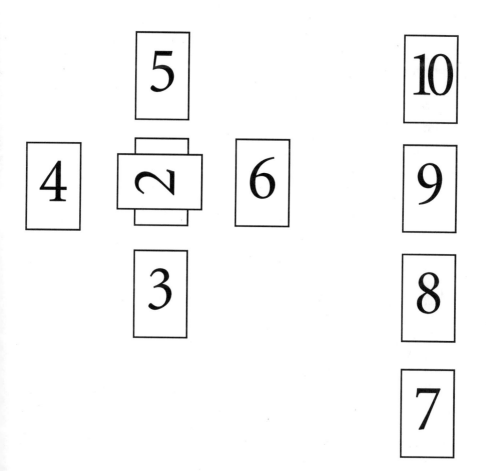

Celtic Method/Método Celta

Method of the Twelve Astrological Houses

Most old peoples knew that the Zodiac was divided into 12 equal parts or sectors, and that each of these contained 30 degrees. These sections constitute the so-called Zodiacal houses, each under a ruling planet and also under the corresponding astrological sign. For an astrological natal study designed for a certain person, the exact hour of birth, place, country, time zone differences, and date must be taken into account. It is also advisable to use any kind of data considered useful, if the concerned person agrees.

The astrological design consists of a sectioned circle in twelve zones, where the first House is fixed by means of the person's Ascendant.

Nevertheless, to employ this method, we will look at the Zodiac as if it were unmoving; that is, the first House will always be that of Aries, the second House of Taurus, and so on until we reach the twelfth House, which belongs to Pisces.

House	Astrological Sign	Ruling Planet
1	Aries	Mars
2	Taurus	Venus
3	Gemini	Mercury
4	Cancer	Moon
5	Leo	Sun
6	Virgo	Mercury
7	Libra	Venus
8	Scorpio	Mars and Pluto
9	Sagittarius	Jupiter
10	Capricorn	Saturn
11	Aquarius	Uranus
12	Pisces	Neptune

bien un Futuro muy lejano, algo a largo alcance.

6. Futuro inmediato.

7. Temores relacionados con el tema formulado. También sus dudas y ambivalencias.

8. Cómo influye en el consultante, sus compañeros de trabajo, amigos, parientes y familiares. La Opinión pública.

9. Representa todo lo que quiere lograr, conseguir. Lo que espera, lo que desea. Sus esperanzas.

10. Esta posición debe combinarse con todas las demás cartas, pero sobre todo, con la carta situada con el número 6, y en segundo lugar con la número 5. Da la respuesta total y resume un veredicto.

Método de las 12 Casas Astrologicas

Los pueblos más antiguos conocían que el Zodíaco está dividido en 12 partes o sectores iguales, y que a cada uno de ellos le corresponde 30°. Cada una de estas secciones es denominada Casa Zodiacal con un Planeta regente, y por supuesto su signo astrológico correspondiente. En un estudio Natal Astrológico, levantado para una determinada persona se tiene en cuenta la hora exacta del nacimiento, lugar, país, diferencia de Usos Horarios, y fecha exacta, y por supuesto para la interpretación todo tipo de otros datos que el interesado pueda aportar, si así lo desea. Consistiendo en un círculo sec-

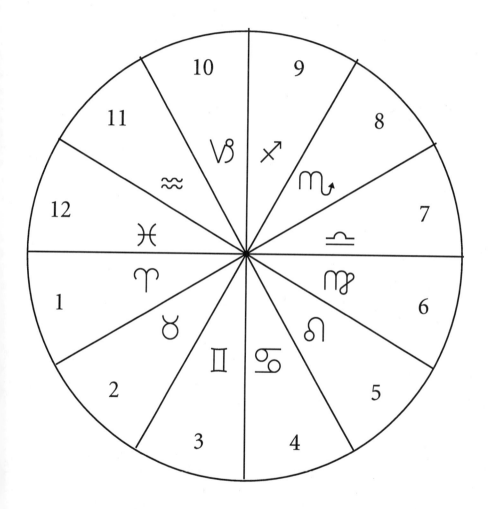

Method of the Twelve Astrological Houses/Método de las 12 Casas Astrologicas

Meaning of the Houses

1. Represents the individual per se: characteristics, character, virtues, and defects. The psycho-physiological aspect. As one wants to see oneself. The ego affirmation. The personality.

2. Involves economic and financial affairs. Material possessions. Inheritance. This House will be better understood if linked with the sixth.

3. Comprises communication and the relation of the consultant to siblings, relatives, study mates, etc. Also, the relationship to society, town, neighborhood, or birth city. Childhood and old age. It is linked to verbal and written news or communication. Brief studies or those without significant importance. Short trips in time or in distance. Public opinion (in this case, it is suitable to consider this House along with the ninth).

4. The house, the home. Its origins. The country. In the Northern Hemisphere, it is linked to the father, and in the Southern to the mother.

5. The sex life, entertainment, sports. Good fortune. Luck and hazard. Children. Amorous adventures.

6. The job, the working relationship in a situation where there is dependency. Employees and subordinates. Health and physical fitness.

7. Concerning associations: matrimonial, joint societies, legal, etc. The couple, dating, engagements, and marriages.

cionado, como ya aclaramos en 12 zonas, en donde la Casa número 1 o primer Casa Astrológica se fija precisando previamente el Ascendente de la persona.

Pero para emplear este método tomaremos al Zodíaco como si estuviera quieto, en reposo, es decir la Casa número 1 la de Aries, la número 2 la de Tauro; y así sucesivamente hasta la número 12 perteneciente a Piscis.

Casa	Signo Astrologico	Planeta Regente
1	Aries	Marte
2	Tauro	Venus
3	Geminis	Mercurio
4	Cancer	Luna
5	Leo	Sol
6	Virgo	Mercurio
7	Libra	Venus
8	Escorpio	Marte y Pluton
9	Sagitario	Jupiter
10	Capricornio	Saturno
11	Acuario	Urano
12	Piscis	Neptuno

Significado de las Casas

1. Es el individuo en sí, sus características, carácter, virtudes y defectos. Su aspecto psicofisiológico. Como se quiere ver . La afirmación de su Ego. Su personalidad.

2. Asuntos financieros y económicos. Bienes y posiciones materiales. Patrimonio (para una mejor comprensión de esta Casa conviene relacionarla con la Nº6).

3. Comunicación y relación del consultante con sus hermanos, familiares, compañeros de estudio. Su relación con la Sociedad, con su

8. The unconsciousness. Repressions, fears, dreads that sometimes fail to reach consciousness and that are unknown. Death. Inheritance. The dark side of the mind. Occultism.

9. The upper mind, metaphysics, philosophy, religion, esoterism. College and high school studies, or long-term post-graduate careers. Foreign countries, long trips in distance and time. Politics. Strategy. Planning.

10. Social position. Status. Career, profession. Fame and power. The maternal figure in the Northern Hemisphere and the paternal in the Southern Hemisphere.

11. Friends and affective relations. Aspirations and projects under those spiritual values. Social life, meetings, feasts, etc.

12. Hidden enemies. The taking away of liberty either by one's own decision or by someone else's (hospitable admittance, imprisonment, kidnapping). Seclusion for mental disturbances or religious motives. Accidents. Adversaries.

Procedure

Shuffle the 25 principal cards. This may be done twice taking into account the existence of the 12 houses. Then the consultant must cut the deck twice with the left hand and towards the side.

Next the cards will be dealt starting the first House, belonging to Aries, as can be seen on the diagram. Go from left to right until the twelfth House (of Pisces) has been reached. It is advisable to go around the astrological wheel

pueblo, barrio o ciudad natal. Su infancia y la vejez. Noticias o comunicaciones escritas o verbales. Estudios cortos en tiempo o carentes de una gran importancia. Viajes cortos en tiempo o en distancia. La Opinión Pública (en éste caso vincular la Casa con la Nº9).

4. La casa, el hogar. Sus orígenes. Su país. En el hemisferio Norte se la vincula a la figura paterna, y en el Sur a la figura materna.

5. La vida sexual, las diversiones, el deporte. La buena Fortuna. La suerte y el azar. Los hijos. Las aventuras amorosas.

6. El trabajo, la relación laboral en situación de dependencia. Empleados y subalternos. Salud y fortaleza física.

7. De las Asociaciones: Matrimoniales, Societarias, Legales, etc. La pareja, noviazgos, compromisos y casamientos.

8. El inconsciente. Represiones, miedos, temores, que a veces no llegan al consciente, y que no se saben que existen. La muerte. Herencia. Lado oscuro de la mente. Ocultismo.

9. La mente Superior, la metafísica, la filosofía, la religión, el esoterismo. Estudios Universitarios o terciarios, o de larga duración, carreras de posgrado. El exterior, viajes largos en distancia o tiempo. La política. La estrategia. Los planeamientos.

10. Posición Social, Status. Carrera, profesión. Fama y Poder. Representa la figura materna en el hemis-

only once, but it is possible to deal out another 12 cards after the secondary cards have been read if it is necessary for total comprehension of the prediction.

As the second step, shuffle the 52 secondary cards, repeating the same procedure, but this time go around the circle twice, using 24 cards to do so.

ferio Norte y la paterna en el Sur.

11. Amigos y relaciones afectivas. Aspiraciones y proyectos con ellos. Vida social, reuniones, fiestas, etc.

12. Enemigos ocultos. Privación de la libertad, por voluntad propia o determinación ajena (internación hospitalaria, encarcelamiento, rapto, secuestro). Reclusión por motivos anímicos o religiosos. Accidentes. Adversarios.

Procedimiento

Mezclar las 25 cartas principales, pudiéndolo hacer 12 veces—tomando en cuenta las 12 Casas—luego dar a cortar al consultante con su mano izquierda y hacia su lado, en dos veces.

Comenzar a disponerlas desde la Casa número 1, correspondiente a Aries como vemos en el dibujo con dirección de izquierda a derecha, hasta llegar a la número 12, Casa de Piscis. Este giro de la rueda astrológica aconsejo hacerlo una sola vez, pudiendo poner otras 12 Cartas luego de dispuestas las Cartas secundarias, si fuese necesario para su total comprensión. Como segundo paso: mezclar las 52 Cartas secundarias, repitiendo el mismo procedimiento, nada más que en este caso realizaremos dos giros a la Rueda, o sea utilizaremos 24 Cartas.

THE FUNDAMENTAL CAUSALITY OF KNOWLEDGE

LA CAUSALIDAD FUNDAMENTO DE CONOCIMIENTO

Even now I remember with nostalgia my first steps into the spiritual world. It is like walking the path again ... But I will not belabor the subject. Simply, I remember that afternoon of March 1973, when I met my first singing professor. I shall not name him, because his soul is now dwelling on a higher plane than this. Besides, with the passage of time I have lost contact with his family, so I am not entirely sure whether his descendants would be pleased if I were to mention his name.

I respectfully called him my Master, with admiration and profound affection. He was the very image of a wise man, and in that pattern he spoke very little but said much. He looked like a little gnome, of low stature, with a thick, short, white beard. He had light-blue eyes; he was somewhat bulky with an open forehead furrowed by wrinkles that were profound and long. He walked very quickly, as if intending to say that time was short for him, and that everything must be done just at the

Aún recuerdo con nostalgia, mis primeros pasos dentro del Mundo Espiritual, es como volver a andar el camino...; pero no voy a extenderme en el tema en esta oportunidad. Simplemente me viene a la memoria, aquella tarde del mes de Marzo de 1973, en donde conocí al que fuera mi primer Profesor de Canto, a quien no voy a citar porque su alma ya mora en otros estratos muy superiores a éste; y con el tiempo perdí los contactos con su familia, así que no sabría si a sus descendientes les agradaría o no.

Mi Maestro, así lo llamaba, con sumo respeto, con admiración y con entrañable cariño; era la imagen de aquel hombre sabio. Como tal, hablaba poco pero decía mucho, su figura parecía la de un Gnomo. Su baja estatura, su corta pero espesa barba blanca, sus celestes y saltones ojos, una frente despejada surcada con profundas y extensas arrugas; su andar rápido, veloz, como dando la sensación que cualquier tiempo era poco para él y que todas las cosas deberían

right moment. All these features gave him the appearance of a genie inhabiting the Earth.

I never dared to comment on his physical characteristics, perhaps because of the deep respect he inspired in me, which I retain to this day. Or perhaps it was because under his sly smile were hidden things which were known only to me; perhaps it was his wish that I was the only one to know. Though it was certain that I never told him what his figure really meant to me, nevertheless I am sometimes inclined to think that he knew everything, and that within our own rules the whole intimate situation was perfectly clear.

I got his address from a common acquaintance, who had previously said to me, "Take into account that he seldom gives classes to anyone, because the poor man is very tired ... so it would be wise if you took advantage of this opportunity."

And all this was true. His fatigue was evident, his age was a burden, and some chronic disease affected his body despite the fact that he tried not to let it show. He had been an opera singer, and in reality he continued in good shape, because his voice had the same quality as in the old times. However, he was almost retired now from professional activity. He used to say, "God gave me the fortune of being able to sing more than 30 years in the main lyric theaters."

In my first meeting with him, I decided to tell him, with no little fear, the whole truth, but with an inner security and intuition that everything was going to be well.

A week before, in a Kardecist Spiritualist meeting, where I contacted my first esoteric and spiritual knowledge, it

hacerse en el momento preciso y exacto, le daban la apariencia realmente de un Genio de la Tierra.

Aunque nunca me atreví a comentárselo, quizás por el profundo respeto que me inspiraba y que todavía sigo teniéndole; o tal vez porque a veces parecía que bajo una sonrisa pícara, escondía cosas que solamente Yo pareciera saber, o que él quería que Yo supiera.

Lo cierto es que nunca se enteró de lo que su figura me inspiraba, a pesar de ello a veces pienso que sí, y que con nuestros propios códigos lo dábamos por sentado.

Su dirección la había conseguido mediante una amiga en común, quien previamente me había comunicado lo siguiente: "Ten presente, que ya casi no da clases a nadie, el pobre ya está muy cansado ... así que aprovecha esta oportunidad."

Y era real, su cansancio se notaba, pesaba la edad, y con ella alguna dolencia física que él trataba de no dejar relucir. Había sido un cantante de Opera, mejor dicho lo era todavía (pues su voz se mantenía admirablemente en forma), pero ya casi se había retirado profesionalmente de su actividad. Como él decía: "Si una fortuna me otorgó Dios, fue la de haber cantado por más de 30 años en los principales Teatros Líricos."

En mi primer encuentro con él, Yo iba sinceramente, a decir la verdad no con poco miedo; pero con la seguridad interna de que todo saldría bien. Una semana antes, en una reunión Espírita Kardecista (allí fueron mis primeros comienzos con lo esotérico y espiritual) me habían comunicado que muy pronto conocería a quien me enseñaría

was said to me that very soon I would meet the person who was going to teach me not only the secrets of bel canto, but also many more wise things of life. At the time, I did not pay much attention to that message, and also I could not understand it in all its significance: "The wise things of life …"

In reality, my contacts with the music world were limited to my mother, who was National Professor of Music, and the time spent sitting at the piano for hours in the afternoon. My mother and I had pleasure singing some songs that the two of us selected, and also asking our friends to take part. Also, of course, there were the different concerts of classical music, which at first were tedious for me and somehow boring, perhaps because of my early age.

My girl friend got the address a few days after I had received my "message." She was in a party without any interest in particular, and in the middle of an almost trivial conversation, and without any kind of prior acquaintance, she found herself before a tall, sophisticated man, of very marked features, deep eyes, very thick eyebrows and eyelashes, and dark hair (according to her definition). After various opinions had been exchanged about art, he stared at her intently, and guessing that it was of interest to her, gave her a piece of paper which included the street, the census number, and the telephone number. She, quite upset, took the paper without a word and thanked him for the gesture. The man then excused himself and left. That same night (knowing my experience in the matter), and even though it was very late, she called me at once to tell me all the events. Though

los secretos del Bel Canto; y muchas otras cosas sabias de la vida. Por aquellos tiempos, y en aquél momento, no le di real valor al mensaje recibido. Tampoco lo pude recepcionar en toda su significación: "cosas sabias de la vida…"

En realidad mis contactos con el Mundo de la Música, se limitaban a mi madre (Profesora Nacional de Música), a nuestras incursiones en aquellas tardes en que por horas nos sentábamos al piano, y disfrutábamos cantando diversas piezas, que elegíamos entre los dos, y al pedido de los amigos que en reuniones solicitaban tal o cual canción. y por supuesto a las diferentes puestas de obras de Música Clásica, a las cuales confieso a que al principio me parecían tediosas y algo pesadas (pienso que se debería a mi corta edad).

Mi amiga, había conseguido su dirección a los pocos días de haber Yo recibido mi "mensaje"; se encontraba en una reunión social, y al decir de ella "sin motivos aparentes," y en mitad de una conversación más bien de carácter trivial, y casi sin estar relacionado con nada, se encontró con un hombre, alto, estilizado, de rasgos muy marcados, de ojos profundos con cejas y pestañas muy tupidas, de cabello oscuro (según su definición) luego de vertir variadas opiniones sobre Arte, mirándola fijamente y presumiendo que a ella le interesaría, le entregó en un papel la calle, el número catastral y de teléfono. Ella, azorada, sin preguntarle nada lo tomó, y le agradeció su gesto, a lo que este hombre, pidió permiso y luego se retiró de la reunión. Esa misma noche (sabiendo lo que me había sucedido en la sesión) y a pesar de que era muy tarde, me llamó inmediatamente, relatándome lo que le había

she was somewhat skeptical, a point of view that she modified with time, she believed without understanding it that the man had only been a"bridge," a "mediator," and that she also had been an instrument of fate. With passing years, she, my Master, and I developed a deep friendship.

This great man not only taught me singing but also was capable of awakening in me the need for the search for spiritual knowledge. These teachings were given as options to his pupils, saying take it or leave it for good.

On other occasions they came alone, as the result of his great philosophy and knowledge and a preamble that invited them by means of short sentences. He had a broad-minded disposition as great wise men usually have, because he was very respectful of other people and of all those things that are useful in life, and that are fundamental for keeping faith alive.

There come now to my memory phrases such as: "Sing with the strength of your inner fire ...," "Come on, go ahead, get those naughty Salamanders on their feet; put them to work!" And in those moments when I went to take my classes with a certain reluctance and apathy, I said to myself, "I want to see how my diaphragm works. Give it a color, make it yellow, an intense yellow, like the fires of the Sun. Make the Sun and its rays get deeply into your being." I knew that in his words were metaphors, a certain poetic symbolism, but only time would teach me that in those words existed more reality than I was capable of admitting at that time of my life.

And when he made me vocalize or sing a note continuously, he did it not

ocurrido. A pesar de ser un poco escéptica, cosa que fue modificando con el tiempo, creyó a pesar de no entenderlo, de que ese personaje, sólo había sido el "puente," el mediador. y que a ella, también la habían utilizado como intermediario. Con los años, ella, mi Maestro y Yo desarrollamos una afectuosa amistad.

Este gran hombre, no sólo me enseñó a cantar, sino ahondó y profundizó en mí la necesidad de la búsqueda del conocimiento espiritual. Sus enseñanzas no las confería como lecciones ni con la intención de que los demás las aceptaran, o las integraran.

Venían solas, a veces como corolario, como preámbulo, frases cortas. Tenía la amplitud mental que sólo los Grandes poseen, ya que respetaba a todos, y a todas las cosas que sirvieran como fundamento de Fe.

Vienen a mí, frases como: "Canta con la fuerza de tu Fuego interno ...", "¡Vamos, adelante, despierta esas traviesas Salamandras, hazlas trabajar!" y en momentos, en que llegaba a tomar mis clases, con cierta apatía o cansancio, me decía: "Quiero ver cómo trabaja, tu diafragma, dale color, y que sea amarillo, un amarillo intenso, con la fuerza del Sol. Incorpora el Sol y sus rayos dentro tuyo."

Yo sabía que en sus palabras había metáforas, simbolismos con ribetes casi poéticos, pero sólo el tiempo me enseñó que en las mismas había más realidad, de la que ya admitía en aquellas épocas. o cuando me hacía vocalizar o entonar en forma continua una nota, no sólo con un fin musical, sino hoy día comprendo, que también lo era con un objetivo místico-mágico.

Esas experiencias aprendidas, las he

only for musical reasons but also, as I now understand, with a magical-mystical objective.

Those experiences that I learned, I continued practicing to incorporate them into my life. They were indeed very useful and are still so today. I have designed a table where each energy center is related to its corresponding color, the musical note belonging to each scale, and the ruling element with its elemental or dominant force.

practicado integrándolas a mi vida, y por supuesto me han servido y lo siguen haciendo todavía.

He confeccionado una tabla en donde relaciono cada centro energético, con su color correspondiente, la nota musical que por escala le pertenece, una asignación del elemento que rige, con su elemental o Fuerza Reinante.

No.	Chakra	Dominant Color and Light Rays	Musical Note	Element	Elemental and Dominant Forces
1	Basic or Radical **Muladhara**	Dark red with blackish filaments	Do	Earth	Gnomes and Elves
2	Spleen **Svadistana**	Orange, Bluish-Greenish	Re	Water	Undines and Sirens (Mermaids)
3	Navel **Manipura**	Yellow, Reddish-Orange	Mi	Fire	Salamanders
4	Heart **Anahata**	Green with some pink lights	Fa	Air	Fairies and Sylphs
5	Larynx **Vishudha**	Blue, Light blues	So	Atmosphere	Entities
6	Frontal **Ajna**	Indigo, Yellowish	La	Outer space	Spiritual guides

No.	Chakra	Dominant Color and Light Rays	Musical Note	Element	Elemental and Dominant Forces
7	Crown **Sahasrara**	White and violaceus, with silvered and golden lights	Si	Solar system	Orishas
Silver or fluid cord		Silver flashings and brilliant particles as silver	Do	Universe as a whole, as opposed to nothing	God

No.	Chakra	Color Predominante y Haces de Luz	Nota Musical	Elemento	Elemental y Fuerzas Gobernantes
1	Básico o Rádico **Muladhara**	Rojo Oscuro, con filamentos negruzcos	Do	Tierra	Gnomos y Duendes
2	Del Bazo **Svadistana**	Naranja, Verdoso-azulino	Re	Agua	Ondinas y Sirenas
3	Del Ombligo **Manipura**	Amarillo, Naranja-rojizo	Mi	Fuego	Salamandras
4	Del corazón **Anahata**	Verde, Con algunas luces rosadas	Fa	Aire	Hadas y Silfos
5	Laringeo **Vishudha**	Azul, Celestinos	Sol	Atmosfera	Entidades
6	Frontal **Ajna**	Indigo, Amarillentos	La	Espacio exterior	Guias espirituales
7	Corona **Sahasrara**	Blanco y Violaceo Con luces plateadas y doradas	Si	Sistema solar	Orishás

No. Chakra	Color Predominante y Haces de Luz	Nota Musical	Elemento	Elemental y Fuerzas Gobernantes
Cordon de Plata o Fluidico	Plateado; Destellos y brillantes particulas como de plata	Do	Universo lo todo, contrario a la nada	Dios

This table had been done for you to refer to in your future exercises or workings. It was designed with the knowledge that the whole Universe is composed of vibration, color, sound, numbers, and even your name. This is one of the secrets of life and gives the means to develop it.

The silver cord, also called the fluid cord, is the link between our matter and spirit. For certain spiritual currents there is a connection of spirit-mind-brain, which are maintained together by means of the fluid cord. When our body is at rest, our integrating and ruling part, our Spirit, goes away upward into space to accomplish its Karma. These are missions or special workings assigned according to the Karma of each person, and his or her spiritual evolution. Many times the Spirit remains near the body in order to take care of it, and on other occasions it goes to other places, but it is always bounded on the same plane.

In every case it remains joined to the body through the silver cord. But on the other hand, in an extreme situation, at certain unfixed and endless points, all these cords and ties of high fluid vibration are connected to the Creator.

At the moment of disincarnation, the silver cord is cut off, leaving the

Esta es una tabla a tener en cuenta para tus futuros ejercicios o trabajos. Ya que todo el Universo es una vibración, el color, el sonido, los números, tu mismo nombre. En ello reside uno de los secretos de la Vida, y en la forma de incrementarla.

El cordón de Plata conocido también como fluídico, es el instrumento enlazante, que une o comunica nuestra materia con nuestro espíritu, y para algunas corrientes espiritualistas existe una conexión espiritu-mente-cerebro, unidos mediante el cordón fluídico. Cuando nuestro cuerpo descansa, nuestra unidad integrada dirigente o Espíritu, se aleja en dirección al Espacio, para cumplir con lo mandatos de su Karma, en misiones o trabajos especiales, de acuerdo a su evolución espiritual. Muchas veces permanece cerca del cuerpo, como custodiándolo, y en otras se dirige a otros lugares pero dentro del mismo plano.

En todos estos casos, permanece unido a su cuerpo a través de su cordón de Plata. Pero en el otro extremo, en un punto sin fin ni fijo, todos estos lazos o cordones de altísima vibración fluídicas conectan con el Creador.

En el momento de la desencarnación, se corta, y el espíritu se dirige a los planos que de acuerdo con su comportamiento en vida en la Tierra le corresponda.

spirit free to ascend to the plane deserved according to the behavior of the person during life on Earth.

When a medium lends his or her material body for a spirit to materialize, an incorporated entity, or a Saint or Orishá, comes down to his or her body. His or her soul places itself by the side of the medium, connected to the body by means of the aforementioned cord. As during pregnancy the baby is fed through the umbilical cord, the Spirit performs the same function by having recourse to the silver cord, in order to feed itself on the spiritual particles that are necessary for the balance of the energetic system.

How the Table Can Be Used for Working with the Elements

When anxiety obstructs you from asking or mentally building a phrase intended for the purpose of making inquiries, write it down just as it has appeared in your mind, without attending to whether its grammatical form is proper or not, or whether a spelling mistake might be made.

The important thing is the idea that your mind is intended to plan and express itself completely free of any kind of ties. Write the thought on paper that is the same color as the element to which it belongs, or with a pencil having the same color, as shown in the above table.

Put the question in front of you with the writing up and the appropriate element card upon the writing. Then put both hands on the paper and the

Y cuando un médium presta su materia, para la materialización de algún espíritu, la incorporación de una entidad; o para que baje en su cuerpo su Santo u Orishá, su alma se coloca al costado permaneciendo unida y conectada con el cuerpo mediante el citado cordón. Y así como durante la gestación el feto se alimenta a través del cordón umbilical, el espíritu lo hace mediante el cordón de Plata, reponiendo y abasteciéndose de nuevas partículas espirituales que necesita para su complejo sistema de equilibrio energético.

Utilizacion de la Tabla para Hacer Preguntas a los Elementos

Para cuando la ansiedad no te permita formular o construir mentalmente bien una frase a modo de pregunta; escríbela tal cual como te surge en la mente, sin importarte si la construcción sintáctica está correcta o no, o si en ella hay una falta ortográfica.

Lo importante va a ser lo que tu pensamiento quiso plasmar y expresar. Escríbela en un papel del color al que pertenece el elemento, o con una lapicera con tinta de ese color de acuerdo a la tabla precedente.

Coloca la pregunta frente a ti, con la escritura para arriba y encima de ella pon la carta del elemento, hacia quien va dirigida. Coloca tus dos manos sobre el papel y la carta, primero la derecha y luego sobre ésta la izquierda, para que la corriente direccional empleada sea la del corazón, una forma simbólica de que prevalezca lo espiritual. A continuación recita la oración al elemento que hayas

card, first the right hand, and over this the left, so the directional current is that of the heart. This is a symbolic way to make the spiritual being prevail. Following this, the prayer pertaining to the element must be recited (see below).

Sit as comfortably as possible. Relax the different parts of your body from head to foot, because the feet are in direct contact with the Earth through which magnetic contact is made. Therefore, it is recommended that you be barefooted. Take four deep breaths, one for each of the four elements, shut your eyes, and say this prayer to help you concentrate:

> From Earth like dust I have come.
> Water remained a liquid in the genesis.
> Fire like divine impulse gave strength to my soul,
> For when I was born I could symbolize in a cry
> The intake of Air, giving me life and with it
> The breath to grow on. So, the four would be forever present, till Earth wished to protect me
> Again. ... That is why I am Earth, Water, Fire, and Air,
> And therefore I can claim them at this present moment, and in the future to come ...
> —Zolrak

Visualize the element card and imagine that its geometric figure is becoming larger until it entirely embraces the spot where you are. Try to remember its shape, reproducing its image in your mind, and try to see its colors. This mental image will connect you with the symbol language, provok-

consultado. (Ver más adelante).

Siéntate lo más cómodo posible, relájate por zonas de la cabeza a los pies (ya que éstos son el contacto directo con la Tierra actuando como medio eficaz para las descargas, por lo tanto aconsejo descalzarse al hacerlo). Haz 4 respiraciones profundas (cada una de ellas por los 4 elementos), cierra los ojos y di esta oración si es que la misma te ayuda aún más a concentrarte:

> De la Tierra como polvo provengo, el Agua estuvo como líquido en la placenta, el fuego como impulso Divino dio fuerzas a mi alma para que al nacer pudiese en un llanto simbolizar la entrada del Aire, insuflándome vida y en ella el aliento para crecer. Para así estar los 4 siempre presentes, hasta que la Tierra me volviese a cobijar ... Por eso Yo soy Tierra, Agua, Fuego y Aire, y es por ello que Yo los puedo reclamar en este momento aquí presente y en el que vendrá ...
> —Zolrak

Visualiza la carta del elemento y que su figura geométrica, se agrande hasta localizar y abarcar completamente el lugar donde Tú estés. Trata de recordar su forma, como dibujándola en tu mente, esfuérzate en ver sus colores. Esta mentalización te conectará con el lenguaje del símbolo, provocando comunicación y protección de él hacia ti. Si no puedes captar la figura en su totalidad, no te preocupes, hazlo por partes, hasta integrarlas con el todo, y si en la proyección prevalece una de ellas, no importa, pues ésta acarreará a las demás. Si tienes la intención de que éste proceso ocurra, se provocará y se producirá con tu esfuerzo y la repetición.

ing a communication and also protecting your personality.

If you cannot capture the image in its entirety, do not worry about it. Make it easy by dealing with parts of the whole until they become totally integrated to the general abstraction. If you find that one of the partial images tends to prevail, it does not matter; this will attract the remaining ones. If you are determined, the process will occur. It will certainly be fulfilled by means of your efforts and repetition of the test. Even if in the beginning it is hard to do, your brain has received the order, and the intercommunication mechanism is built automatically without your conscious interference.

The below table is provided so that you may choose the appropriate element to fit the nature of your question.

From the 52 secondary cards, separate the four element cards, and use the appropriate one just as previously described, placing it on top of the paper with your question written on it.

The remaining three element cards are out of the reckoning now, and the remaining deck will have 48 cards, which

Aún costándote al principio, tu cerebro ya habrá recibido la orden, y el mecanismo de intercomunicación se establecerá solo, sin darte cuenta.

Para elegir de acuerdo a la pregunta que quieras hacer, un elemento deberás tener en cuenta, esta clasificación de valores:

De las 52 cartas secundarias o accesorias, separarás las 4 pertenecientes a los Elementos, la cual una de ellas, pondrás como vimos al principio encima de tu pregunta.

Las otras 3 quedarán fuera de la tirada, contando para la misma con 48 cartas (4 + 8 = 12, que representarían los 12 meses del año, pero como 1 + 2 = 3, éste número simboliza los 3 meses que dura cada estación; y los 3 signos Astrológicos de cada Elemento).

Mezcla entonces las 48 cartas, siempre tratando de visualizar al Elemento, y por supuesto haciendo la pregunta lo más precisa posible. Luego hay que cortar 2 veces, quedando 3 montoncitos de cartas. Al cortar se debe hacer de derecha a izquierda, y con la mano izquierda, o sea en posición números 1, 2 y 3.

No.	Element	Concerning	Season
1	Earth	Economic and Material	Winter
2	Water	Sentimental, Feeling and Spiritual	Spring
3	Fire	Labor and Physical	Summer
4	Air	Troubles and Mental Dispositions	Autumn

No.	Elemento	En lo Concerniente	Estación del Año	
1	Tierra	Económico y lo Material	Invierno	
2	Agua	Sentimental, emotivo y lo Espiritual	Primavera	
3	Fuego	Laboral y lo físico	Verano	
4	Aire	Contrariedades y lo Mental	Otoño	

months of the year (4 + 8 = 12). Also, since 1 + 2 = 3, this last number represents the three months that each season lasts, and also the three astrological signs of each element.

Then shuffle the 48 cards, trying always to visualize the element, and of course formulating the question as distinctly as possible. Afterwards you must cut the deck twice, so that three small stacks of cards are left. When cutting, do so from right to left and use the left hand; that is in positions 1, 2, and 3.

Position number 1 represents the season of the year of the selected element; therefore, if Water was chosen, the season will be spring, and so on. But suppose that the real season of the year, that is to say that which is in progress at the moment the question is asked, is something else; for example, autumn.

La número 1 representa a la Estación del año del Elemento elegido, es decir por ejemplo, que si elegiste el Agua, la Estación será la Primavera, y así sucesivamente. Pero suponte que la Estación Real del Año, o sea la que está rigiendo en el momento de la pregunta fuera otra, como por ejemplo el Otoño, esta Estación con respecto a la primera es su Futuro (ver numeración y ubicación de los Elementos en la Tabla de Clasificación de Valores). Por lo tanto el montoncito de cartas de la posición número 1 es el Futuro, y como el Invierno antecede a la Primavera (Estación Fija, de acuerdo al Elemento elegido) la número 2 es el Pasado; por consecuencia la número 3 es el Presente.

Dando otro ejemplo, tomando como Estación Fija también a la Primavera (es decir que el Elemento

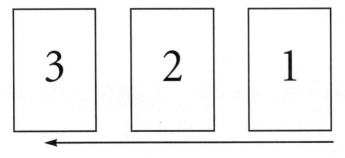

Then this last season in relation to the first one is its future (see the number and place of the elements in the table).

Therefore, the small stack of cards in position number 1 represents the future, and because winter precedes spring (the fixed season as determined from the selected element), position number 2 represents the past. Therefore, position number 3 represents the present.

As another example, say that the fixed season is spring (that is to say that the chosen element is Water), but suppose this time that the real season is winter. Then the last one with respect to the first one would be its past. For that reason, position number 1 is the past and number 2 the present, and position number 3 represents the future.

Next, each card must be turned up in each stack of cards. Then proceed to its interpretation.

Prayers for the Elements

Earth Element

Sacred Mother Earth,
that you under your breast protect
the utmost beautiful wealths.
That support with your Strength
the most powerful colossus.
That has valleys and prairies, mountains
and hills are your belongings.
Rocks and stones
all are lost on your infinite horizon.
Put me in harmony from North to South, from South to North.
And make me feel the living of Orient and Occident.

elegido ha sido el Agua), pero suponiendo esta vez que la Estación Real del Año fuese el Invierno, ésta con respecto a la primera es el Pasado. Por lo tanto esta vez la número 1 es el Pasado, la número 2 es el Presente y la número 3 el Futuro. Luego girarás cada montoncito de cartas y procederás a la interpretación.

Oracionespara los Elementos

Elemento Tierra

Sagrada Madre Tierra,
que cobijas en tu seno
la más excelsas riquezas.
Que sostienes con tu Fuerza
a los Colosos más Potentes.
Que tienes valles y praderas
montañas y montes,
rocas y piedras.
Perdidos todos en tu infinito horizonte.
Ponme en armonía de Norte a Sur, de
　　Sur a Norte.
Y hazme sentir la vivencia del Oriente y
　　Occidente.
Dadme la idea de tu Esfera viviente
así como la altura de tu cima más
　　saliente.
Y desde el centro de tu vientre
la energía que perdura desde siempre.
　　　　　　　　　　　　—Zolrak

Elemento Agua

Con azules y celestes,
con verdes y turquesas
tiñes de color la vida.
Sos el silencio y el canto

Give me the idea of your living sphere
as well as the height of your most
    peaked summit.
And from the center of your abdomen
the power that for ever will be endured.
                              —Zolrak

Water Element

Blues and sky blues,
Greens and turquoises,
you are dyed the color of life.
You are the silence and the song,
like a valuable shawl,
running, jumping, leaping,
you bring the precious nourishment
for that which is thirsty and anxious
and draws near you in haste
to receive your baptism.
And as though answering to the clouds
you begin falling down
in the form of glorious rain.
As a strong figure
you are mounted on the crest of the
    waves,
showing your ballerina silhouette
as you pass among the scenes,
across rivers, cascades, and brooks.
Make flow likewise my blood through
    my veins.
The passion that I have for you
makes me one more of your devoted
    followers.
                              —Zolrak

Fire Element

You raise yourself as lighting rays
as if you were searching for the divine,
setting a fire as you are going on
the paths of any pilgrim,
that searching along your path

que como preciado manto
corriendo, saltando, brincando
traes alimento precioso
para aquél que sediento y ansioso
se acerca a ti presuroso
a recibir tu bautismo.
Y como respuesta de las nubes
caes como lluvia gloriosa
como figura vigorosa
te encrespas en las Olas,
como silueta bailarina
pasas como entre bambalinas
en ríos, cascadas y arroyos.
Haz fluir como mi sangre por mis venas
la pasión que por ti denoto,
haciéndome uno más de tus protegidos
    devotos.
                              —Zolrak

Elemento Fuego

Como haces de luz te levantas
como si buscaras lo Divino
encendiendo en tu paso
los caminos de cualquier peregrino
que buscando en tu sendero
interroga sobre su destino.
Eres el Fuego que alimenta
la Sabiduría de los Grandes.
Eres el que ilumina
poniendo fin al desatino
alumbrando la Libertad
y convirtiendo en cenizas
la injusticia, la incomprensión y el
    desvarío.
                              —Zolrak

Elemento Aire

Invisible como eres,
tu presencia te delata
en el silbar de tus Fuerzas.
En el golpear de las ramas

you question about your destiny.
You are the fire which nourishes
the Wisdom of the Greats.
You are the one who illuminates,
and puts an end to the blunder,
making Liberty quite clear,
and converting in ashes
injustice, misunderstanding, and raving.
                                        —Zolrak

Air Element

Invisible as you are,
your presence gives you away
when your forces are whistling around
        you.
Also you are evident when the branches
        hit,
because as you are passing by they rise up
and become so tense
that they resemble violin arcs and
        strings of harps.
I do not see you, but I feel you,
And I can hear the moment you pass.
And only when I am breathing
I make myself an echo of your work,
repeating without pause
that without you my love is lost.
                                        —Zolrak

que al levantarse cuando tu pasas
se tensan de tal manera
como arco de violines y cuerdas de
        Arpas.
No te veo, pero te siento
sólo escucho cuando pasas
y sólo al respirar
me hago eco de tu obra
repitiendo sin cesar
que sin ti mi Amor se ahoga.
                                        —Zolrak

MAGIC

LA MAGIA

Magic represents the active principle of time, and from my viewpoint it is endless. As a principle it is an *a priori* event, a source, a cause, ever-standing, and in reality never disappearing even during the periods when it seems to vanish. Magic is God, and He is the Supreme Magic, because to procreate is part of this magic, as are developing cycles, our daily awakening, and even the so-erroneous fact called death.

To think about magic makes us shiver, because drowsy or sleepy thoughts, having been rescued, put us in general in contact with reality, with the truth and frankness that are related to feelings. This is so tremendous that it may stagger even the most empirical, rational, and deterministic structures. That minimum contact with reality is a divine sparkling, but many times cultural fears and social interests obscure even the most evident.

We are inclined to suppose that magic is complex, its rituals tortuous and obscure in spite of usually being quite structured, yet lacking in simplicity. We are free to make this supposition because magic, like breathing (also magical), is done automatically, unconsciously, without thinking. It is a latent

La Magia representa el principio activo de los tiempos, y para mi entrever no tendría fin. Ponerla como principio, es ubicarla a priori, ante cualquier cosa, como fuente, causa, como lo que siempre tuvo que estar, como lo que en realidad no debería supuestamente haber desaparecido por momentos. Magia es Dios, y Dios es la Magia Suprema, el procrear es parte de esta Magia, los ciclos evolutivos, el despertar nuestro de cada día, y hasta lo que llamamos mal denominadamente muerte. Pensar en la Magia, nos hace estremecer, es como rescatar lo adormecido o atontado, y ese despertar nos pone de relieve, y en contacto muchas veces con la realidad, la verdad en la franqueza de pensamiento. Lo que puede hacer tambalear a las estructuras más racionalistas, determinantes y quizás empiristas. Ese contacto mínimo, surge tal como Chispa Divina, pero muchas veces temores culturales, e intereses sociales, obnubila hasta lo más palpable. Tenemos la tendencia a creer que ella es complicada, tortuosa en rituales, obscura; y si bien muchas veces es altamente estructurada no por ello pierde la simplicidad, es que la Magia se da como el acto (también Mágico) de respirar, el Hombre lo realiza sin pen-

necessity in the same manner that the lung's alveoli take the air without noticing it. This is also magic, and nobody notices it or monitors it. It appears like all magic acts done in the psyche, in the "parallel worlds." Furthermore, using another frequency, those worlds are easily penetrated by a "shaman," a "psychic," a "magician," etc.

However, taking into account that it is possible for this phenomenon to happen spontaneously, and without previous announcement, analysis puts it aside and ignores it, at least for a while.

Magic has been with humanity since the beginning of time, and will live inside our hearts and thoughts until the human form vanishes. Even then, I suppose magic will continue to exist on other levels of consciousness as a means or vehicle for the elevation of some other form of life.

As well as the survival instinct, magic has served in the daily life of humanity for interpreting in the simplest terms when elements are loaded with too much tinsel and garments.

Trying to define it is the same as trying to summarize it, to imprison it, since it seems that synthesis does not suit it. That is because its command comes from the beginning of time, and consequently trying to qualify a time dimension in terms of effect, duration, continuity, and expiration is almost impossible. These kinds of measures are very materialistic. They exist in this unique plane. Meanwhile magic makes its way along various planes at the same time, and its influence embraces all of them. But we, who must define everything, even love, have tried to conceptualize, summarize, and make a

sarlo, como necesidad latente, llena sus alvéolos pulmonares sin darse cuenta. Esto también es Magia, y nadie se lo plantea, y surge como todo acto mágico en la psique, en los "Mundos Paralelos"; que con otra frecuencia es fácilmente penetrable por un "Chamán," un Psíquico, un Mago, etc.

Sucede en forma espontánea y sin planteamientos previos, dejando el análisis de lado, prescindiendo de él, aunque más no sea momentáneamente. La Magia ha vivido con el Hombre desde sus comienzos, y vivirá en su corazón y pensamiento hasta que se desestructure o se disgregue como Forma Humana. Y aún así luego de ello, con otra forma de energía o estructurada en otros niveles de conciencia; pienso que seguirá existiendo, como medio o vehículo de Superación de cualquier forma de Vida.

Así como el instinto de supervivencia, la Magia ha servido en el cotidiano vivir de la Humanidad, desde la más simplista hasta aquella con demasiados oropeles y atavíos.

Querer definirla, es como abreviarla, es casi como aprisionarla, pareciera que la síntesis no va bien con ella. Es que rige desde los Tiempos, por ello es que cuantificar una medición de tiempo en efecto, duración, continuidad, expiración; es casi imposible. Estas determinaciones son muy materialistas, corresponden a este plano, y ella se mueve en varios a la vez, teniendo influencia en todos. Pero el Hombre, que se ha empeñado en definir todas las cosas (hasta el Amor—¡mágico por supuesto!—) la ha querido conceptualizar, explicar en breves, escuetas y a veces pobres palabras.

definition for magic with short and sometimes very poor words.

I have listened for many years to many and various definitions, and have even offered a few myself in conferences and lectures. In simple conversations I have had to define, in spite of my better judgment, the concept of magic, even knowing it to be impossible, because magic embraces all that exists. Among the defining expressions, we can find such things as: "It is the art of producing paranormal phenomena," "It is the technique for disposing the cosmic forces in our favor," "It is the art or science for handling natural forces," "Magic is the art, technique, and science which is capable of producing extraordinary effects though means or causes of natural origin, producing facts or phenomena that seem to be of a supernatural nature."

But, in brief, I would say that: "Magic is the most sublime art that links humanity to God." This seems much too simple, because it appears to be less than could be said, but it is still more than our practical and rational minds can ever grasp.

No doubt at all: magic is an art. Most artists are potential or developed mediums, as well as real magi, and they must be obviously talented and also exquisitely sensitive. And science without any question is also magic: the proof can be seen in the latter discoveries that seem to be really magic. And finally, the techniques of science with its repeated components also exist in magic and are of the same kind. The ratification of this statement can be seen in the respective methodologies: both science and magic are character-

He escuchado a lo largo de muchos años varias y diversas; y hasta Yo mismo en conferencias, o en simples charlas he tenido que definir (muy a pesar mío) lo que creo que en sí misma, define a todo lo que existe. Entre esas frases se encuentran: "Es el Arte de producir fenómenos paranormales," "Es la Técnica, para poner a nuestra disposición las Fuerzas del Cosmos," "Es el Arte, Ciencia de manejar las Fuerzas de la Naturaleza," "Magia, es el Arte, Técnica y Ciencia de realizar extraordinarios efectos a través de medios o causas de origen natural produciendo hechos que son o parecieran ser Sobrenaturales."

Pero, Yo diría que: "Magia, es lo mas sublime que une al hombre con Dios." Parece simplista, porque es menos de lo que podemos decir; pero es más de lo que nuestras mentes, racionales y prácticas pueden llegar a captar y entender.

Sin duda alguna que el Arte es Magia, ya que los Artistas (la mayoría de ellos Médiums desarrollados o potenciales) al igual que todo Mago, deben ser obviamente talentosos, pero exquisitamente sensibles. y que la Ciencia lo es también, no tiene cuestionamiento, ¡tan sólo con observar los últimos adelantos, realmente mágicos!

Y por fin, la Técnica, tiene componentes que se repiten y deben existir en la Magia, sus componentes son de esta especie; vaya que es verdad, ellos son: la repetición, la consecuencia, la comprobación, la voluntad, el trabajo, etc.

Entendamos que Ella los abarca y no inversamente, Ella los contiene y se podría decir que por designios Superiores, los protege. ¿Pero y qué tal, con la diferencia entre Magia Blanca y Magia

ized by repetition, error, trial, consequence, proof, willing work, dedication, results, and so on.

It should be made clear that magic embraces all these subjects, but it is not possible that it should be embraced by them. Magic contains all this, and we could say that it is of a superior design, and protected. But what about the difference between white magic and black magic? Here again we find the stubborn belief that black is bad and white belongs to good. When we are quite aware that a ritual is done with white candles, it is likely to have an intention of purity according to its color—but chaotic effects can be produced as well. Clearly, it is plain that good or bad depend only on the operator. I prefer to call the first one "magic" and the second one, in order to make a distinction between them and find some term suited for the definition, "sorcery" (or "witchery").

Then the question arises: are all the so called sorcerers evil people, and do they all do bad things? No, but because of habit and the common use of that meaning, they are included under such a terminology.

And to make something dirty that is in its essence pure, what better method than to introduce doubt, mixing the concepts, and also to present the ideas covered with a mantle of innocence or, conversely, pretending ignorance?

Your hands can sow the earth and then be made clean with water, but the same hands can handle a weapon against innocent people and also get physically clean after the fact. But foaming water does not delete the traces of the second action, and its evil effect

Negra? También aquí el empecinamiento de que lo negro es malo, y lo blanco bueno … cuando sabemos perfectamente, que en un ritual con velas blancas, supuestamente intencionalmente tan "puras" como su color; se pueden producir efectos caóticos también. Evidentemente, convengamos entonces de que lo bueno o lo malo, dependerá del Operador, que está oficiando como tal. Prefiero llamar a la primera de ellas con el vocablo "Magia" y a la segunda, para diferenciarla de alguna manera y buscarle algún término, opto por llamarla "Hechicería"

¿Es que todos los llamados Hechiceros, hacen el Mal, son todos ellos seres malvados? No, no es así, es que simplemente por el uso y costumbre de esta denominación, se incluyen o los incluyen en esta terminología.

Y para ensuciar algo elevado, qué mejor que producir confusión, miedo e inseguridades, qué mejor que entreverar las cosas con un manto de supuesta inocencia, a veces aduciendo ignorancia o desconocimiento.

Tus manos pueden labrar el campo, y luego al finalizar asearse; pero las mismas manos pueden empuñar un arma contra un inocente, y a posteriori higienizarse. El agua jabonosa, no borra las huellas de la segunda acción, su nefasto efecto queda grabado como manchas en tu "Periespíritu," no escapando a tu conciencia, ni a los ojos de Dios. Sin embargo, en los dos ejemplos dados, se utilizaron como instrumentos primarios a la misma cosa: manos de seres humanos.

Allí está la clave, todo dependerá del oficiante, del operador, del ejecutante, de lo que éste quiera conseguir,

remains engraved as dirty spots in your aura. Your conscience cannot be free from them, nor can they be concealed from God's eyes. Nevertheless, in these two examples, human hands were employed as the primary instruments in both cases. There lies the clue about the conduct of the operator, the executor, the maker, of whatever he wishes to produce, or the object pursued.

In magic an element depends on the use for which it is intended, the person who utilizes it, and its final consequence for good or bad. The will of the person who employs it determines the plane or the medium in which the element actuates. For example. it is well known that muscular pains can be made to vanish by means of a little sulfur bar, when it is rubbed on the affected zone, and then the "stroke of air" is dissolved. (Many practitioners recommend doing this in the form of a cross, like an exorcism, so that a magic form of healing will be actuated, reinforced which prayers and mantras). But the same sulfur bar in powdered form, thrown before the door of an enemy, may bring about many misfortunes and sorrows.

Another term much more attached to negativity in this kind of action is "witchery," which is commonly considered to be of evil genesis. Not all witches and sorcerers do evil, but it is necessary in some way to distinguish between the two operational forms.

I present my apologies to all those who under the name of sorcerers perform a good mission by helping their fellow human beings. And I reject those who, safeguarded under the denomination of magus, are inclined to soil the

de los fines que persiga.

Un elemento utilizado en Magia, dependerá del uso que se le dé, y de lo que la persona quiera obtener, para que se comporte como algo bueno o malo. La voluntad de quien lo emplee, determinará, el plano o el medio en donde va a actuar. por ejemplo: es bien sabido que con el azufre en barra, se quitan dolores musculares, al friccionarlo o pasarlo por la zona afectada (muchos recomiendan hacerlo en forma de cruz, a modo de "Exorcismo," donde comenzaría a jugar o a implementarse una forma mágica de curación, muchas veces acompañado de oraciones y plegarias), al absorber al decir de quienes los emplean el "golpe de aire" allí concentrado. Pero esta misma barra de azufre pulverizada, y lanzada en la puerta de un enemigo, puede acarrearle toda suerte de desgracias e infortunios.

Otro término que se adecúa aún más a lo negativo de estos accionares, es la palabra "Brujería," que convencionalmente se la considera maligna. Tampoco todos los llamados "Brujos," hacen el mal, ni nada que se le parezca; pero bueno... de alguna manera, hay que distinguir una forma operacional de la otra.

Mis disculpas personales, a todos aquellos que enrolados bajo los términos de hechiceros o brujos, realizan una loable misión, ayudando a sus semejantes. y mi repudio, a aquellos que escudados con el nombre de Magos, ensucian los conceptos que bajo este nombre se acunan. Haciendo esta salvedad, que me parece muy necesaria, y por demás justas; hago hincapié en utilizar el término Mago o Maga, para aquellas personas que utilizando ese rol, se acercan en forma sublime a Dios...

concepts which they employ. As this exception has been made clear, it seems to me very necessary to highlight that the term "magus" is employed for those who perform that role with the intent of reaching the holy form of God.

Jesus of Nazareth was for me the greatest magus ever known, and also the most exquisite medium as well as the most inspired psychic. If not, how are His great and wonderful miracles to be understood, or even His personality, His soul, the mission He was given on Earth, His mind, and so on?

Of course, He was the Son of God on Earth, and that is why I think this way. Three wise men came from the East to be present at His birth, because He also was a "great and powerful magus," and in the moment of His incarnation the Light was manifested.

Still, we must ask this question: What is the link between religion and magic? I think it is impossible to make any distinction, and this is so important that it is impossible to separate the two philosophies. This being so, magic makes religion more religious; likewise, magic is magnified by religion, gaining a revalued concept.

All religions have had certain magical components in their dogmas that in general appear to have identical characteristics. According to the English anthropologist Sir James G. Frazer, religion tries to realize itself by means of formulas and rituals, which are just those things that magic uses to control natural forces. In reality, religion acts with respect to divine will, while magic compels mystical forces in some degree. These two concepts seem to be mixed, but if we consider the way both of them

Jesús de Nazareth, fue para mí, el más grande de todos los Magos, también el Médium más exquisito y refinado, el Psíquico más inspirado. De lo contrario ¿cómo se entienden sus milagros, su personalidad, su alma, su misión, su mente ... ?

Sí, claro, fue el Hijo de Dios en la Tierra, y es por ese motivo que pienso así. Tres "Reyes Magos" de Oriente acudieron al nacimiento de un Poderoso y Gran Mago, y en el momento de su encarnación, nació la Luz.

Bien, queda plantearnos: ¿Qué sucede con la Religión y la Magia? Creo que es imposible separarlas, a tal grado, que muchas veces se llegan a fundir en una sola cosa; y en éstos casos entiendo que la Religión llega a ser más Religión, sucediendo lo mismo con la Magia; obteniendo una revalorización conceptual.

En todas las Religiones, ha habido componentes mágicos que en mayor o menor cuantía tenían y tienen caracteres y distingos de ese orden. Según el antropólogo Inglés Frazer, una trata de propiciar a través de fórmulas y otros medios afines, lo que la otra con un control directo de las fuerzas Naturales, quisiera conseguir, la primera respetando y acatando la Voluntad Divina, y la segunda obligándola. Estos conceptos parecieran confundirse, y si pensamos en la forma de operar de una y otra, veríamos que entre ellas hay intercambio de elementos. Las dos necesitan de uno o varios oficiantes, de la voluntad o por lo menos la Fe de sus practicantes (aunque muchas veces sus fenómenos se den a expensas de éstas), contienen rituales, se valen de oraciones, rezos, cánticos, creen en un Poder Superior,

act, we might be aware of a certain inter-change of elements, of basic procedures.

Both of them need the presence of one or more practitioners who profess their faith (even though sometimes the phenomena given are based only on pure faith). Furthermore, they use ritu-als, prayers, psalms, and songs, and both of them believe in a superior power, have their own systems, and petition, acclaim, praise, etc.

I have the idea that there are more magical religions than otherwise, and in this case religion goes hand-in-hand with magic; they are well combined without any confusion at all. They do not want to cover or hide anything, because magical knowledge belongs to everybody. Human beings should be free to use it on their own behalf and on behalf of all.

About 2,400 years ago, there lived in the city of Gordium a great Pythoness, who had promised that whoever was able to untie the Gordian Knot would become ruler of the whole world. Many would-be rulers failed in their intent, until Alexander the Great, before the astonished Pythia, got out his sword and cut the knot with one sharp stroke.

Then she said, "You will be the ruler of the world." And so it happened.

Alexander decided to solve that great mystery his own way. He under-stood the principle of knot magic, thinking in a original manner. Was all this a great coincidence? An act of anger or impotence? Who knows? We will never know the answer … and specula-tion will continue to offer explanations without success.

Perhaps his decision was the only way of breaking fate, by means of a sword, which we all know cuts the air,

tienen su propio sistema, peticionan, aclaman, ensalzan, etc.

Concibo la idea de que hay algunas Religiones más mágicas que otras, y en ellas aunque la parte religiosa vaya de la mano con la mágica; están más demar-cadas, sin prestarse a confusión, no que-riendo tapar ni ocultar nada; ya que el conocimiento de la Magia es, para todos, para que el Ser Humano pueda usarla, en favor suyo y para el bien de todos.

Alrededor de 2400 años atrás en la Ciudad de Gordio, había una Pitonisa, quien ofrecía desatar el "Nudo Gor-diano," si así alguien lo hiciese se con-vertiría en el dueño del Mundo. Muchos fallaron, hasta que Alejandro Magno, ante la presencia atónita de la Pitonisa; al ver que no podría desatarlo, desenvainó su espada y de un certero movimiento lo cortó. ¡Serás el dueño del Mundo!—dijo ella. y lo fue... Optó por una forma de desentrañar el famoso misterio.

Entendió la Magia del Nudo, a su manera … ¿Casualidad? ¿Acto de ira e impotencia? Nunca lo sabremos, y la especulación seguirá latente.

Quizás era la verdadera forma de deshacerlo utilizando una espada que como conocemos, corta en el aire las malas influencias, presiones obsesoras y ataduras; y como bien sabemos un nudo, cualquiera fuera su tipo o forma en la Magia se refiere a éstas últimas.

En el llamado "Bajo Espiritismo," aquél en donde se utiliza la medium-nidad para cortar la libertad de los demás seres, se utiliza lo que se llama la "Técnica del Nudo Astral"; en donde a altas horas de la noche, invocando y lla-mando por el nombre de una persona, se consigue que el espíritu del invocado

evil influences, obsessive pressures, and any other ties. And as we know, in magical thought, any kind of knot has to do with something that is fastened.

In low spiritualism, where the power of a medium is used to curtail the liberty of other beings, the astral knot technique is used. In the middle of the night, a person is called by name so that the spirit of that person (who is peacefully resting) may be materialized into the body of a medium who is in trance. Once this is done, and it is confirmed that the real personality of the attacked person has been bewitched, the "mother knot" is tied. This knot is made of various colored ribbons, which have the power of making the person return however many nights it takes to accomplish whatever dirty spiritual work they pursue. Every night a new knot is made; the victim's energy is depleted until the victim is not able to resist subsequent attacks and at last succumbs.

The object of all this is that the bound spirit could be commanded to do things against his or her will, and to carry out the desires of his or her spiritual owners. Every morning, the victim will have the strange sensation of not having had any rest during the night. As the mind becomes weaker and weaker, the victim will no longer be able to resist the intentions of his or her enemies.

During all this process and until the fundamental knot is made, the soul of the victim will be upset in the night; it will seem as if his or her body is struggling against some invisible creature and having some kind of convulsions. The victim will often see many people who wish to capture him or her and will at last fall down through empty space, into

(cuya materia descansa en esos momentos inocentemente) llegue a materializarse en el cuerpo de un medium, preparado para tal fin. De así conseguirlo, luego de confirmar la personalidad del así "Hechizado," se realiza el primer "Nudo Fundamental o Madre" hecho en cintas de varios colores, que obliga al atacado espiritualmente a volver tantas noches sean necesarias, hasta conseguir lo que éstas deleznables personas quieran lograr. Todas las noches hacen un nuevo Nudo, el que da más fuerza, para conseguir los siguientes teniendo la víctima cada vez menos energía para resistirse a estos ataques.

El fin perseguido, es inducir a este espíritu así "atado," a realizar tal o cual cosa. Cada mañana al despertarse, tendrá la sensación de no haber descansado ni repuesto sus fuerzas, y comenzará a gestarse en su mente poco a poco lo que sus atacantes quieren conseguir. Hasta lograr el "Nudo Fundamental," su alma luchará provocando sobresaltos en su dormir, y si alguien pudiera observarlo que en esos momentos, vería cómo su cuerpo pareciera debatirse en una lucha contra algo invisible, como si tuviera convulsiones.

Y muchas veces en sueños, verá como muchas personas tratan de alcanzarlo, de atraparlo, cayendo al fin en un vacío, abismo o precipicio (aunque muchas veces esto tenga otros significados psicológicos, no correspondiendo a lo citado, sino obedeciendo a otros factores). Los síntomas mencionados, se repiten en la mayoría de las persecuciones espirituales, y en los trabajos de brujería.

Otras veces, un nudo es utilizado en Magia, con fines inofensivos como

an abyss. (Of course, such a vision may sometimes have other psychological meanings without corresponding to the cited concepts.) In the majority of spiritual persecutions and works of witchery, these symptoms are repeating ones.

On other occasions, a knot is used in magic for harmless purposes, such as a protection measure, or as a means to make the thoughts stronger and more connected.

As we can see, the thing is reiterative, and everything depends on the operator's intentions. It could be said that in magic the fundamental basis is the will of the operator, and between magic and the zealous wish to obtain something, some kind of magical effects are produced.

The Bible says: "Ask, and it shall be given you."

If you ask for something with all the strength of your soul and with your will and intention included in the petition, the thing could be produced. Everything depends on you, and also on what you deserve to achieve because of your karma.

Along the path of humanity, and yet beginning with the Neanderthal, many sorts of religious-magical thought can be seen. For example, the fact of burying the dead in shallow graves together with weapons, personal belongings, and treasured objects is a clue that belies that those people believed in life after death.

In the Upper Paleolithic, the Cro-Magnon drew pictures on the cave walls representing acts of hunting and showing animals already wounded and captured. It was a kind of intention to anticipate the fulfillment of their wishes,

medida de protección, o como manera de afianzar un pensamiento, dándole más fuerza y en forma de encadenamiento.

Volvemos a lo mismo, todo depende de la intención del Operador.

Se podría decir que en la Magia, la base fundamental es la Voluntad, de éste último. Ella y el fervoroso deseo de conseguir algo, producen hechos mágicos.

"Pide y se os dará."—La Biblia.

Si pides algo con toda la fuerza de tu alma, con toda la intención y tu voluntad munida a ello, lo puedes producir, depende de ti, y de lo que te merezcas conseguir u obtener.

En el derrotero de la Humanidad, ya desde el Hombre de Neanderthal, se pueden observar bases de pensamientos mágico-religiosos. Por ejemplo al enterrar a sus muertos a poca profundidad y con sus herramientas y objetos de valor, sosteniendo quizás la creencia en una forma de vida después de la muerte. En el Paleolítico Superior, el Hombre de Cromagnon, representaba en sus cuevas con pinturas en sus paredes, momentos de su futura cacería, en donde aparecían los animales ya capturados y heridos. Una forma de anticiparse a lo que quería conseguir, evidentemente Arte en forma de actividad mágica.

El Hombre del Período Neolítico, tiene una base o forma de religión mejor elaborada, y mediante actos imitativos hacia un animal en especial, trata de prolongar su vida, realizan ceremonias para la lluvia, contra las tormentas, la sequía, etc. Trata de preservarse del Mal, de todas formas y maneras.

Es decir que desde los albores de la Humanidad, la Magia participa colabo-

and clearly it was the practice of an art from the viewpoint of magic.

Furthermore, we see that humanity in the Neolithic period had a form of religion that was more elaborate. Imitating the conduct of certain animals, they tried to prolong life. They also performed rituals to bring rain or prevent storms and droughts, etc. In general, they intended to save any sort of resources from evil.

So we can appreciate that, from the beginning of humanity, magic constituted an important means for helping to supply the majority of necessities. The simplest minds, and also the most developed, have been inclined to accept the workings of magic. (But I am not asserting the existence of magic, because to do that would be foolish). Thus kings, czars, rulers, politicians, artists, etc., have and have had their magicians, fortune-tellers, and astrologers.

Magic per se is an engaging mystery, as absorbing as life. It has even been explained by general laws to better its comprehension.

One of these laws is "the law of similarity"; that is to say, that which is similar or like something else can produce a similar pattern. Almost like the theater, it is intended to produce similar forms with the same characteristics in order to achieve favorable results. We also have "the law of contagion," which states that two things that have been together still influence each other in spite of being separated by time and space. The two mentioned laws act on "congeniality," not rejecting but instead attracting each other.

These laws were formulated by a wise man, James George Frazer,

rando con sus diversas necesidades. Las mentes más simples o rudimentarias, o las más elaboradas o evolucionadas se han inclinado a pensar en el funcionamiento (y no planteo la existencia, porque hacerlo sería redundantemente tonto) de la misma.

Así Reyes, Zares, Gobernantes, Políticos, tienen y han tenido sus Magos, Videntes, Astrólogos.

La Magia en sí denota misterio cautivante, tan atrapante como el de la vida, y se ha tratado de contenerla o explicarla con leyes que regirían para todo tipo de Magia, haciendo mejor su comprensión. Una de ellas es la "Ley de Semejanza," o sea que lo semejante o parecido produce algo similar a lo primero, casi como en escenas teatrales, se busca producir en forma análoga, respetando características, hasta hacerlas lo más parecidas posibles para que el resultado sea el más favorable.

Y la "Ley de Contacto," la cual dice que dos cosas que han estado juntas, lo siguen haciendo e influenciándose a pesar de que ya estén separadas por un tiempo o espacio, las dos leyes actúan con la "simpatía," es decir no rechazándose sino atrayéndose.

Con respecto a estas Leyes, hubo un estudioso ya nombrado, se trata de James George Frazer, antropólogo e historiador de las religiones, quien utilizó para sus estudios los métodos comparativos entre éstas y los ritos de los pueblos primitivos.

Magia, Ciencia, Arte y Religión, han producido siempre igual admiración y atracción en el espíritu humano.

La Religión proveniente del pueblo Yoruba es un claro ejemplo, en ella se combinan a la perfección.

anthropologist and historian, who studied religions by mean of comparative methods, including the rituals of primitive peoples.

It is worthwhile to emphasize that magic, science, art, and religion have always given rise to the same attraction and admiration in the human spirit. A remarkable example is the religion of the Yoruba people, where we can find the phenomenon of intellectual combination as related above.

Their beliefs and practices use dance movements, prayers, music, songs, words, gestures, aspirations, odors, fragrances, musical sounds, and so on and are able to produce high vibrations which are beyond common and credible barriers.

Incorporating their Orishas into those rituals, they can produce magical acts and religious phenomena full of art and science, all brought together with the best of philosophies, compensated with respect for the whole of Nature, and in intimate relation with respect for the human being.

When it was spread on the American continent, it took a name which was generalized under the title of "Santería," which is the respect, worship, and cult of the Saints. But this term is better known in the Caribbean and America. In Brazil, it instead took the name of "Candomblé," but all its practitioners are devoted to the worship of saints pertaining to sanctuaries.

All of them worship the same Orishas, though many times the consonants of the names are varied, or a different syncretism is found. Nevertheless, the endings and practices are the same, having an identical intention and sense, though they can differ in rituals.

Sus creyentes y practicantes mediante el movimiento de sus danzas o bailes, la entonación de sus rezos, la musicalización de sus plegarias, sus palabras, gestos, defumaciones, olores, fragancias, esencias, los sonidos de los instrumentos musicales; logran emitir fuertes vibraciones que traspasan las barreras de lo creíble y común. Con la incorporación de sus Orishas, producen hechos y actos mágicos, religiosos, embuídos de Arte y Ciencia; con la mejor de las Filosofías, y un equilibrado respeto por la Naturaleza toda, en íntima relación con el respeto inherente al Ser Humano.

Al extenderse en el Continente Americano, toma una denominación generalizada en el nombre de "Santería," es decir el respeto, veneración y Culto a los Santos. Pero con éste término en realidad se la reconoce con más facilidad en el Caribe y Norteamérica. En cambio en el Brasil, tomó el nombre de "Candomblé"; pero todos sus practicantes son Santeros, perteneciendo a la Santería.

Todos dan devoción a los mismos Orishas, aunque muchas veces en algunos nombres varían consonantes, o el Sincretismo sea diferente, lo cierto es que sus fines y prácticas, son las mismas, con igual intención y sentido, pudiendo variar en sus rituales.

En su Panteón se encuentran las Fuerzas de la Luz, sus Santos, sus Orishas. y en ellos todo un sistema de vida y de forma de encararla, creyendo en la superación y elevación de nuestra alma, y en la responsabilidad de nuestros actos.

Me referiré entonces con el término global e incluyente de Santería para la Religión Yoruba en América.

In their pantheons are found the Light Strength, Saints, and Orishas, and with them a whole system of life and how to face it, the essential creed being the elevation of the soul and responsibility for our actions.

So the global term Santería includes the Yoruba religion in America.

In this religion, black magic practices are completely forbidden, because it rejects witchery; the use of force to relieve pain; and the submission of the body, mind, or spirit of the human being in whole or in part for the same purposes.

It is simple to notice all this, because we do not find chaotic or destructive forces in this religion, or anything spiritually harmful or erroneous in its essence.

No Santero/a may employ the spiritual force of an Orisha to get revenge because no answer would be received from his or her pantheon. Not even if the revenge were justified, because justice acts according to whom it is aimed. Nevertheless, he or she may ask for justice, shelter, and protection with respect to any type of problem, dispute, or controversy which arises in his or her life. In this way he or she trusts in divine justice, whatever the verdict might be. God's justice will choose the right moment to put in action those mechanisms that are linked to the person's karma.

The Santero/a is well aware of the "boomerang effect"; that is, that all the good or bad you do will in time come back to you. He or she knows these laws, and for that reason his or her responsibility and involvement are greater than those of other people.

Para la misma, es importante recalcar, quedan vedadas o prohibidas las prácticas de Magia Negra, ya que rechaza rotundamente a la brujería, al uso de fuerzas para el sufrimiento, sometimiento pleno o parcial del cuerpo, mente o espíritu del Ser Humano.

Sencillo es poder descifrarlo o darse cuenta de ello, por la simple razón que no tiene fuerzas caóticas o de choque, o espiritualmente nocivas o equivocadas en su línea de Culto.

Ningún Santero puede emplear la fuerza espiritual de un Orisha, para fines vengativos, ya que no obtendría ningún tipo de respuesta de parte de su Panteón.

Aún cuando quizás esta represalia fuese justificable, ya que lo justo para muchos no lo es a veces para los demás; pero sí podrá solicitar Justicia, Amparo, o protección, sobre cualquier tipo de pleito o problemas que se le planteen a lo largo de su vida.

Sometiéndose de esta manera a la Justicia Divina, sea el fallo de la misma el que fuere; y la Justicia de Dios, sabrá así en qué momento, cómo y cuándo poner en acción todos sus mecanismos, en donde interviene el Karma de las personas.

El Santero es conocedor del "Efecto Boomerang," de que todo lo que haga de Bien y de Mal, le será devuelto. Conoce estas Leyes, y aún es más grande su responsabilidad, por no ignorarlas, teniendo así mayor compromiso que cualquier otra persona.

Umbanda

The word Umbanda may be divided into two terms, *um* and *banda*. *Um* or *aum* is a powerful mantram and when this nasal sound is repeatedly pronounced, it puts the being in harmony and in conjunction with the Cosmos. *Banda* means to be together, and its roots come from Sanskrit. It is translated in various ways such as: bringing together, together along God's way, together under the light of God, the releasing of the limits, the limit of the unlimited, etc.

It is a widespread religious phenomenon that takes place in Brazil and bordering countries. The origin of its rituals is rooted in Africa, and the content of its dogma is based on a common history which was repeated at one time or another throughout the Americas.

Along with slavery came the prohibition of the religious practices of the enslaved race. It was therefore necessary to continue to struggle with renewed energy. At first the cult was hidden beneath an apparent acceptance of Christianity in order not to be in conflict with their "masters," who considered the African practices as "pagan ceremonies."

This resignation did not represent an abandonment of the faith, because those who submitted were not the owners of their souls. They made their prayers before a Christ image or a cross, but in reality they were paying homage to Oxalá or Obatala, who was also the son of the Creator. We have already made clear how they adapted and assimilated the Catholic Saints to the African pantheon. They integrated

Umbanda

La Umbanda, cuya palabra se puede dividir en dos vocablos, Um y banda (um o aum, es un poderosísimo Mantram, que si se pronuncia nasalmente y en forma repetida, pone al Ser en armonía y conjunción con el Cosmos; y Banda, cuyo significado sería "reunidos juntos") proviene del Sánscrito. Hay varias interpretaciones de su traducción, a saber: "reunidos, juntos en camino a Dios," "unidos en la luz de Dios," "la ilimitación de los límites" o "el límite de lo ilimitado," etc.

Es un fenómeno religioso muy extendido y practicado en el Brasil y países limítrofes.

El origen de sus rituales tienen bases muy arraigadas en el Africanismo, y el fenómeno de su Doctrina se debe a una historia común por su repetición a lo largo de toda América.

Como sabemos con la esclavitud viene aparejada la prohibición de las prácticas religiosas pertenecientes a la raza sometida; esta situación suscita la imperiosa necesidad de seguir dando culto a sus energías. Camuflándolas, con una aparente aceptación del Cristianismo, motivado también por el deseo de llevarse bien con sus "amos," quienes consideraban a sus prácticas "ceremonias paganas."

Su resignación no representaba el abandono de su Fe, quienes los habían sometido podían ser dueños de su cuerpo, pero nunca de sus almas. Comienzan a rezar ante una cruz o imagen de Cristo, pero realmente lo hacían ante Oxalá u Obatalá, pues éste también era el hijo del Creador, y como ya aclaramos anteriormente fueron adap-

them and gave them a new dwelling in their lives and beliefs. This moral and religious attitude allowed them to survive under slavery with all its consequences.

But their belief in the Orishas was incorruptible, and the imposition of worshiping other figures, saints, gods, and totemic forms simply enlarged their field of perception for the grief of discrimination and misunderstanding.

Let us note that this phenomenon of cultural assimilation made by force for religious causes, which took place in Cuba, the Caribbean, Central America, and even south of the continent produced only one effect: the belief in the Orishas on the part of the Yoruba people or Lucumis did not disappear; on the contrary, it was reinforced, spread, and increased.

Many times the sons of the white masters got sick and mothers, not finding the scientists' methods able to cure them, in desperation asked for help from their slaves. God does not make any distinction based on social status, skin color, or many other differences. He helps us when our petition is sincere enough and projects His own Creation to make possible on Earth the "famous miraculous cures."

The African slaves knew very well that the cries of the white mothers were not the same as their own, because they were marked by flagellation, hunger, and other punishments. But being responsible in their mission and in their primitive wisdom they prayed to Olorun for the salvation and recuperation of their white brothers.

"For whosoever shall do the will of my Father which is in heaven, the same

tándose y asimilando los Santos Católicos al Panteón Africano. Los integraron, les dieron una nueva morada en sus vidas, en sus creencias. Esta actitud les permitió sobrellevar la esclavitud y todo lo que ésta traía inmersamente.

Pero su creencia en los Orishas era incorruptible, y pienso que la imposición a aceptar otros móviles, figuras, imágenes, en fin otra forma totémica les amplió mucho más su campo de percepción y de sensibilidad, motivado también por el dolor que provoca la marginación y la incomprensión.

Notemos que este fenómeno de asimilación de cultura por la fuerza, por imperantes supuestamente religiosos, que se dio tanto en Cuba, en el Caribe todo, Centroamérica, hasta el Sur del Continente produjo un solo efecto: la creencia de los Orishas del pueblo Yoruba o Lucumis, no se perdió, muy por el contrario, se extendió, creció, se afianzó, se fortaleció.

Fueron muchas las veces en que los hijos de los amos blancos se enfermaban, y al no encontrar pronta mejoría por medios ortodoxos; las madres desesperadas pedían ayuda y asistencia a sus esclavos, para ver qué podían hacer. Dios, que no hace distingos en clases sociales, color de piel, u otras diferencias; y que acude a nosotros cuando nuestro pedido es sincero, verdadero, munido de reales sentimientos, permitía realizar mediante sus falanges de Luz, proyecciones de su propia Creación y obra en la Tierra, las famosas "curas milagrosas."

El Africano sabía que el llanto de esas madres, quizás no se comparaba con las lágrimas de las propias; que no solamente veían flageladas sus carnes,

is my brother, and sister, and mother" (Matthew 12:50).

And God's will was that slavery be put to an end. It would be tedious to detail the various reasons for this assertion, but among others we must mention the social pressures, the cultural differences, moral distances, economic factors, etc.

At the same time many Native American tribes were extinguished, and many other people who owned the lands died rather than submit or lose their privileges under the new masters—who nevertheless could not completely dominate the rebels.

Also when liberty arrived, many black slaves were already dead, and a great number of Native Americans belonging to different tribes had moved on to other planes of existence.

These two big spiritual groups desperately wanted to develop themselves, because any soul or spirit needs to repair past errors to be included within the "law of spiritual evolution." They could not find a way within Kardecist Spiritism (even I am convinced that Allan Kardec—1804–1869—was not of this opinion) because they were souls bearing little karmic charge. Also they were considered as ignorant souls. Native Americans and slaves were marked as uncultured people. They were not able to project themselves in Spiritist sessions in the orthodox manner, because their messages were thought to be irrelevant and devoid of constructive teaching.

Their spiritual condition was so intense that they preferred to get away and not include themselves in Spiritist sessions. They could disguise their situa-

marcados sus cuerpos por los azotes y muchas veces enflaquecidos por la falta de alimento como castigo. Pero comprendiendo su misión, y con sabiduría imploraban a Olorun, por la salvación y recuperación de sus hermanos blancos.

"Porque todo aquél que hace la voluntad de mi Padre que está en los cielos, ése es mi hermano, y hermana, y madre."—Mateo, XII

Y quiso la voluntad de Dios, que la esclavitud terminara, sería complicado y tedioso los pormenorizados y variados motivos: sociales, culturales, morales, económicos, etc.

Al mismo tiempo eran muchas las tribus Amerindias que se extinguían, y muchos de los verdaderos dueños de estas tierras se dejaban morir con tal de no subyacer, ni perder sus concepciones ante los nuevos amos, los cuales no podían dominar al indio rebelde.

También a la hora de la libertad, muchos esclavos negros ya estaban muertos; y muchos de los indígenas de las diferentes tribus se encontraban ya, en otro plano de existencia.

Estas dos grandes falanges o grupos espirituales (como toda alma o espíritu que necesita reparar errores pasados, para encuadrarse en la "Ley de Evolución Espiritual") necesitaban evolucionar.

No encontrando camino, ni lugar, para expresarse dentro del Espiritismo Kardecista (a pesar de que estoy convencido de que el Padre del Espiritismo, Allan Kardec; no pensaba así, y que sus sucesores modificaron algunos de sus conceptos, como comúnmente suele suceder con los seguidores de algunos líderes) por considerar a éstas almas como portadoras de poca Luz Espiritual. Los consideraron almas igno-

tion, their origins, and make it appear that they were channeling new and distinct energies in order to make their own manifestations without objections.

They respected the decision of those who did not want to loan their bodies as mediums in order that manifestations could take place through them, but they were not listened to. Instead they had to search for a place within Africanism, and there, although they were not discarded, they still did not have a place within the practices.

Let us remember that pure Africanism is not worked with *Egúnes* (spirits of the dead), not even those who have light (who are disembodied but developed spirits). In Africanism only the Orishas are venerated, not the Egúnes. Mediums and Saints' sons do not materialize any Egún; within them the Orishas are incarnated, representing a tiny particle of the energy belonging to the guardian angel; that is to say, this energy possesses the body and is expressed through it as the representation of an Omorisha.

This overriding spiritual necessity caused Umbanda to be born in Brazil, taking the Yorubas religious philosophy, the syncretism already created with Catholicism, and the mediumistic techniques of Spiritualism. Moreover, the Umbanda at the same time gave birth to feelings of brotherhood on a Spiritualist basis.

In its development and evolution, two branches are recognized within the religious movement: the White Umbanda and the Caboclos Umbanda.

The first is also called Caritas Umbanda. By means of it Native American and slave spirits are manifested,

rantes, tildando a los indios y a los esclavos de incultos e incapaces de manifestarse correctamente en sus sesiones, pensando que no podían dejar mensajes elevados, ni enseñar nada constructivo.

¡Cuán elevada sería su condición espiritual, que prefirieron alejarse, no inmiscuirse en sus sesiones! Porque podrían haber camuflado su situación, su origen; haciéndose pasar por otras energías, logrando de esa manera manifestarse de igual forma. Respetaron la decisión de aquellos, que no sólo no querían prestar su cuerpo momentáneamente (mediums) para que se pudieran comunicar con este plano, sino que tampoco otros querían escucharlos. Buscaron un lugar dentro del Africanismo, éste no los rechazó, pero tampoco tenían cabida dentro de sus prácticas. Recordemos que en el Africanismo puro, no se trabaja con egunes, ni aún con aquellos que tienen luz (espíritus desencarnados evolucionados). En él se venera y se le rinde culto a los Orishas solamente, y no a los egunes. En sus mediums o hijos de Santo no se materializa ningún egún, en ellos se incorporan los Orishas, una millonésima partícula de la energía de su Angel de la Guarda, toma posesión de su cuerpo; y se expresa a través de su Omorisha.

Con esta imperiosa necesidad nace la Umbanda en el Brasil, la cual toma la filosofía religiosa de los Yorubas, el sincretismo ya creado, con el Catolicismo; y las bases mediumnímicas del Espiritismo. y con bases Espiritualistas, sentimientos Fraternos nace la Umbanda ...

En su desarrollo y evolución se reconocen dos ramas dentro de este movimiento religioso: la Umbanda

those anxious to evolve and work in spiritual aspect with the aim of helping embodied beings.

The native spirits began to put into practice the knowledge obtained from material life related to herbs, plants, and stones; also, ointments and prescriptions that made it possible to cure illness in tribes. The black slave souls were given the opportunity to work on behalf of their fellow human beings, by mean of practicing the wisdom of high magic. This was employed in enchantments for making love potions, obtaining prosperity, peace, beauty, strength, health, etc.

In this way the spirits of Caboclos Indians and old men *(Pretos Velhos)* do their work, in harmony with physician spirits and other souls of different religious currents, who give their knowledge and join forces with the Catholic Saints, having in mind that "union makes strength." Thus, we may find on Umbanda altars Jesus, the Immaculate Conception of Mary, oriental physician images, Incan spirits, the Fishermen's Virgin together with mermaid figures, *Pretos Velhos* images, Africans, *Vovós* (black grandfathers), etc.

In white Umbanda, the adepts are dressed in pure white garments. Shirts, blouses, pants, and skirts are designed in that color. They embody *Egúnes* who descend to Earth in light, in order to accomplish missions, help, and help each other. Nevertheless, they do not accept Eshus or Exus. Their religious experience is not very complicated, nor even extensive in time. In their ceremonies, percussion instruments are usually not used. Yet sometimes they do, although it is very rare to find such

Blanca y la Umbanda de Caboclos.

La primera de ellas, es también llamada Umbanda de Cáritas, por la cual se empiezan a manifestar espíritus de indios y esclavos, ansiosos de evolucionar y de trabajar en la faz espiritual; a fin de ayudar a los seres encarnados. Los espíritus de los indígenas empezaron a poner en práctica el conocimiento obtenido en la vida material, con referencia a yerbas, plantas, piedras. Ungüentos y preparados, que hacían posibles las curaciones en sus tribus. y las almas de los esclavos negros, poniendo al servicio de sus semejantes, toda su sabiduría en la Alta Magia. Empleándola en sus encantamientos, ya sea para los sortilegios de amor, prosperidad, paz, salubridad, belleza, fuerza, etc. Así trabajan los Caboclos (indios) y los Pretos Velhos (viejos negros) en armonía con espíritus de médicos, y almas de otras corrientes religiosas, que aportan su Sapiencia, conjuntamente con las imágenes de los Santos Católicos, como comprendiendo que: "la unión trae la Fuerza." De esta manera en el altar de Umbanda encontramos a Jesús, la Inmaculada Concepción de María, las imágenes de doctores y médicos orientales, espíritus Incaicos, la Virgen de los pescadores conjuntamente con figuras de Sirenas del Mar, las figuras de "Pretos Velhos," "Africanos," "Vovós (abuelos negros), etc.

En la Umbanda Blanca, sus adeptos visten inmaculadamente de color blanco, camisas, blusas, pantalón y polleras de ese color. Incorporan egunes con luz, para que desciendan a la Tierra, para cumplir misiones, ayudar y ayudarse, pero sin embargo no aceptan a los Eshús o Exús. Su preparación religiosa no es tan

instruments, but once in a while only a little bell. They sing only psalms and soft songs, serving to produce the embodying mediumistic phenomena. Their leaders are called spiritual directors and are in charge of sessions for teaching and realizing the psychic development of mediums.

Umbanda has another branch called Caboclos, a line that appeared much later, and generally serves as the first link in the course of this creed. Africanists of the Nagó, Oyó, and Cabinda lines are totally free to practice this Umbanda, and many of the rituals are comprised within Batuque. The believers in general follow this line before embracing "the law of Santo."

Basically Caboclos very much resembles Caritas Umbanda. Olorun presides, and the Sacred Heart image is respected at the high altars. Also considered along this line is the Native American totem; that is, the Tupa Great Spirit, creator of all things, and taking with much respect for its care the Native souls of the whole American continent, from the tribes of North America to the Brazilian Amazons, the Incas of Peru, Aztecs of Mexico, Guaraníes, Calchaquíes of Argentine Territory, etc.

They have good will for the acceptance of Exus and Pomba-Giras, who they consider the true defenders of mediums, keeping their images on small altars while the main altar is reserved for Saints.

The Giras of Exú (ceremonies or workings made employing such forces) are realized whether on days apart from Caboclos sessions, or in other rooms. If it is performed in the same room, a cur-

complicada, ni tan extensa en el tiempo. No utilizan los instrumentos de percusión en sus ceremonias, apenas a veces; y es muy raro encontrarlo, simplemente una campanita. Tan sólo con el sonar de las palmas y con cánticos suaves y dulces, logran el fenómeno mediumnímico de la incorporación. Sus dirigentes son llamados: Director o Directora Espiritual, quienes presiden las sesiones, instruyen y preparan el desarrollo psíquico de sus mediums.

La otra rama de la Umbanda, llamada de "Caboclos," es una línea que aparece después, y que generalmente es la que acompaña siendo el primer eslabón que generalmente cursan o recorren—de así desearlo—los Africanistas de la líneas Nagó, Oyó, Cabinda, etc., comprendidas dentro de lo que se conoce como "Batuque."

Generalmente incursionan en ésta línea antes de entrar en la "Ley de Santo."

Básicamente, es muy parecida a la Umbanda de Cáritas, mientras Olorun preside, y la imagen del Sagrado Corazón es respetada en lo alto de sus altares; también se considera al Tótem Amerindio o sea el Gran Espíritu Tupa, creador de todas las cosas, tomando con mucho respeto e integrando a las almas de los indígenas de todo el Continente Americano, tanto los Pieles Rojas de América del Norte, como los Amazónicos del Brasil, los Incas del Perú, los Aztecas de México, los Guaraníes, Calchaquíes en el territorio de la Argentina, etc.

Aceptan de buen agrado a los Exús y a las Pomba-Giras, considerándolos los verdaderos defensores de los Mediums, manteniendo sus imágenes en

tain is hung to cover the Saint altar, because the energy to be invoked is of a different vibration, moving on our same astral plane. That is why it can be the link between us and the Orishas.

In Caboclos Umbanda, colors are more intense, and it is even possible to wear garments of the same color as the entity, but in general white is the prevailing color. The women's skirts are bell shaped and decorated with laces and ruffles, whereas the men's trousers may be straight or simple, but slippers, bulky pants, and narrowed endings at the ankles are also used.

Drums, bells, maracas, and other instruments are used to produce a high and intense vibration for the gathering of the guides.

Their mediums are named *cavalos* ("horses"), because they are "mounted" by the entities. They spin on their own axis with amazing precision, never losing their balance, nor shaking, and even corporeal fatigue is not detectable. This show of energy, dance, and movement takes on another face at the moment one of the invoked energies *monta* ("ride") on the medium's body, which takes the entity's personality.

The priests belonging to this line are named *Caciques de Umbanda,* and to obtain such a rank it is necessary to have passed at least seven years of training and initiation.

Those who are present in the *terreiros* (temples) of Umbanda as simple spectators during meeting days may consult some entity and receive its spiritual help, guidance, and counsels.

It is quite thrilling to see how much wisdom they transmit to their mediums, and the promptness they show in solving the problems presented by the

pequeños altares separados del Altar Mayor, reservado para los Santos. Las "Giras de Exú" (ceremonias o trabajos mediumnímicos con dichas fuerzas) se realizan o bien en días separados a las sesiones de Caboclos o en otros salones, o bien en el mismo pero corriendo un telón a forma de cortinado cubriendo el Altar de los Santos (ya que la energía invocada es de diferente vibración, la misma se mueve en nuestro mismo plano Astral, de ahí que puedan ser los emisarios entre nosotros y los Orishas).

En la Umbanda de Caboclos, los ropajes son más coloridos pudiendo llegar a tener un atavío del color de su entidad, pero siempre prevalece el color blanco. La pollera de las mujeres, son más acampanadas o más armadas, con más encajes o volados, los pantalones de los hombres pueden ser rectos o simples, pero también suelen usar babuchas, pantalones abullonados— como pliegues—terminando ajustados en los tobillos.

Los tambores, campanillas, así como las maracas y otros instrumentos de percusión, son los que levantan una poderosa vibración para el llamado de sus Guías.

Sus mediums llamados "Cavalos" (que significa caballos) denominación dada, por la acción de ser "montados" por sus entidades; giran sobre su propio eje, con una precisión asombrosa, no perdiendo nunca el equilibrio, no agitándose ni reflejando cansancio corporal. El despliegue de energía hecha movimiento, danza, toma otro matiz en el preciso momento en que una de las energías invocadas se monta en el cuerpo del medium, adoptando la personalidad de la entidad.

consultants. The spirits of "Old Negroes" work in this way, consoling, relieving pains, and giving plain but wise advice, with the intelligence that only experience and perhaps sorrows may produce.

With their pipes, candy, and sweet liquors, they remind us of our dreaming grandfathers: those who are able to cherish us and at the same time scold us when we are bad. But their old eyes keep the most tender remembrances.

They are famous because of their *resguardos* (charms or amulets), called *patuas,* made to attract good fortune, love, money, sex appeal, etc. Generally, when they come down to earth, they make the body of the person who is taken by the spirit to shiver and adopt a bending, even arched, posture,

Worshippers sit at floor level on cushions or small wooden trunks, and sometimes but not frequently on small benches.

After marking their symbol by means of a piece of colored chalk (the color depending on the work to be done, or the people to whom they belong) to indicate their spiritual origin, ranking in magic, etc., they are prepared to begin their work.

It is also touching to observe the *caboclos* embodying, because the vibrations they produce are of such high frequency that the room and the people within it shrink back.

Their movement becomes more marked, more *marcatos,* having a rhythmical harmony of motion, visually almost more rigid, as a demonstration of the strength of these warriors.

They are not talkative, neither are they inclined to speech. For the most

Los sacerdotes en esta línea son llamados "Caciques de Umbanda," y para recibir tal grado, se considera necesario que mínimamente son 7 los años de iniciación que se requiere.

Los que asisten a los "Terreiros de Umbanda," como simples espectadores, en los días de sesiones pueden recurrir a alguna entidad con el fin de consultarla y recibir de la misma ayuda espiritual, consejos y guía.

Es emocionante comprobar la Sabiduría y sencillez que transmiten a sus mediums, y con la prontitud que demuestran tener, para solucionar los problemas que le plantean sus consultantes.

Así trabajan esos espíritus de "Viejos Negros," consolando, poniendo alivio al dolor, haciendo reflexionar con sus consejos sanos, sencillos, pero sabios, con la inteligencia que sólo el tiempo, la experiencia y quizás el dolor puedan traer.

Con sus pipas humeantes, sus dulces, golosinas, licores, nos recuerdan las imágenes de los abuelos soñados, aquellos que nos cobijan y regañan cuando algo hacemos mal, pero que sus ojos poblados de nubes por la edad, guardan los más tiernos recuerdos.

Son famosos sus "resguardos," llamados "Patuas," hechos para la buena fortuna, el amor, el dinero, el atractivo personal, etc.

Generalmente al bajar a la tierra hacen temblar el cuerpo de quienes los incorporan, tomando una postura agachada, encorvada.

Se sientan al nivel de piso, sobre almohadones o pequeños troncos de madera, inusualmente sobre banquitos.

Y luego de marcar o riscar su punto o símbolo que lo representa como tal,

part, they present a quiet, introverted personality, but as a contrast they are very insistent when it comes to the success of their missions.

Santería Is Not Voodoo

In the second half of the 16th century, the number of slaves who arrived in Santo Domingo intensified, mainly in Haiti. The Republic of Haiti is in the west part of the island of Santo Domingo, separated geographically from the Dominican Republic.

The inhabitants have French as their official language, but in spite of that the common people speak a dialect that is a mixture of French and the domestic Creole, which retains African phonetic characteristics.

French pirates settled themselves in 1626 on Tortuga Island, situated in the Atlantic Ocean north of Haiti. From that time on key movements took place in French expansion, because they began their occupation from the northwest of the island.

The Spanish government, through the Ryswick Treaty of 1697 that put an end to the war between France and the Augsburg League (formed by Spain, Sweden, Austria, England, and German princes against Louis XIV), started to recognize the French expansion in Haiti. Meanwhile, the slave trade intensified because of the necessity for workmen to make that zone more prosperous and valuable.

So in this manner many slaves arrived in Haiti and brought with them the African cults known as "Majumbes" or "Mayombe" and "Ararás," which have their origins in Dahomey.

con una especie de tiza pura de color (dependiendo éste del trabajo a realizar, o del pueblo a que pertenece); para indicar su procedencia espiritual, categoría dentro de la Magia, etc.; ya están preparados para comenzar su trabajo.

También emociona observar, la incorporación de los Caboclos, ya que la vibración que levantan es de tal frecuencia que despejan el ambiente y a sus asistentes con su sola presencia.

Sus movimientos son más marcados, más "marcatos," con una cadencia rítmica, como más rígida visualmente, como demostrando la fuerza de estos guerreros.

No son grandilocuentes, no tienen a la Oratoria por aliada, son más bien en su mayoría, callados y reconcentrados, pero como contrapartida ponen su ahínco en lo perseverante de su misión.

Santería No Es Vudu

En la segunda mitad del siglo XVI se intensificó la llegada de esclavos a la isla de Santo Domingo, particularmente a Haití.

La República de Haití, ocupa la parte Oeste de la isla de Santo Domingo, separada geográficamente por la República Dominicana.

Sus habitantes hablan el Francés, que es el idioma oficial; pero a pesar de ello, el pueblo habla un dialecto mezcla del Francés con el criollo, llamado "Creolé," que conserva características fonéticas de origen Africano.

Los piratas Franceses se instalaron en el año 1626 en la Isla de la Tortuga situada en el Océano Atlántico al Norte de Haití, a partir de ésta ocupación, se

The word *Vudú, Voodoo,* or *Voudou* has its origin in the Fon language and means "Principle of Life, Spirit." Its practices are based on the cult of the Loas (spirits or supernatural beings).

Many of the spirits of their ancestors are closed or contained in *Pots de Tête;* that is, bowls or pots, where the genius is confined and also the soul or the "head." In general, these small jars with caps are wrapped up with some garment that belonged to the person, such as a piece of cloth, material, necklace, etc.

The place where the ceremonies take place is known under the name of *Hounfort.* The priest is called *Houngan,* and the priestess *Mambo.*

The Loas come down to earth by mean of invocations, drummings, writings in red brick dust, or in other natural elements, which receive the name of *Veves.* These drawings sometimes seem quite innocent, but definitely enclose a real power of assembling.

The invoked Loa possesses the body of the believer, who adopts his personality. The Loa rides him or her as the rhythm grows to a crescendo, more and more, and uncontrolled movements are made, but without loss of equilibrium.

Vudú is divided into two main groups: the Rada and Petro. The first owes its name to the Arada dynasty in Dahomey, and the Loas from its cult. It might be said that their character is comparatively calm; the Petro group on the other hand is characterized by violent Loas, which are received with louder sounds and sometimes by whipping the air.

In the book entitled *Erotism and Witchery* by Jacques Finné (Olimpo

producen movimientos claves para la expansión Francesa; comenzando su ocupación por el Noroeste de la Isla. El gobierno Español a través del Tratado de Ryswick en 1697, el cual puso término a la guerra entablada entre la liga de Augsburgo (formada por España, Suecia, Austria, Inglaterra; y príncipes Alemanes contra el reinado de Luis XIV) y Francia, empieza a reconocer la expansión de los Franceses en Haití. Intensificándose con el tiempo, el comercio de esclavos, por la necesidad imperiosa de mano de obra, que hacía a la vez, a esta zona más próspera y rica.

De esta manera llegaron a Haití, esclavos que traían de su Africa natal, los cultos conocidos como "Majumbes" o "Mayombe" y "Ararás" provenientes de Dahomey, estado de Africa Occidental, ubicado en la costa Norte del Golfo de Guinea.

La palabra Vudú, Voodoo o Voudou, proviene de la Lengua Fon, y significa principio de Vida, espíritu, sus prácticas se basan en el Culto de los "Loas" (espíritus, seres sobrenaturales).

Muchos de estos espíritus pertenecientes a sus antepasados son encerrados o contenidos en los "Pots de tête," o sea vasijas o potes en donde encierran el genio, el alma o la "Cabeza," generalmente estos pequeños jarros con tapa, se ven envueltos con alguna prenda que haya pertenecido a la persona, como ser algún paño, género, collar, etc.

El lugar donde desarrollan sus ceremonias es conocido con el nombre de "Hounfort," su sacerdote es llamado "Houngan," y a la sacerdotisas "Mambo."

Sus Loas bajan a la tierra mediante invocaciones, toques de tambores;

Editorial, 1978), C.H. Dewisme is cited with these words: "While in the Radas rites ... these are only for initiation, and are situated under the aegis of benefic Gods; the Petro rites have a magical end and depend on evil forces."

And then he continues: "Thanks to *Petro,* the 'houngan' is changed from priest to sorcerer, because the gates of black magic have been opened for him by the death spirit and those of destruction."

Many, indeed, are the authors who link Vudú with practices which are orgiastic, where alcohol is mixed with other beverages and everything ends in some demented act.

These are the two main branches of Vudú, but there are those who assure us that many more divisions or sects actually exist. In reality, however, all varieties are included within the two principal ones already mentioned.

Vudú has two main deities. One of them represents the masculine principle of Nature and is called Damballah-Wedo. He is depicted as a serpent which the other forces must respect, and occupies the first place on the Haitian altar. There it is usual to see a big serpent skin, generally that of a python.

Damballah-Wedo is married to the feminine principle, also represented by a serpent, named Ayida-Wedo, and her figure is painted on the walls of the temple, assuming the rainbow image.

Those who are followers of Vudú see Damballah in the image of Saint Patrick, because he crushes a serpent with his foot, and make a comparison that they may attach as a symbol to the emblem of God.

The love Loa takes the name of Erzuli and has two positions or characters: the first is Erzuli-Freida, possessive

grafismos realizados con polvo de ladrillo rojo o con otros elementos naturales que reciben el nombre de "Veves," dibujos que parecen muchas veces ingenuos, pero que encierran real poder de convocatoria. El Loa invocado, posee el cuerpo del creyente, quien adopta su personalidad, lo "Cabalga" mientras el ritmo crece cada vez más y más, con movimientos desenfrenados, pero sin perder el equilibrio.

El Vudú se divide en dos grandes grupos: los "Rada" y los "Petro," el primero de ellos debe su nombre al Reino de Arada, en Dahomey y los Loas de su Culto se podría decir que revisten un carácter calmo, en cambio el segundo maneja Loas violentos, recibidos con sonidos más estruendosos, y a veces con latigazos lanzados al aire. En el libro "Erotismo y Brujería" de Jacques Finné, de Editorial Olimpo, año 1978, cita a C. H. Dewisme, allí leeremos "Mientras que en ritos Radas, [...] son casi únicamente ritos de iniciación situados bajo la égida de los dioses benéficos, los ritos Petro tienen una finalidad mágica y dependen de las fuerzas del mal." y luego continúa: "Gracias al Petro, el houngan se troca de sacerdote en brujo, ya que le han sido abiertas las puertas de la magia negra por los espíritus de la muerte y de la destrucción."

Son muchos también los autores que vinculan al Vudú, con prácticas orgiásticas, en donde el alcohol se mezcla sin tapujos terminando todo en algo demencial.

A pesar de estas dos grandes ramas en que se divide el Vudú, hay quienes aseguran que existen en la actualidad muchas más divisiones o sectas dentro de él, pero que en realidad sus varia-

but restrained. She is represented by a beautiful woman, dispensing money, health, love, and protection to those who worship her and also to gallant men, giving them health and prosperity. In exchange she demands perfumes, jewels, silk cloths, etc., all things related among themselves and which are of feminine taste.

Her other manifestation is more violent, and represents revenge, provocation, doubts and uncertainty about the loved one, distrust, jealousy, rivalry, and competition. Her name is "Erzuli Red Eyes."

"Erzuli Yeux Rouges," as I heard a person of French descent say in New Orleans, seems to project fire from her eyes, and when dancing it seems to stir up a high temperature around her.

One informant related the following situation: years before, he could not break off his relationship with his lover because she did not want to put an end to the affair. She threatened to tell his wife everything. He attempted to get rid of the woman and began to see her less frequently, but she reacted furiously and pursued him everywhere. Her first attack was to try to see him at his job, making awful scenes before the staff, who did not comment on the subject. With this situation, he was afraid that someday when his wife came to have lunch with him the woman would appear and in her terrible visit provoke an unsolvable domestic problem.

As time passed, he became weaker and his free will began to fail. However, he always tried to convince the woman to make things easier because he had never became engaged to her with any kind of permanent arrangement. Ac-

ciones se configuran todas dentro de las dos principales ya nombradas.

El Vudú tiene dos Deidades Mayores, una de ellas representa el principio masculino de la Naturaleza, se llama "Damballah-Wedo,"representa una serpiente, a quien le deben respeto todas las demás fuerzas, ocupando en el Altar Haitiano el primer lugar, en donde suele verse una gran piel de serpiente, generalmente el de una Pitón. "Damballah—Wedo" está casado con el principio femenino, también representado en una serpiente, que recibe el nombre de "Ayida—Wedo," pintada en las paredes de los Templos con la forma de un Arco Iris.

Los Vuduístas ven en la figura de San Patricio a Damballah, ya que el primero aplasta con el pie a una serpiente, comparando esta simbología con el emblema de su Dios.

El Loa del Amor recibe el nombre de "Erzuli" toma dos posiciones o dos caracteres "Erzuli-Freida," posesiva pero refrenada, representada por una hermosa mujer, quien otorga dinero, salud, amor, protege a quienes la veneran y a los hombres galantes, proporcionándoles salud, prosperidad. A cambio solicita perfumes, joyas, sedas, etc. Todas las cosas relacionadas y que son del gusto de la mujer.

Su otra manifestación es más violenta, representa la venganza, la provocación, las dudas e inseguridades ante el ser amado, la desconfianza, los celos, la rivalidad, la competencia, ella es "Erzuli Ojos Rojos."

"Erzuli Yeux Rouges," como le escuché decir a un descendiente de Franceses en Nueva Orleans, parece despedir fuego por sus ojos, y al danzar pareciera suscitar una alta temperatura a

cording to his version, he never promised her a permanent relationship, still less a future of intimate living. All his arguments were in vain.

The position of the woman was completely firm. She began to be worse than before. She telephoned his house to provoke a critical situation with his wife. At first his wife ignored the real motive of the calls, but as time passed the situation became more embarrassing. She began to suspect and to watch over her husband's attitudes. All this began to follow a dangerous course because his wife was in doubt, his employees made all kinds of comments, and his business activities took on an unsatisfactory aspect.

Because his lover was younger than he, she asked him for a great amount of money to put an end to her claims, but he was afraid that in the future, even if he gave her the money, she would insist on additional sums, and the extortion perhaps would last his whole life.

One morning one his employees, the oldest of his staff, having arrived early at the shop, told him that lately she had observed that he was worried and that she wished to relieve his pains if this were possible. He told her all his problem, and the woman promised to take him to a Mamaloa, who, applying the Vudú cult, would try to break those bindings that made him suffer. Two days after this conversation, he made his way to a priestess of Vudú. Because he was a New Orleans citizen, he knew very well something about this practice.

For that reason he took with him all the information about his fatal relationship, a present his lover had given

su alrededor. A decir de mi informante, años atrás no podía conseguir la ruptura sentimental con una amante, quien lo perseguía exigiéndole la continuidad de la relación; amenazándolo de no ser así de contarle a su esposa todas sus intimidades. A pesar de ello, trató de alejarse de esta mujer, aún sabiendo el riesgo que corría. Comenzó por no tratarla tan seguido, de no verla tan frecuentemente; a lo que ella respondió de la manera sospechada, hostigándolo, persiguiéndolo por todas partes. Su primera táctica fue presentársele en el lugar de trabajo (este hombre es un comerciante importante de la Ciudad de Nueva Orleans, Lousiana, USA) reclamándole con un tono de voz imperativo delante de sus empleados, quienes observaban las escenas sin hacer ni siquiera un pequeño comentario entre ellos, por lo menos delante de su empleador. Ante esta situación se amedrentaba, por temor a que algún día, a la hora del mediodía (que era el horario que comúnmente podía pasar su esposa, muchas veces con el objeto de almorzar juntos en algún lugar) coincidiera la "Terrible visita," así se refería a su amante, provocando algún altercado con su mujer. Así fue perdiendo independencia y quebrándose su voluntad. A pesar de ello, trataba siempre de que la obcecada mujer, entrara en razones, haciéndole recordar, que lo de ellos había sido un "affaire" sin ningún tipo de compromiso, y que siempre le había aclarado que nunca se separaría de su mujer, que nunca rompería su hogar. Según su versión, nunca le había prometido una relación duradera (a pesar de que ya hacía dos años y meses que salían), y menos una futura convivencia.

him, and the sorts of things that he presumed were of interest and importance.

He was surprised to meet an old woman with amazing agility and vitality. She received him barefooted, in a black blouse, a multicolored skirt, and a red handkerchief tied to the front of her head.

He explained his problem in detail, and when he was finished she looked at him harshly and said: "At present we are in the New Moon, and she is in strength ... It is advisable to wait, and then I want you to make love to this woman during the first three nights of the Full Moon. It must be accomplished before 11:30 p.m. During the intercourse try to get some piece of hair, or steal some intimate garment. Furthermore, give me her address, tell me if she has a nickname, or give me her name. Tell me her hair color, the color of her complexion and eyes, the date of her birthday, and her age."

The consultant put down all these demands in writing, and did not make any comment on the subject or interrupt her.

Finally, the priestess said, "Have you any money?" "Yes," he replied. "Good," she said. "It will be useful, and you will be able to use it." And she proceeded: "Buy a golden heart, some kind of half-medal with the shape of two hearts, and make the initials of you two to be engraved in both halves. It is also necessary that you buy two golden chains, as identical as possible, and having odd links; a new knife; seven bottles of rum; and if I've forgotten something, I will tell you later. Come back when all this has been done, but make it as soon as possible. Next, return the day after you make love to her ..."

Sus conversaciones, adelantaban en frecuencia, pero no en resultados. La posición de esta mujer no variaba, sino muy por el contrario, se empeoraba cada vez más, ya a lo último no vacilaba en llamarlo a su casa a altas horas de la noche, profiriéndole toda clase de insultos. Su señora esposa se despertaba la mayoría de las veces sobresaltada, y al principio se conformaba con su respuesta: "Era equivocado, seguramente alguien ebrio, por su manera de hablar," pero luego y al hacerse cada vez más reiterada esta situación; comenzó a sospechar, y a observar detenidamente la actitud de su esposo al contestar las misteriosas llamadas. Ante lo cual éste, muchas veces titubeaba, demostrando inseguridad y alguna posible culpabilidad. Todo esto llegó a un límite insostenible: su señora sospechaba, los empleados ya murmuraban, el ambiente de su casa y del negocio estaba enrarecido y tenso, y él por más que se esforzaba estaba agotado, sus nervios destrozados, no pudiendo disimular más. Su amante, que era muchos años menor que él, llegó a ofrecerle una tregua: lo dejaría tranquilo para siempre, si le entregaba una suma de dinero bastante considerable, yo diría exorbitante. Luego de mucho pensarlo, llegó a la conclusión, de que lo que hoy le ofrecía como para "siempre...," mañana sería seguramente temporario, o lo peor como para "nunca...," teniendo que soportar su extorsión de por vida.

Una mañana, una de sus empleadas, la más antigua de su comercio, llegó un poco más temprano de lo habitual, más o menos a la hora que él acostumbraba a llegar, cosa que le llamó

In his confusion, the man forgot to pay for the visit, but she just said, "It does not matter; you will pay me at the right time …"

And without any more words she shut the door of the house, and he, taking into account that the priestess was a woman of few words, made his way back home.

The following days he profoundly meditated about all these things, and his confusion and despair grew as time passed, but finally he decided to begin with the instructions.

First of all it was essential to convince his former lover to begin a new relationship with him. For that purpose he invited her to a candy store and bar in order to make things easier. He promised her to help her with money and with other kinds of material possessions, and promised that in the future he would have a kind attitude to her.

After several meetings, he managed to take her to his house in order to be in a more intimate environment. In the face of all these manifestations of love, the woman began to moderate her belligerent attitude and accede to the wish of her lover. Thus he could obtain all the things that the Mamaloa had requested of him. So he came back to the priestess's house, which in reality was a Vudú temple, located in the suburbs of the town.

There he had his first meeting with Erzuli Red Eyes, who was riding the body of the Mambo, drinking rum with pepper and spitting it at the audience. Rocking her body vigorously, she came near him. Somehow uneasy, he looked at the priestess who was at the other corner of the room, and saw that she was nod-

la atención, pues a pesar de que siempre había sido puntual, nunca había llegado con tanta anticipación. Los dos empezaron a mirarse con cierta complicidad; hasta que él, con la confianza que le daban tantos años de trabajar juntos le preguntó directamente si necesitaba algo de él o quería conversar sobre algún tema que lo vinculara. La respuesta no tardó en llegar, le dijo: —Mire... hace tiempo que todos aquí, y especialmente Yo, lo notamos algo distraído, como si algo le preocupara en demasía. …"

Hizo un largo silencio y continuó: —Creo saber lo que lo aqueja, y no hace falta que me cuente nada. Lo conozco hace mucho tiempo, a su señora, a su familia, y me pondría muy triste, que algo o alguien quisiesen perturbarlos. —Y continuó:—De ser así no se preocupe, Yo conozco una mamaloa, que puede ayudarlo.

Hasta ese momento mi interlocutor no había tenido ningún contacto con el mundo del "Voodoo," pero a partir de allí decidió que quizás esa sería la única forma de arreglar este entuerto.

Dos días más tarde se dirigía a la casa de esta sacerdotisa del Vudú, y a pesar de no ser un gran conocedor sobre este tema, con tan solo ser habitante de New Orleans, sabía lo elemental, lo que todo el mundo sabe pero calla, lo que se rumorea …

Por lo tanto con él llevaba todos los datos de esta mala relación, fotos, un regalo que una vez ella le había obsequiado, todas cosas que él creía que podían serle útil.

Su sorpresa fue encontrarse con una mujer bastante mayor, pero con una agilidad sorprendente. Los recibió con sus pies descalzos, una blusa negra,

ding her assent to the Loa that was intended to help him.

A short time after, Erzuli Red Eyes bit the neck of a hen and drank the blood. She continued dancing, and afterwards wrapped up the hen's bleeding heart and fastened it with his golden chain. Others joined the dance around a post called the *poto mitan,* which can be found in the majority of *hounfort,* and meanwhile other dancers made many kinds of signs with corn or dusty ashes. Among furious shouts, blows on the floor, and men dancing without control with machetes in their hands, Erzuli approached and told him tacitly that he could leave, but before he did, she took a jar and poured its watery liquid over his head. As he was leaving, most of the "ridden" made way for him. Before finally leaving, he looked at his "counselor" and saw that she was glad about all that had happened.

The next day, he went back to the Mamaloa's house, and she gave him half of the medal and the golden chain, advising him that the sooner the medal was worn by his mistress the better things would happen. Nevertheless, she told him not to stare at her when giving her the medal, and also to spit on the floor, pretending some kind of need to do so.

In this instance, she asked for the other half of the medal, which he could not wear due to his wife's suspicions.

He wanted to know more from the priestess, but he could not obtain any satisfaction. Her only reply was, "The spirits know what they are doing …"

Shortly thereafter, he was in a position to cut off his love affair and the woman was not at all surprised. She

pollera de muchos colores vivos, y un pañuelo rojo en la cabeza atado adelante.

Luego de explicarle su situación, observándolo duramente, y sin proferir palabra alguna entre medio de su relato; al culminar le dijo:—Estamos en Luna Nueva, en estos momentos ella está con fuerza … Hay que esperar, quiero que hagas el amor con esta mujer en alguna de las tres primeras noches de Luna Llena, pero no antes de las 11.30 p.m., trata de sacarle durante la relación algún mechón de pelo, o róbale alguna prenda íntima mientras se higieniza. Déjame el nombre completo, su dirección, si tiene algún apodo o sobrenombre. Dime su color de pelo, el de su tez, el de sus ojos, su fecha de nacimiento o su edad.

A todo esto mi conocido anotaba con prontitud todo lo que le pedía, sin atreverse a interrumpirla.

A lo último agregó:—¿Tienes dinero suficiente? ¿Sí? Pues te hará falta. —Sin darle tiempo a contestarle, le dijo: —Cuando reúnas todo compra un corazón de oro, una media medalla con la forma de dos corazones, haz inscribir las iniciales de cada uno en ambas mitades, dos cadenas de oro también exactamente iguales, y en lo posible con eslabones en número impar, un cuchillo nuevo, siete botellas de ron; y si se me olvida algo luego te lo pediré. Vuelve cuando tengas todo, pero no dejes pasar mucho tiempo. Regresa al otro día de hacerle el amor, pero no aquí, sino en este lugar...

Confundido y algo preocupado, salió de la casa sin preguntarle, cuánto le debía por sus servicios de ese día. A lo que la mambo contestó:—No te preocupes, ya me vas a pagar...

took things quite calmly. Even better, he was not disturbed any further by his ex-mistress.

Later on, he found out that she was also a Vudú follower, and that perhaps was one of the reasons that he had fallen in love with her. The conclusion was that he was the winner in this sentimental battle because he had asked for a higher work and paid better.

Perhaps the woman did not insist anymore due to the fact that my informant was aware of the whole affair, and that she had fallen into the trap when she accepted the medal. She was trapped when she closed the lock of the chain. In these cases, we find a certain self- acceptance of the spell; that is, the person is bewitched by her own action. To annul it is to oppose the same forces that had previously supported her, and that might be dangerous.

Being in New Orleans, I had the opportunity to contact people well connected to a Vudú cult. I could make some investigations, hear stories, make comparisons, and bring my knowledge up to date. I found all kinds of people, the good ones and the crooked ones. I found out that nowadays Vudú in New Orleans is considered as domestic folklore and has become somehow a myth.

Almost every shop that sells souvenirs, as in the French Quarter, also has "Good Luck Voodoo Dolls." These are made of heavy clothes, with red garments, and attached are certain sorts of amulets, all kinds of small medals, coins, bills, fancies, horseshoes, etc.— all objects that represent luxury, good luck, health, fortune, money, and all those things that people want in life.

Y sin más le cerró la puerta, a lo que él dándose cuenta de que era una mujer de pocas palabras y bastante expeditiva, emprendió su marcha.

Esos días pasaron para él de forma muy lenta supongo que por su ansiedad, y durante ellos se planteaba, si lo que iba a hacer estaba bien. También estuvo tentado a comentarle todo a su empleada y a pedirle consejo, pero su desorientación era tan grande como su desesperación. Por fin se decidió a comenzar su operativo, primero debería convencer a su ex-amante, de volverse a juntar, para lo cual había pensado en encontrarse previamente en alguna confitería o pub, para que el choque no fuese tan violento.

Así lo hizo, y consiguió reunirse con ella. En ese encuentro le comunicó su decisión de continuar la relación, aunque no de manera tan frecuente; para no despertar sospechas en ella; ya que por lo visto era bastante intrigante. También le dijo que, de ahora en más la iba a ayudar económicamente mucho más de lo que lo había hecho antes; y que seguramente su arrebato de querer presionarlo con dinero, se debía a una necesidad imperiosa que le había ocultado y a una manera en cierta forma de castigarlo.

Es decir, trató de no herirla, y de hacerle creer y convencerla de que no se traía nada entre manos. Luego de verse varias veces, llegó la segunda noche de la Luna Llena, en donde habían convenido en encontrarse en su casa, para tener mayor intimidad.

En todo ese tiempo trató de demostrarle, su arrepentimiento por haber querido interrumpir la relación, y ella por su parte representaba el papel

I also found that many persons exaggerate and speak against Vudú, supported by sensational literature. These things happen because they are backed by monetary interests such as the movie industry, manufacturers of souvenirs, editors, and so on, because it is a good way to make huge profits.

In short, Vudú has become another commercial product, and horror shows, good luck, the future, and whatever one wishes to imagine may be sold at good prices.

I also found out to my surprise that some practitioners sell the Vudú cult for export to naive people who are seeking to satiate their curiosity, even if they are only witnessing a poor circus show.

There exist a Vudú industry, very profitable, dedicated to selling shirts, shorts, all kinds of garments, religious images, stamps, Vudú dolls with the classic pins, and even a parody of the dead leaving their graves.

All this, to those who are serious, shows a complete lack of respect and also causes me to totally repudiate it.

I have heard some devotees say that Vudú is the same as Santería, or at least very similar. Now here, I must make a statement, keeping in mind that my stand is quite objective and that my purpose is not to judge anyone. My intention is not to criticize religions, whatever their source or nature. But on the other hand, I want to make it completely clear that **Santería has nothing to do with Vudú, nor is Vudú Santería or vice versa.**

There are many **Vudú** practitioners who wish to hide behind Santería, giving as proof that both religions come from Africa (which is the only thing

de una 'amante perfecta," comprensiva, tierna, desinteresada.

De esta forma consiguió lo que la mamaloa, le había pedido: sin problemas había conseguido rescatar mientras acariciaba su cabeza, algunos cabellos y en un descuido de esta mujer se había apoderado, abriendo un cajón de su cómoda, de una ropa interior.

Con todo este "arsenal," se dirigió hacia la dirección que le había dado la sacerdotisa, resultaba ser un templo vudú, situado en las afueras de la ciudad.

Allí fue su primer contacto con "Erzuli Ojos Rojos," quien "cabalgaba" en el cuerpo de la "Mambo," tomando ron con pimienta, y a la vez escupiéndolo hacia la concurrencia, con contorsiones en el cuerpo se le fue acercando, mientras él en el otro extremo del salón sentada como en un gran sillón, divisó a la Sacerdotisa que había ido a consultar, quien con un movimiento de cabeza saludó, y daba como tácitamente entendido, que ése Loa, iba en busca de lo que se le había pedido. Al poco tiempo desgarró con su propia boca el cogote de una gallina, bebió un poco de su sangre (o eso parecía—me comentaba mi relator—), siguió bailando, y más tarde apareció con un corazón sangrante de gallina, el cual él vio que lo envolvía en papeles, asegurando todo con una de las cadenas de oro que había llevado. Al decir de este hombre otras personas comenzaron a bailar alrededor de lo que se conoce como "Poto Mitan," especie de poste que se encuentra en la mayoría de los "Hounfort," mientras otros aparentes oficiantes dibujan cerca de éste signos con granos de maíz, o polvo que parecía ceniza. Entre estruendosos gritos y latigazos, golpes en el

they have in common), besides both being religions of the animist type.

He who practices Santería cannot do Vudú at the same time or vice versa. Thus it is time to be in agreement and put aside the Mardi Gras mask.

The source of Santería is the people, mainly the Yoruba people, a tribe settled on the lower Niger, which was captured, enslaved, and sent primarily to Cuba and Brazil, and from there spread all over America. Vudú comes from Dahomey and was established in Haiti. After 1957, when Francois Duvalier took power for 14 long years, he appointed as his elite corps the infamous Tontons Macoutes, which spread not only physical terror but also spiritual terror by means of Vudú and witchery. He became, as his friends called him, "Papa Doc," and he made politics through the use of black magic and assumed the title of Vudú High Priest.

Making Vudú black magic within political areas created the most frightful and demented dictatorship that one could imagine.

It is related that in reality there were true Papaloas or Houngan that intended to utilize the benefic forces of Vudú for the people to be free, but the Tontons repression was so hard that nothing could be done against them, particularly because they were supported by government forces.

From Haiti the cult passed to New Orleans, where we can find a Creole culture. In this city on Sundays slaves gathered for ceremonies in Congo Square, a distant location that is now Louis Armstrong Park on Rampart Street.

The primary difference between the two religions is that **Santería is**

suelo, hombres que danzaban con un machete en mano, se le acercó "Erzuli," quien con gestos y ademanes parecía decirle que ya podía irse, pero antes tomó una vasija que contenía algún líquido, lo hizo darse vuelta y le echó por encima de su cabeza en forma de un chorro de agua, lo que ese recipiente contenía. Al salir mucho de los "Cabalgados" le abrían paso, miró hacia atrás y vio a su "Consultora," quien con un brillo especial en sus ojos, lo despedía asintiendo con su cabeza. Inmediatamente al otro día volvió al domicilio particular de la mamaloa, quien le entregó una parte de la media medalla con su cadena de oro, diciéndole que cuanto antes pudiera él mismo se la colocara en el cuello de esa mujer, pero que al hacerlo no la mirase a los ojos, y que salivara discretamente el piso, como si se hubiera atorado o ahogado con algo, que carraspeara si fuese necesario. y que si ella le preguntaba por su otra parte, él le contestara: que por motivos que ella ya sabía él no podría usarla, pero que igual obraría en su poder …

Quiso él preguntarle muchas más cosas a la sacerdotisa, a lo que ella sólo contestó "los espíritus saben …"

Al poco tiempo, pudo cortar definitivamente la relación con esa mujer, quien sospechosamente al plantearle tal ruptura, no pareció sorprenderse, tampoco le provocó posteriormente ningún otro trastorno, no volviendo a interferir en su vida.

Luego pudo enterarse, que ella también frecuentaba el vudú, y que presumiblemente él había cedido a sus encantos debido a alguna brujería solicitada (esta explicación no como causa

against black magic. In Vudú, or at least in the Petro Rite, the sorcerer or Boccor serves rebel Loas and also cruel Loas. The name of this rite comes from a God who was Vudú, whose empire was settled around the first years of the colony, and who used to be named Don Pedro or Mr. Peter.

The cult seems to have begun supported by a powerful medium named Pierre. **Santería** does not project evil at a distance even with any sort of magic tools. Vudú employs its famous small puppets with crossed pins.

Santería does not have chaotic or evil forces in its pantheon. Vudú has the Guede or Death Loas, such as the Baron Samedi, patron of the cemetery and assistant to the Boccor in his nigromantic practices, or the Hounsi, a developed medium for this type of Loa. The Hounsi often move around the streets in groups, in theatrical representation, dressed in frocks, made up as corpses, led by another medium even taller and stronger (who must always be a man) who is dressed in the same manner, although a little more luxuriously, with the face painted in white, as the Baron Samedi or Baron Cemetery.

In many of those processions, an altar and/or a coffin is carried, some times figuratively, but in others as an omen of the future grave of some enemy.

This Baron Samedi figure, unlike the Hounsi, usually wears white gloves, and when a more frightful purpose is intended, he casts bursts of fire into the air. The visual effect is really dreadful.

Santería does not admit or permit any kind of dominating practices. Vudú has the well known zombification process, where the will of the zombie is

justificativa de su accionar, sino que por decir de muchos que lo conocen no había incurrido nunca en algo así), que se pudo deshacer, debido a que él había solicitado un trabajo mayor, y muy bien pagado.

Seguramente esta mujer, no volvió a insistir, porque sabía muy bien que mi informante estaba enterado de todo, y que realmente ella había caído en su propia trampa, en aceptar la cadena con el medio corazón, pues fue "enlazada" (por la acción de cerrar con el cierre de seguridad de la cadena de oro) con la joya y con las propias manos de quien antes había sido su propia víctima. En estos casos se produce como una "Propia aceptación del Encantamiento" es como autohechizarse, y querer contrarrestarlo es provocar la Ira de la Fuerza que antes la había apoyado volviéndose en su contra, corriendo grave peligro.

Estando en Nueva Orleans, tuve la oportunidad de ponerme en contacto con gente relacionada con el Culto Vudú, pude hacer mis investigaciones, escuchar relatos, hacer comparaciones, redondear mis conocimientos. Encontré gente honesta y de la otra. Me di cuenta que hoy en día el Voodoo en New Orleans, forma parte ya de su folklore, se podría decir que se convirtió en un mito. Casi todas las casas que venden souvenirs, o como en el barrio Francés o "French Quarter" las casas son negocios de antigüedades o de cualquier otro ramo, venden por ejemplo sus "Muñecas Voodoo para la Suerte," hechas de paño, con ropas generalmente rojas, llevando cosidas como talismanes monedas, casas pequeñas, autos, billetes, joyas de fantasía, herraduras, libritos, etc., todos objetos que parecieran

completely voided and his liberty cut off, and he remains as one of the living dead until the Boccor decides to give him up.

The zombification process has been the subject of many stories, some of them asserting its reality and others denying its existence absolutely. Nowadays there are no doubts at all, since Edmund Wade Davis of Harvard University made some successful investigations of the phenomenon and discovered the drugs that were used in the process.

Santería does not worship any animals or make idols of them. Vudú, on the other hand, seems to do so in its ceremonies when serpents are added, and someone dances with the animal, which winds about in the official's arms. At other times, he raises it to show the people, who are excited by its presence and shout its name .

Perhaps this and other reasons make people think that **Vudú** practitioners are snake worshippers, based on the fact that the name Damballah comes from Dan (old cult of the Air or Rainbow Serpent) and Allada (Dahomey), a place which has the serpent and the egg as an emblem, the serpent representing the earth and the egg the beginning of life.

Moreover, they base their observation on the following facts.

1. When a person is possessed by Damballah-Wedo, he or she crawls around on the floor and hisses like a serpent.

2. The skin of a snake is often found on their altars.

3. The serpent is symbolized by Saint Patrick, because he is shown stepping on a snake.

querer propiciar lo que representan augurando a quien le pertenezca la no carencia de una casa, del dinero, del amor, del lujo, etc.

También comprobé que existe una mixtura y confusión, que hay muchas personas que exageran y hablan barbaridades en contra del Vudú; apoyados por toda una cultura sensacionalista basada en relatos fantásticos de una literatura poco seria, o lo que la Industria Cinematográfica nos ha querido vender, o porque de esta manera apoyan sus propios intereses económicos, muchas de las veces porque lo que produce temor vende mucho más. Lo cierto es que el Vudú está convertido en un ingrediente apetitoso más para el turista, quien muchas veces va en busca de la "Casa del Horror" tal como en una feria o parque de atracciones, en donde no corre riesgo alguno.

También me encontré con la sorpresa de que algunos practicantes del Culto hacen Voodoo "For Export," para los incautos, que quieren saciar su curiosidad, provocando un triste espectáculo circense. Hay una "Industria del Vudú," que produce dinero, donde se venden remeras donde hay impresas imágenes de cementerio, o muñecos Voodoo con sus clásicos alfileres clavados, o los temas clásicos como el muerto que se levanta de su tumba (de la cual hablaremos más adelante). Lo cual para aquellos que lo han practicado seriamente me parece una falta de respeto, y por otro lado me causa repudio. Escuché a muchos de estos "Vuduistas" decir que : El Vudú es casi lo mismo que la Santería, o es más o menos igual, o se le parece bastante. Aclaro: trato de tomar una posición objetiva, no me

4. On the altar where the image is, among his belongings (such as pots, jars, dishes, etc.), which are all of porcelain or a similar white material, are also found food offerings—among them *white eggs.*

5. They refer to him as the snake God.

6. When they sing, mainly when the Gods are invoked, the priests make whistling sounds mixed with their songs, by means of a forced breath, to make it more pronounced, producing the exhalation as a sort of buzzing.

7. In many Hounfort, snakes are enclosed in aquariums or big cages, where they are cared for and fed.

8. Furthermore, collars and other objects particular to the cult have attached snake vertebrae. On the altars and in the rites are also found crosses as religious symbols, but with the great difference that, in the centers, forming the vertical, is a serpent.

Perhaps many of the above points are only found in sensationalist temples and are intended to impress the people or are used in ceremonies especially designed for tourists. At other times, the rituals are used to frighten the faithful (mainly in Haiti)—or maybe not, as it is asserted by many of the people living in those places.

pongo en juez de nadie, no me gusta señalar ni criticar ninguna religión.

Pero que quede bien claro: **"La Santería no tiene nada, pero nada que ver con el Vudú, ni "el Vudú es Santería ni la Santería es Vudú."**

Habrá muchos que les convendrá escudarse detrás de la Santería, aludiendo que las dos Religiones provienen de Africa, que yo creo que es lo único que tienen en común, aparte de considerárselas a las dos como religiones Animistas.

Quien practica la Santería no puede practicar al mismo tiempo el Vudú o viceversa, así es que señores a ponerse de acuerdo y a sacarnos la careta del "Mardi Gras" o Martes de Carnaval (Celebración muy festejada en New Orleans].

La Santería procede del pueblo Yoruba, una tribu establecida en el bajo Niger, se establece en Cuba y Brasil, como sus dos grandes centros, y de allí a casi toda América; el Vudú proviene de Dahomey y se establece en Haití, donde todos sabemos que a partir del año 1957 en donde François Duvalier toma el poder perpetuándolo por 14 años consecutivos, valiéndose para ello de su guardia personal los famosos "Tontons Macoutes," su cuerpo de seguridad, conjuntamente con el terror que trataba de infundir a su pueblo a través de la brujería del Vudú. Utilizó la Hechicería como medio de poder político, convirtiéndose en "Papá Doc" al politizar la Magia Negra y asumiendo el cargo de primer sacerdote del Vudú.

Su función como "Boccor" (Practicante de la Magia Negra Vudú) estableció la Dictadura más demencial que pueblo alguno haya tenido que sufrir. Se cuenta que en realidad hubo verdaderos

"Papaloas" o "Houngan," que trataron de utilizar las fuerzas benéficas del Vudú para libertar a su pueblo, comportándose como verdaderos sacerdotes, pero la represión de los "Tontons" fue tan grande, que nada podían hacer contra su Poder, fomentado y apoyado desde el Gobierno. De Haití, el culto pasa a New Orleans, donde también hay toda una cultura "Creolé," en esta Ciudad los esclavos durante los Domingos se reunían para efectuar sus ceremonias en un lugar llamado "Congo Square" (Plaza Congo o Cuadra Congo), lugar alejado el cual fue el Parque de Louis Amstrong sobre Rampart Street.

Siguiendo con las grandes diferencias entre ambas religiones diremos que: **La Santería es contraria a la magia negra,** en el Vudú o por lo menos en el rito Petro, el brujo o el "Boccor" sirve a los Loas rebeldes y crueles, el nombre de este rito deriva de un Dios Vudú que imperó en los primeros años de la colonia que se llamó Don Pedro. Culto que parece haber comenzado por "Pierre" poderoso medium. **La Santería no produce males a distancia con ningun tipo de instrumento magico,** el Vudú se vale de sus famosos muñequitos atravesados por alfileres o agujas.

La Santería no tiene en su panteon fuerzas caoticas o del mal, el Vudú tiene los Guedé o Loas de la Muerte, como el "Barón Samedi," dueño del cementerio, y colaborador del "Boccor" en sus prácticas nigrománticas. o los "Hounsi," mediums desarrollados para este tipo de Loas, quienes muchas veces y en forma de representación teatral se mueven en grupo por las calles, vestidos con trajes o frac negros, maquillados como cadáveres, presididos por otro

médium casi siempre más alto y fornido (siempre tiene que ser un hombre) vestido de la misma manera, aunque un poco más lujoso, con la cara pintada de blanco, representando al "Barón Samedi" o "Barón Cimetière" (Barón Cementerio). En muchas de esas procesiones llevan en alza a un cajón de muertos, en ocasiones figurativamente, pero en otras como preludio de la futura sepultura de algún enemigo.

Esta figura que se distingue entre los "Hounsi," lleva en sus manos guantes blancos (la mayoría de las veces), y cuando quiere atemorizar aún más, lanza bocanadas de fuego al aire, que como efecto visual causa real temor.

La Santería no admite ni permite la practica de sometimiento alguno, en el Vudú es conocido el proceso de "Zombificación," en donde la voluntad del Zombi es anulada, su libertad cortada, quedando como un Muerto-Vivo hasta que el "Boccor" decida lo contrario. Sobre el proceso de "Zombificación," sobre el cual se han tejido tantas historias algunas considerándolo como posible y otras negándolo; ya no quedan dudas de que este existe a partir de que Edmond Wade Davis, científico de la Universidad de Harvard realizó investigaciones sobre dicho fenómeno, pudiendo averiguar cuales eran las drogas intervinientes en dicho proceso.

La Santería no venera o idolatra a ningun animal, el Vudú en sus ceremonias pareciera hacerlo, al integrar en ellas a la serpiente cuando en ocasiones baila con el animal quien va enroscándose entre los brazos del oficiante. Otras veces lo lleva en alto, mostrándolo a la concurrencia, quien enfervorizada ante su presencia grita su

nombre. Quizás este y otros motivos hacen pensar a muchas personas, que los Vuduístas practican la "Ofidiolatría," basándose en que el nombre de "Damballah" derivaría de "Dan" (antiguo culto a la Serpiente del Aire o Serpiente del Arco Iris) y "Allada" (lugar de Dahomey, que tiene como emblema a la serpiente y al huevo, representando la primera a la Tierra y el segundo al principio de Vida). Además basan su observación en que:

1. Cuando una persona es poseída por "Damballah-Wedo," se arrastra por el suelo serpenteando y silbando como una serpiente.

2. La piel de este animal se encuentra entre sus altares.

3. Lo simbolizan con Saint Patrick, por el hecho de que éste pisa a una serpiente.

4. En el Altar, en la parte correspondiente a él, entre sus pertenencias todas de porcelana o material parecido de color blanco (potes, potiches, platos, etc.) se encuentran ofrendas de comida y entre ellas "Huevos" blancos.

5. Se refieren a él como el "Dios Culebra."

6. Pareciera escucharse entre sus cánticos, que muchos de sus sacerdotes silbaran, al esforzar su respiración, haciéndola más profunda, exhalando el aire de forma de producir un silbido o especie de zumbido, sobre todo al invocar al "Dios."

7. En muchos "Hounfort" mantienen y alimentan a serpientes, contenidas en peceras o grandes jaulas preparadas para tal fin.

8. Collares y otros objetos del Culto, llevan vértebras de este animal.

9. En sus ritos y altares se encuentran cruces como símbolo religioso, pero con la gran diferencia de que en su centro en forma vertical hay una serpiente.

Quizás muchos de estos puntos, solo se den en aquellos Templos sensacionalistas, que busquen abrumar a la concurrencia, algunas ceremonias para turistas; o fue utilizado muchas veces para amedrentar a sus fieles (sobre todo en Haití), o quizás no, como afirman muchos lugareños (algunos practicantes del Culto).

CONFESSIONS OF AN ATHEIST

History has recorded all these facts, but they were also in the consciousness of a few. Nevertheless, the main witness was his inner ego ... his soul that in complete silence bore all the weight of his mistakes and successes, egotism, and charities.

And just in that almost imperceptible moment of his last, apparent farewell, as an irresistible wind, he could see his whole life with the speed of light.

In seconds his childhood went by, also his youth and maturity at the same instant, and in just slightly more time, his old age, clear, overwhelming, and demolishing. And having the will to live his experiences again, he could not do it, because his body was reluctant and weary, though his mind was still clear and active. But things could not be changed.

We must remember those who are no longer here, and also those who remain with us. Be aware, in a second, what is left to them and how and when.

I ask myself:
And now what? ... Where are you? ... Yes! ... But where is the place? ... Where, where are you that I do not see

CONFESIONES DE UN ATEO

En la Historia han quedado grabados estos hechos, también en la conciencia de unos pocos, pero el testigo mayor fue su propio Ser interno..., su alma, que enmudecida trasladaba su bagaje de errores y aciertos, de egoísmos y caridades.

Y en ese mismo instante, casi imperceptible del último y aparente adiós; como ráfaga de viento que no se puede detener; visualizaba con la velocidad de la Luz, toda su Vida.

Su niñez en segundos, su adolescencia y madurez en algo más que eso, su vejentud en forma tajante, avasallante, arrasadora. Y como queriendo revivir experiencias, pero con fatiga y un cuerpo que no respondía; tener la dicotomía de la mayor lucidez; y aún así no poder cambiar ni modificar nada en ese instante.

Recordar a quienes no están y a los que se quedan. Reconocer en un momento qué es lo que se les deja y cómo.

Se preguntó:
¿Y ahora qué?... ¿Dónde estás? ¡Sí!, dónde... ¿dónde te encuentras que no te veo? ¿Dónde estás Dios mío? Ahora, que no soy dueño de nada, que ya no

you! ... Oh! Please, where are you, my God? ... Now, just now that I am the owner of nothing, when everything has been lost, when not even my ego is my own, and my garments, house, and ideas have all disappeared suddenly, yet to my surprise the moment of my departure is also a question not yet formulated.

Today is the present and I am waiting for everything, but nothing is coming to me. And the most absurd thing is that it is I who am trying to speak to you, when my intention was always not to do so, and at all moments I tried to forget you.

But, finally, now I know for sure that you always were present, but not your real divine personality.

Oh, do you not hear me? ... I am he who denied you, who made fun of you, who asserted your nonexistence, and called ignorant, credulous, and simple those who believed in you ...

Yes, yes ... I am the same one who many times, and just in case, attempted to win your forgiveness, offering alms, making false confessions full of impious ideas ... That is exactly and evidently I! ...

But what am I doing? ... Who am I talking to? ... To you? ... To whom? ... He who is going to exile me to a brutal and awful hell! ...No, please, no! ... Together with you, no! ... I do not want to do it! ... Always I applied for your entity, your person, your divine being ... I accepted *you*! ... Because I did not think this time was ever going to come! ... And you see, I made the biggest mistake of my life. But, now I am overthrown; I do not want to do it anymore. Go away from my evil beliefs. Let me be a man and therefore free ... Let me rec-

puedo acaparar nada, que ni siquiera Yo me pertenezco. Ni mi ropa, ni mi casa, nada absolutamente nada. Ni siquiera sé el momento exacto de mi partida.

Hoy y ahora, que lo espero todo, y sé que no puedo esperar nada. y lo más absurdo es que soy Yo, el que te estoy hablando; cuando jamás quise hacerlo, cuando casi siempre traté de olvidarte. Teniéndote presente en compromisos que en nada (y ahora me doy cuenta) te representaban.

¿Pero es que no me escuchas?... Soy Yo, el que te negué, el que me burlé, el que te tildó de inexistente, el que clasificó como crédulos o ignorantes a los que Fe en ti tenían.

Sí soy Yo, el que muchas veces y por si acaso trató de conquistar tu perdón con limosnas, con confesiones de acicalados rigores sociales... soy Yo.

¡Pero que estoy haciendo! ¡¿Con quién estoy hablando?!

¿Contigo? ¿Con quién? ¡Con el que me va a desterrar a un infierno brutal y aterrorizador! ¡No! ¡No! ¡Con vos, no! Contigo no lo quiero hacer. A tu persona me dirigí siempre; a ti te acepté... pues no pensé que llegaría este tiempo.

Y ya ves, me equivoqué. Pero ya no quiero ni puedo hacerlo más. Vete de mis tortuosas creencias, déjame ser Hombre, y por lo tanto libre. Déjame reconocer la faz, que nunca quise darte ni ver en ti. Te necesito, ahora sé que es así. Pero te necesito Justo y equitativo, Poderoso pero bondadoso a la vez. Si eres así, Padre... espérame porque voy hacia tu Reino confiado, y en paz.

Y entonces, cerró los ojos para no ver más. Y sin embargo por vez primera

ognize the face that I never gave to you
... But, in spite of everything, I need
you, now I know that all is like that. But
I need you just and fair, full of love,
powertul but kind at the same time. If
you are like this, my Father, wait for
me, because I am going toward your
Kingdom, in peace and trust ...

And then he shut his eyes and did
not see anymore. But, nevertheless, for
the first time he saw, with all awareness,
his entire existence ...

And the vision was a huge ray of
light wrapping his body in white.

His only words were "Yes, now I
know who you are! ... You are God! ...
My unique and beloved God!"

de su existencia consciente vió...

Y lo que vió fue un gran rayo de
Luz que lo envolvía.

Y dijo: ¡ahora sí sé quién eres! Eres
Dios...

EPILOGUE

This is the ending of an era, and another one is about to begin. Humanity is getting ready for it. The search started more than a decade ago. And for those purposes we have remembered our human condition that began in the night of time. We were aware of a Great Cause, of a Supreme Knowledge apart from all, and at the same time we were conscious of the whole, of plural dimensions seeming only one, but simultaneously we had the power to get together in the same compromise. This is why we are expecting the day to come in time, in the future times …

We are hopeful that present conditions will be bettered, and that most crimes and huge injustices will be eliminated.

We are many who expect "the New Age," but to fit into it we must be prepared to behave as "New Men and Women." And our principles will be fraternity, understanding, tolerance, etc. … and our single end and means is love.

This and nothing else is the purpose of this work. Its aim is to make clear and spread the subjects that are ignored by our brothers but which are the base of a major brotherhood: solidarity and the gathering of all those inclined to support Africanism, all over

EPILOGO

Está por terminar una Era, y por comenzar otra. El Hombre se prepara para ello. Ha comenzado su búsqueda hace ya más de una década. y para tales fines recordó en la noche de los Tiempos, su condición. Reparó en la idea de una Gran Causalidad, de un conocimiento Supremo ajeno a todo y a la vez, consciente de todo, de dimensiones que parecían una; pero que al mismo tiempo comprometían a otras.

Por eso esperamos el mañana, el tiempo que vendrá …

Confiamos en que se podrán mejorar las condiciones actuales, que se logrará borrar de la memoria colectiva los más tremendos desaciertos e injusticias.

Somos muchos los que esperamos la "Nueva Era," pero para conformarla habrá que prepararnos como "Nuevos Hombres."

Teniendo como postulados, la Fraternidad, la Comprensión, la Tolerancia; … y como único fin y medio el Amor.

Este y no otro es el fin de este libro, su objetivo es esclarecedor y hacer conocer a aquellos que ignoran sobre los temas tratados, propugnar a una Hermandad mayor, a una Solidaridad

America, and even forging some with other continents.

But this intention is not only directed to adepts of Santería, but even to all those spiritualists who believe in the soul and the spirit, mantaining the creed that these are at the top of all things, and also to the people whose ideal is the bettering of the spirit as a means of going on in our evolution.

Wellcome, all you friends of all philosophical and religious currents!

Wellcome, all those who are practitioners of white magic!

And this is so, because whatever your name, source, origin, tradition, or creed, you have the merit of being together in a collection of splendid colors and lights!

Also welcome to all those interested in questioning, investigating, asking, and trying to make ideas clear, because all together we will experience a very fruitful learning.

And, once and again, I pray to my Creator, saying:

Where life is lacking, may I in
    your name
And interposition create it ...
Where blackness occurs, may a
    beam of your
Infinite Light shine...
Where Love is not present, may I
    deliver it
Without egotism and not expect
    rewards ...
And, that we be able to live with
    ourselves,
And also with others living on
    Earth,
I wish things to be this way so
    your great power and highness
    may be our protection!
                        —Zolrak

entre todos los adeptos del Africanismo desde un extremo al otro de América, uniendo a otros Continentes.

Pero no sólo al creyente en la Santería, sino a todos los espiritualistas; a los que creen que el alma o el espíritu está por sobre todas las cosas. A los que conciben la idea de la Superación de éste como medio de Evolución.

¡Bienvenidos Hermanos de todas las corrientes filosóficas y Religiosas! ¡Bienvenidos todos los practicantes de la Alta Magia Blanca! Sea cual fuere su nomenclatura, su origen o tradiciones, porque al fin se reúnen todas en una sintaxis de Luz esplendorosa!

También es bien recibido aquél que quiera indagar, cuestionar, preguntar, replantearse, porque juntos recorreremos el aprendizaje.

Y una vez más me dirijo al Creador diciéndole:

Que donde falte la vida, en tu
    nombre y mediación
pueda brindarla.
Que donde haya obscuridad,
    llegue un rayo de tu
infinita Luz.
Que en donde no haya Amor,
    pueda entregarlo sin
egoísmos y sin espera de recom-
    pensa.
Y que el Hombre aprenda a vivir
    consigo mismo
y con los demás, de esta Tierra.
Que así sea, por tu Inmenso
    Poder y Supremacía.
                        —Zolrak

GLOSSARY

Abebé—Fan used by Oshun and Yemayá.

Abó—Sacred liquid, made with herbs and secret ingredients designed for curing, purifying baths, and crosses to guide against KIUMBAS. The method of its preparation is known only by Santería priests. This liquid, considered sacred, is used for washing all the things in a Saint's room if it has been previously occupied and for banishing any kind of vibrations from the exterior world that might be considered disturbing.

Aché, Ashé, or **Axé**—Strength, grace, or power.

Adjá—Metal bells in elongated cone form, ending together in one handle. They go with other instruments and serve as a guide when the Orishas are in a trance, making it easier.

Age of Aquarius—Astrological era or stage, which according to astrological and astronomic data has not yet started. Thus is named the era or stage in which humanity will seek fellowship with its fellow creatures, putting aside whatever

GLOSARIO

Abebé—Abanico utilizado por Oshun y Yemayá.

Abó—Líquido sagrado, hecho con hierbas y componentes secretos destinado a curas, baños de purificación, cruce de guías contra Kiumbas. La forma de su elaboración está reservada para los Sacerdotes de la Santería. Este líquido considerado "sacro," es utilizado para lavar todas las cosas que pueden haber dentro de un Cuarto Santo, antes de que entren en él, para retirarle cualquier vibración perturbadora que pudiese traer desde el Mundo exterior.

Aceite de dendé—Aceite utilizado para la elaboración de comidas y ofrendas, como así también para los ebós dentro de la Santería Afro-Brasileña, denominada Candomblé, Batuque; y también dentro de líneas derivadas de las anteriores con ingredientes Amerindios como ser la Umbanda. (Ver manteca de corojo).

Aché, Ashé, o **Axé**—Fuerza, gracia o poder.

Adjá—Campanas de metal, en forma de cono alargado, terminadas jun-

obstacles may be encountered. Spiritual matters will surpass material ones. The beginning of this era is already being spoken about, because everyone is eager to recover the old, forgotten wisdom, and the first step has been taken. At present, there exists a cultural movement that gathers all philosophical, mystical, and religious currents as a clue for the starting of the Age of Aquarius, also called the New Age. In this the right to free thought is essential, and humanity is being revalued in its capacity to choose without being critical. Its postulates undoubtedly aim at a better quality of life.

Agó—A kind of greeting made to the Orishas, asking for permission or license.

Agogó—Musical instrument played in ceremonies, built of two or three cone-shaped bells, linked by U- or W-shaped clips, without clappers. They sound as they are hit by a small stick of iron. In other Santería branches, they are called *Ekon*.

Agué or **Agbé**—Maraca made of an empty pumpkin, with differently colored beads placed around in vertical and horizontal positions. These beads may be of different sizes or may be the seeds of different trees.

Airá—Name of an Orisha, that of Xangó (within CANDOMBLÉ), who serves Oxalufan and is his companion, generally when this Oxala, the oldest, descends to Earth. This is just the moment when Airá comes near

tas en un solo mango. Acompañan los otros instrumentos y sirven de guía cuando el Omorisha está en trance facilitando el mismo.

Agó—Forma de saludo hecho para los Orishas, pidiendo permiso o licencia.

Agogó—Instrumento musical que acompaña en las ceremonias, formado por dos o tres campanas en forma de cono unidas como por pinzas en forma de "U" o "W," que sin badajo, suenan al percutir sobre ellas con una pequeña varilla del mismo metal que suele ser el hierro. En otras líneas de la Santería se lo conoce con el nombre de "Ekon."

Agué o Agbé—Maraca hecha de calabaza hueca, con cuentas de diferentes colores rodeándola vertical y horizontalmente, que pueden ser mostacillas de diferentes tamaños o semillas de árboles.

Airá—Nombre de un Orisha, perteneciente a Xangó (dentro del Candomblé), quien sirve y acompaña a Oxalufan, sobre todo cuando este Oxalá, el más ancestral, baja a la tierra; en donde es el momento que Airá se aproxima para "sostenerlo," y que aún encorvado y tembloroso y muy pacíficamente pueda danzar en la ceremonia.

Ajeún—Comida ofrecida a los Santos. Palabra a la cual es contestada con otra— "Ajeun-ná." Diálogo que se establece entre el Padre y el hijo de Santo, pidiendo permiso para compartir su alimento, en tiempos o momentos de reclusión religiosa.

to "support" him. Even though bent, trembling, and very peaceful, he may dance in the ceremony.

Ajeún—Food offered to Saints. This word is answered by another—"Ajeun-Na." This dialogue takes place between father and son (both Saints), asking for permission to share food in time or moments of religious seclusion.

Akasha—This term is used very frequently in the esoteric field and means knowledge or power in energy form, present all over the Universe.

Akwón—The one who takes upon himself the singing voice during sung prayers. He is the soloist and fundamental element during Yoruba ceremonies. The chorus responds with different phrases, and many times, at the same tempo, these chants are introduced and produce harmonic vibrations of potent power. The Akwón must be experienced and serve a long apprenticeship. He must have a special register and a determining cadence. All this serves the Orishas by expressing their feelings and the sentiments of their prayers.

Alá—A four-cornered white mantle, held at its extremes by the faithful or by initiates, under which an Orisha dances (helped by the MEDIUM). Is is also used at the ending of a "CRUZAMIENTO," in a feast after the meeting, where the participating people pass under Alá to receive ritual protection and spiritual force. It is known to belong to

Akáshico—Término muy utilizado en el ambiente esotérico, que significa conocimiento o poder en forma de energía que está en el Universo.

Akwón—El que lleva la voz cantante, durante los rezos cantados; siendo el solista y parte fundamental durante las ceremonias Yorubas, recibe como respuesta el canto del Coro con frases distintas, y muchas veces al mismo "Tempo" se intercalan en un punto produciendo vibraciones tonales de alto poder. Necesita para serlo de un largo aprendizaje, un "registro" especial y una cadencia determinada, para poder expresar toda la emotividad de los rezos a los Orishas.

Alá—Manto de color blanco, generalmente sostenido en sus cuatro extremos por fieles o iniciados, bajo el cual baila un Orisha incorporado en su médium; también es utilizado al finalizar un "cruzamiento" en las fiestas realizadas con posterioridad al mencionado, y en donde la concurrencia que asiste a las mismas pasa por debajo del Alá, recibiendo de esta forma protección y fortalecimiento espiritual. Se lo reconoce como perteneciente a Oxalá u Obatalá. En algunos de ellos se pueden observar bordados con finísimos hilos de color amarillo y otros de tonos pasteles claros, escenas de ángeles u otros motivos religiosos.

Aleyos—Creyentes participantes activos o no de la Religión.

Alguidar—Vasija o recipiente de barro, usada para servir a los Orishas, que

Oxala or Obatala. In some, it is possible to observe embroidery made of very thin yellow strings, while others are of clear pastel shadings, showing scenes of angels or other religious motifs.

Aleyos—Believers, active or not, who partake of the religious rituals.

Alguidar—Muddy pot or receptacle used to serve those Orishas who are not considered Water People or of Honey.

Amací—A ritual mixture made of herbs, which are macerated in water from different areas or regions, obtained from rain, rivers, cascades, etc., in periods varying form three to seven days, which is the ideal process. This preparetion is left to repose within the Saint Room. Candles illuminate it, and for this purpose a large candle is often used that lasts for seven days.

Apo Iwa—Bag that Olurun gave to Obatalá.

Aruanda—Ideal place where souls with light and high astral entities reside. From there they come down to Earth in order to help humanity. This creed is taken very seriously in the UMBANDA cult.

Asentamiento—To establish a Saint, also called "an Orisha made to measure." This religious person is made along with the "tools" or belongings of the Saint, and these representative objects, having once been purified, are contained within soup tureens. Just at the precise time, these objects exert their influence on the material

no son considerados "Pueblo de Agua o de Miel."

Amací—Preparación ritualística a base de hierbas, dejando éstas en agua de diferentes zonas o regiones, de lluvia, de río, de cascadas deján-dolas asentar por períodos de 3, 5 ó 7 días, que es lo ideal, reposando dentro del Cuarto Santo, siendo iluminado de día y de noche por luz de velas, siendo usado a menudo para tal fin un velón de siete días.

Apo Iwa—Saco o bolsa que Olorun entregó a Obatalá.

Aruanda—Lugar ideal de las almas de luz y entidades del Alto Astral de donde descienden a la Tierra, para ayudar a la Humanidad, creencia tenida o tomada muy en cuenta dentro de la "Umbanda."

Asentamiento—Asentar un Santo o lo que es llamado también "Hechura" de un Orisha. Hecho religioso que se acompaña con las "herramien-tas" o pertenencias de un Santo, objetos representativos, que una vez depurados se contienen dentro de las soperas, y por el medio de los cuales ejercen acción en el campo material de acuerdo al rol o papel a desempeñar y área que tenga influ-encia tal o cual Orisha.

Ashishé—Poste de madera ubicado en la parte central del salón de cere-monias, que simbólicamente une el Cielo con la Tierra. En muchas casas de "Batuque" se lo suele ver frecuentemente, y en muchos casos tiene a su alrededor algunos grilletes y cadenas simbólicas, que

field, according to the role to be performed and the area where the Orishas have their influence.

Ashishé—Wooden post placed in the middle of the ceremonial room, symbolically joining Heaven and Earth. It is frequently seen in the houses of BATUQUES, and many times bears shackles and chains as a reminder of the past times of slavery. Also it is a kind of homage to all those souls who suffered such a martyrdom.

Atabaques—These are drums used by the Afro-Brazilians and in the CANDOMBLÉS that are somehow syncretized to Native American cultures. They are sacred instruments, and can only be touched by a few persons (who must have some kind of preparation) who are baptized or have the title of the *Crusaders*. The three more important are, from minor to major in importance and size, *Run, Runpí* or *Ronpí*, and *Lé*.

Aura—Halo or immaterial atmosphere of spiritual origin that surrounds the body. Its color is a representation of the person's psychophysical state, and is susceptible to change as the person evolves. It is possible to photograph it by means of the Kirlian camera. The result reveals the real energy and vitality of persons and things. In this way, sickness may be detected (according to heterodox medicine) and alternative therapy techniques may be employed.

Axogún—Person who has knife hand.

Ayé—World of living things.

hacen recordar a la época de la esclavitud; a modo de homenaje a todas las almas que pasaron por ese martirio.

Atabaques—Tambores utilizados en lo Afrobrasileño y en los Candomblés sincretizados con las Culturas Amerindias. Son instrumentos de carácter sagrado, y no cualquiera puede tocarlos (para ello deberá tener una preparación) pues también están bautizados o "Cruzados." Los más importantes son tres que de menor a mayor en cuanto a su tamaño, reciben el nombre de— "Run," "Runpí" o "Ronpí" y "Lé."

Aura—Halo o atmósfera inmaterial de origen espiritual que rodea el cuerpo, y que de acuerdo al color con que se manifiesta es el estado psico-físico de la persona, pudiendo variar de acuerdo a su evolución. Se puede fotografiar con la famosa "cámara Kirlian," revelando el campo energético, y la vitalidad real de las cosas y personas, pudiendo de esta manera diagnosticar enfermedades (de acuerdo a la corriente de la Medicina Heterodoxa), con las técnicas de las "Terapias de alternativa."

Axogún—Persona que tiene mano de cuchillo.

Ayé—"Mundo de las cosas vivas."

Babá—Padre.

Babalawo o **Babalao**—Padre del "Secreto." Sacerdote preparado y experto en el Arte de la Adivinación. Sabios religiosos dedicados a la "Tabla de Ifá." En la Antigua

Babá—Father.

Babalawo or **Babalao**—Father of the secret. Expert, learned priest in divinatory arts. Religious wise men dedicated to the IFA Table. In ancient Africa, they were consecrated to IFA and had a privileged place within the cult.

Babalorisha or **Babalocha**—Father of Saints. This was a high sacerdotal charge within the rituals of the religion.

Balé—Outside the sanctuary where the room for souls was placed.

Bantú—Ethnic and linguistic group related to the languages spoken in South Africa of Congolese-Nigerian origin.

Barco—Group of sons of Saints who would *embark* together during a crossing, sleeping on mats without pillows. This fact is called *doing the floor*. For resting they are ordered according to their rank as Saints and following the line or nation concerned.

Barracao—Room where the ceremonies take place, where the public gathers, whether followers or not, and members of the religion; that is to say, the public character that CANDOMBLÉ has as part of its practices.

Batá—Drums used in Afro-Cuban Santería. According to size from small to large, they are called *Okonkolo, Itótele,* and *Iyá.*

Batuque— Afro-Brazilian religion professed in southern Brazil, mainly

Africa, eran consagrados a Ifá y tenían un lugar de privilegio.

Babalorisha o **Babalocha**—Padre de los Santos, alto cargo Sacerdotal dentro de la Religión.

Balé—Lugar fuera del Santuario en donde se encuentra el lugar destinado para las almas.

Bantú—Grupo lingüístico y étnico, dado para las lenguas del Sur de Africa de origen Niger-Congoleño.

Barco—Grupo de hijos de Santo, que se "embarcan" todos juntos en un cruzamiento, durante el cual dormirán sobre esteras, sin almohada alguna; hecho que se denomina "hacer piso," durante el cual se colocarán para descansar según el "Orden de Santo," de acuerdo a la "Línea" o "Nación" que se efectúe.

Barracao—Donde se realizan las ceremonias, donde puede asistir el público simpatizante o no perteneciente a la religión, o sea de carácter público, dentro del Candomblé.

Batá—Tambores utilizados dentro de la Santería Afrocubana, de menor a mayor en tamaño reciben el nombre de—"Okonkolo," "Itótele" e "Iyá."

Batuque—Denominación dada en el Sur de Brasil a la Religión Afro-Brasilera, sobre todo en Río Grande del Sur, débese su nombre a la costumbre de llamarlo así por el uso de sus "Atabaques," ya que su nombre significa ruido de "Atabaques." Sus fundamentos religiosos no varían con el resto de la Santería Afro-

along the Rio Grande del Sur. Its name comes from their ATABAQUES custom of calling in that way, because the word means ATABAQUES' noise.

In general, rites varying from Afro-Brazilian Santería (CANDOMBLÉ) to Afro-Cuban Santería have small, unimportant differences concerning to the foundations or fundamentals of the creed. There are differences among Nations; for example, the weekday corresponding to each Orishá, or the ruling color of candles, or the different food that is offered (obvious because of different climates). Nevertheless, there is a clear difference to be emphasized between a Batuque Saint Room and one from CANDOMBLÉ. The latter is used to *dress the saints;* that is to say, that *soup tureens* are put on big mud jars, which in turn are dressed in African garments pertaining to the Orisha. Also, around the soup tureens are placed seven dishes, and among them the implements and belongings of each Saint, their crowns, ABEBÉ, etc. Finally, the whole is surrounded with the guide or collar of the Saint. All these differences are incidental and do not change the basis of the cult.

Botánicas—The commercial shops where African-origin religious products are sold, along with magic or esoteric products (but these in lesser amount). This name is used in the United States and Central America, but in Brazil, Uruguay, Paraguay, Argentina, and other South American countries, they are

brasilera (Candomblé), o con los de la Santería Afrocubana. Aunque hay pequeños detalles diferenciales que no hacen al "Fundamento," que varían de Nación a Nación, como puede ser el día de la semana que le pertenece a cada Orishá, a veces su color regente en velas, variaciones de ofrendas de comida (lógico por los diferentes climas). Hay sí una diferencia para destacar entre un "Cuarto Santo" de Batuque, y uno de "Candomblé," en éste último se acostumbra a "Vestir a los Santos," o sea que, las "Soperas" se depositan sobre grandes vasijas de barro, que a la vez son vestidas con el traje Africano del Orisha; y rodeando la sopera se le colocan 7 platos y entre ellos sus "Herramientas" y pertenencias de cada Santo, su corona, su abebé, etc., rodeando todo con la guía o collar que le pertenece. Esta diferencia es una cuestión de estética, o de agradar a los Orishas, una costumbre, que no hace variar la Cultuación.

Botánicas—Son las casas comerciales, que venden productos religiosos de las religiones de Origen Afro, conjuntamente pero en menor cantidad otros esotéricos o mágicos. Nombre que se le da en los Estados Unidos, Centroamérica; ya que en el Brasil, Uruguay, Paraguay, Argentina y otros de Sudamérica se las conoce como "Santerías" (esotéricas).

Cabildos—Reuniones de Santeros, para tratar una regla, disposición o Ley, como medida dentro de la Religión.

known as *sanctuaries* or *santerías* (*esotericals*).

Butter or Oil of Corojo—Concentrated oil used by Cuban Santería. It is similar to DENDÉ OIL.

Buzios—See CYPREA MONETA.

Cabildos—Places where Santeros meet to agree on a rule, law, or whataver regulation must be considered for the sake of the religion.

Caboclos—Native American spirits of light. They are efficient spiritual healers. They are present within the UMBANDA rites.

Cambono—One who collaborates with an entity within UMBANDA. They are often useful as interpreters between the consultant and the entity. Generally chosen by the entity because of affinity.

Candomblé—Afro-Brazilian Santería. It is also the name of a dance in homage to the Orishas. Another dance practiced by black people in Uruguay and Argentina, which seems to have the same origin, is called *Candombe* and is Rioplatense (the La Plata river is one of the borders between these two countries).

Cartomancer—Person who by playing special cards is a fortuneteller. The Tarot reader is also a fortuneteller by mean of the Tarot cards. Cartomancy is the art of predicting the future with cards.

Chakras—Word of Sanskrit origin meaning "wheel." They are energetic centers placed on the surface of the double ethereal of a human being.

Caboclos—Espíritus con Luz de Indios, son grandes curadores y sanadores espirituales. Se manifiestan dentro de la Umbanda.

Cambono—El que asiste, colabora, con una entidad dentro de la Umbanda; sirviendo muchas veces de intérprete entre el consultante y la entidad. La mayoría de las veces elegido por la propia entidad por afinidad espiritual.

Candomblé—Santería Afrobrasilera. También es el nombre de una danza en homenaje a los Orishas. Otra danza ejecutada por la gente de color en Uruguay y Argentina, pareciera tener el mismo origen, se la llama "Candombe" y es Rioplatense (el Río de la Plata es uno de los límites naturales entre estos dos países).

Cartomante—Persona que a través de las cartas, practica la adivinación; como el "Tarotista" quien también lo efectúa con las cartas del Tarot. Utiliza la "Cartomancia," forma de adivinar el futuro mediante las cartas.

Chakras—Palabra de origen sánscrito, cuyo significado es rueda. Centros energéticos que se encuentran en la superficie del doble etéreo del Hombre.

Cruzamiento—Acto ritual por el cual se le "asienta" a una persona su Orisha regente, es cruzar la parte carnal con lo espiritual, lo Humano con lo Divino. En el primer "Cruzamiento" la persona entra en lo que se llama "Ley de Santo."

Craggy Points—Esoteric and Kabbalistic points painted on the floor or on a wooden tablet by means of chalk or a colored stone.

Some entities or points, intended to accomplish a specific spiritual work are identified by their symbols.

Cruzamiento ("Crossings")—Ritual act used to "seat" a ruling Orisha on a person. The idea is to cross carnal and spiritual sides, as human and divine. In the first crossing, the person receives the Saint law.

Cyprea moneta—The scientific name of the mollusks brought from the west coast of Africa and very much used in sanctuaries. As a commonplace, they are known as "cowries" (English), *cauris* (Spanish), or *buzios* (Portuguese, in all Brazilian areas and countries under their religious influence).

Dadá—An Orisha who has somehow been put aside. Santeros used to tell that she was a feminine principle in charge of the little children, giving good health to the mother, with plenty of mother's milk for nurturing her children.

Dendé Oil—This oil is used for cooking foods and offerings, and also for Ebós within the Afro-Brazilian Santeria, called CAMDOMBLÉ or BATUQUE, and also it is found within other branches which came from Native American elements, such as UMBANDA (see BUTTER OR OIL OF COROJO).

Descarrego—This name belongs to CANDOMBLÉ and especially to

Cyprea moneta—Los caracoles traídos de la costa Occidental Africana, y que son muy usados dentro de la Santería; siendo éste su nombre científico. Se los conoce vulgarmente como "cowries" en Inglés, "cauris" en Español, y "Buzios" en el idioma Portugués dentro del Brasil y países de su influencia religiosa.

Dadá—Orisha ya no muy cultuado, cuentan muchos Santeros, que era un principio femenino que cuidaba de los recién nacidos, y proporcionaba a la madre de buena salud, dándole calidad y cantidad de leche materna para amamantarlos.

Descarrego—Nombre utilizado dentro del Candomblé y sobre todo en la Umbanda para indicar los "Baños de Purificación" o de "Descarga Espiritual" pertenecientes a algún Santo o Entidad.

Despojo—Nombre dado en la Santería Cubana a los baños de descarga hechos con hierbas, flores, etc.

Dijina—Nombre verdadero del Orisha, no es su apelativo genérico. Sería como su "Apellido Espiritual" (por explicarlo de alguna manera más concreta) o clasificación. La dijina o digina del Santo es un secreto entre el hijo de religión y el Sacerdote que lo inició en la "Ley de Santo."

Dilogun o **Delugón**—Adivinación hecha con los caracoles marinos, abreviación del término "Merindilogun."

Ebó—Llamados así en el Brasil y áreas y países de influencia a los trabajos

UMBANDA. IT indicates the baths of purification or of spiritual discharge taken by some saint or entity.

Despojo—Cuban Santería gives this name to those baths of purification consisting of water, herbs, flowers, etc.

Dijina—This is the true name of an Orisha rather than its exoteric name. In other words, it is as it were its spiritual name or classification. The dijina or digina of the Saint is a secret between the child of the religion and the priest who initiated him or her into the Saints' law.

Dilogun or **Delogún**—Fortunetelling by means of marine mollusks. It the abbreviation of the term "Merindilogun."

Ebó—Called this in Brazil, and in areas and countries that are influenced by different magic works made by the Orishas employing white magic.

Ecó—Liquid obtained from diffrent ingredients (being kept for beginners) and contained within small jars. Its function is to catalyze negative energies so as to eliminate them from a temple or religious house.

Egum or a **Egumbum**—In the Nago language, a bone or the soul of a dead person.

Egún—Spirit of a dead person.

Eshú, Echú, Exú, or **Esu**—The link between humanity and the Orishas. He manifests in iron objects of different shapes and in mud, sometimes in Otá, and occa-

realizados con la Alta Magia Blanca de los Orishas.

Ecó—Líquido preparado con diferentes ingredientes (reservados para los iniciados), depositados en pequeñas vasijas. Sirve como catalizador de energías negativas, para así liberar de ellas a un Templo o casa de Religión.

Egúm o **Egumbum**—En "Nagó" significa hueso o alma de un muerto.

Egun—Espíritu de muerto.

Encarnación—La vida que debe pasar un espíritu dentro de un cuerpo o materia, alojado en la misma hasta el momento de su desencarnación o comúnmente mal denominada "muerte." Creencia que tienen la mayoría de las doctrinas espiritualistas. Momento de la existencia del espíritu en el Planeta Tierra.

Era de Acuario—Era o etapa Astrológica, la cual según datos y registros Astronómicos y Astrológicos serios todavía no ha comenzado. Se denomina así a la Era o etapa en la que el Hombre buscará hermanarse y confratenizarse con su semejante, derribando fronteras de todo tipo, predominará lo Espiritual sobre lo Material. Ya se habla del comienzo de esta "Era," por el gran interés que los seres tienen por recobrar conocimientos olvidados, sus atisbos ya han comenzado y los primeros pasos ya fueron dados. Hoy día existe un movimiento cultural, que aglomera todas las corrientes filosóficas, místicas, religiosas, de auto-ayuda, etc., como indicio o preámbulo de la "Era de Acuario,"

sionally in a direct way in images (all of this depending on the specific tradition).

Ewá—This Orisha used to be in soft waters, lagoons, and lakes. Some think that he represents a different form of Oyá or Obá.

Ewe—Herbs, the main component of Omiero.

Fire Point—Lighted, torch-shaped wooden stick used to discharge persons and things from spiritual malaises. Some persons define this practice as the act of marking a point of fire: A point is drawn on the soil before the door of a house; the design is covered with inflammable powder; and the powder is lit to clean the house and to banish from it, or from the inhabitants, the Kiumbas or disturbing elements. These practices are developed within the Umbanda cult. The powder is safe and in shops is called "theater powder."

Gira—A kind of practice within Umbanda. By its mean Mediums dance in a circle around their own axes, making movements in a circular direction within the Terreiro and creating in this fashion a strong centripetal force.

Gizeh—Refers to the Gizeh pyramids. An area near the banks of the Nile River, where the pyramid of Cheops was built 5,000 years ago by the pharaoh of the same name. There are also the Chephren pyramid, the second in importance and size, and the third and smallest is that of Micerinus.

llamada "New Age"; donde la "libertad" de pensamiento es esencial, revalorizándose al Hombre, a su capacidad de elección, no cercenando, no señalando, ni criticando. Sus postulados apuntan a una mejor "Calidad de vida."

Eshú, Echú, Exú, o Esú—Intermediario entre los Hombres y los Orishas, su asentamiento se realiza en hierros de distintas formas, barro, Otá en algunas ocasiones, y pocas veces directamente en imágenes (dependiendo de la línea a Cultuar).

Ewá—Orishá de aguas dulces de lagunas y lagos. Algunos piensan que es un pasaje o camino distinto de Oyá o de Obá.

Ewe—Significa hierbas, siendo el principal componente del "Omiero."

Gira—Práctica dentro de la Umbanda, por medio de la cual sus "Mediums" danzan rotando sobre su propio eje, desplazándose en forma circular dentro del "Terreiro," creando una fuerza centrípeta.

Gizeh—Relativo a las Pirámides de Gizeh, zona cercana a las orillas del río Nilo en Africa, en donde se levantan las Pirámides de Keops, construida por el Rey del mismo nombre hace casi 5.000 años, la de Kefren que es segunda en importancia por su tamaño, y la de Micerino la tercera y la más chica en dimensiones.

Güemilere—Fiesta de los Orishas dentro de lo Afrocubano.

Hinayana—Rama del "Budismo," significa pequeño vehículo.

Güemilere—Feast of the Orishas in Afro-Cuban rituals.

Hinayana—Branch of Buddhism, meaning "small vehicle."

Hermaphrodite—Derived from the names of Hermes and Aphrodite, who have both sexual organs between them.

Iaba—The one in charge of making food or offerings to the Saints. Has an important function within the temples, mainly during crossing times, where the initiated is being directly assisted while in religious seclusion.

Ialorishá or **Iyalocha**—Priestess.

Ibeyis—Twin Saints, protectors of children, syncretized with Saint Cosmo and Saint Damian. A feast generally takes place on September 27, and toys and cookies are given to infants, children, and teenagers. Also during the celebration, children are baptized, who receive in this way a strong religious protection. Calling to the Almighty, He is asked through the Ibeyi, Saint Cosmo and Saint Damian, to protect the child to be baptized, and the priest pours water over the child's head (with the prior permission of the child's guardian angel). This is also a remembrance of the day that Jesus was baptized by Saint John the Baptist. A godmother and a godfather are chosen (preferably of the same religion), because the child will also be sponsored by their Orishas. One of those present will hold a white candle over the child's head (to pro-

Hermafrodita—Derivación de "Hermes" y "Afrodita," quien tiene en su cuerpo los dos órganos sexuales de reproducción.

Iaba—Encargada de preparar las comidas u ofrendas de los Santos, su función es muy importante en los Templos, sobre todo en los tiempos de "Cruzamiento," en donde asiste directamente al iniciado, en momentos de reclusión religiosa.

Ialorishá o **Iyalocha**—Sacerdotisa de la Religión.

Ibeyis—Santos gemelos, protegen a los niños; siendo sincretizados en "San Cosme" y "San Damián." Generalmente se festejan los días 27 de Septiembre, repartiendo juguetes y golosinas entre los infantes y adolescentes. También durante la Celebración se procede al "Bautismo" de las criaturas, quienes así reciben con el permiso de sus padres carnales, una segura y muy fuerte protección. Invocando a Dios Todopoderoso se le pide que a través de "Ibeyi" o de San Cosme y San Damián, proteja al niño que va a ser bautizado, a quien el Sacerdote derrama agua sobre su cabeza (previo permiso a su "Angel de la Guarda") conmemorando el día que San Juan Bautista, bautizó a Jesús. Se elige una Madrina y un Padrino (si son de la Religión, mucho mejor; pues también recibirá el bautizado el "Padrinazgo" de sus respectivos Orishas), uno de ellos sostendrá una vela blanca muy cerca de la cabeza del niño (con el objeto de iluminar o dar a Luz al ritual, estando lo más cerca

vide light for the ritual). The gap between the head and the candle must be at least 15 centimeters. This is an important act, because the seventh Chakra receives Water and Fire on the Earth—the body— and Air from the cosmos as the supreme energy, which descends in spiral form to give dynamism and vitality to the energetic center. This is one of the ways to open the Chakra. Meanwhile the Air element is also supported by Earth with the help of bells, drums, etc. The godfather holds a white cotton hankerchief with the name of the child embroidered in a corner, which is used to wipe the child's head. From now on this mantle becomes a sacred thing, and the interested person will have to keep it (and also the remaining candle) for use when he encounters difficult situations.

A pretty prayer that is used n these rituals is the following—

The waters of the River Jordan
Were used to baptize Jesus,
I baptize thee
Under the sign of the cross.
Two, two, Mermaid of Sea.
Two, two, my Oxala father.

The prayer must be repeated twice from the beginning. Notice that "two, two" refers to the twin quality.

During the celebration, visits are made to hospitals and orphan asylums, and donations and gifts are given. Sometimes the authorities give their permission for the

de la cabeza posible—guardando cierta distancia, por lo menos 15 cm. recordando que este acto religioso es uno de los más importantes, pues el 7mo. Chakra, recibe "Agua y Fuego" de esta forma, sobre la "Tierra"—su propio cuerpo—y "Aire" que viene en forma de energía Suprema del Cosmos, descendiendo en forma de espiral, poniendo dinamismo y vitalidad en ése Centro Energético, en cierta forma es una manera de "abrir este Chakra a la Vida," el elemento "Aire" también está apoyado terrenalmente, con la ayuda de campanillas, tambores, etc.). El otro Padrino sostendrá en sus manos un paño de algodón blanco, que puede tener bordado el nombre del bautizado; para secarle la cabeza. A partir de ese momento este "Manto" adquiere carácter sagrado, y el bautizado deberá guardarlo (al igual que el resto de la vela), para usarlo en momentos difíciles de su vida, en donde necesite ayuda, consejo o guía. Un rezo muy bonito escuchado frecuentemente en estos rituales es éste— "Las Aguas del río Jordán, bautizaron a Jesús, Yo te bautizo a ti, con la señal de la Cruz. Dos, dos, Sirena del Mar. Dos, dos, mi Padre Oxalá. (Se repite desde el comienzo).—Nótese que—dos, dos, se refiere a la cualidad de gemelos o también de mellizos.

En esta Celebración se hacen visitas a Hospitales y Orfanatos, en donde se realizan donaciones (juguetes, libros, ropa, etc.) y donde muchas veces con el per-

performance of circus entertainments and the like. At night, offering is also made to the Ibeyis, such as toys, cookies, cakes, etc., all highlighted with much color. Help, assistance, and many kinds of favors are asked for those who are in despair.

Ifá—God of fortunetelling, mediator between Oromilaia (also named alafin) or Orumila and other saints.

Ifé—Nigerian city and religious center for Yoruba.

Ikú—Death.

Incarnation—The spirit's life within a body or matter, until the moment of his or her disincarnation, or as commonly but wrongly called, "death." This creed belongs to most spiritual doctrines. Spiritual lapse of the existence of the spirit on planet Earth.

Iruexim—Small feather duster made of horsetail, also known as *iruke*.

Kabbalah—Tradition. Explanation of the sense oif sacred and old scriptures, orally transmitted by the Hebrews. The Jews adopted it as a a form of Biblical mysticism. By means of its philosophy, they make an interpretation of God and the universe.

Karma—Law of cause and effect.

Kiumbas—Disturbing spirits of dead people who during life were bad, such as murderers, rapists, cheats, etc., with a serious intention of evil. After their disincarnation, they pass to this spiritual grade. They

miso de las autoridades de esas Instituciones, se efectúan cuadros o actos artísticos con Payasos, cantantes, animadores infantiles, etc. También a la noche se realizan ofrendas a los" Ibeyis" que consisten en juguetes, golosinas diversas, todo con mucho colorido en donde se pide asistencia y ayuda para aquellas criaturas que estén por diversos motivos pasando por un mal percance.

Ifá—Dios de la Adivinación, intermediario entre "Oromilaia" (también llamado "Alafin") o Orumilá y otros Santos.

Ifé—Ciudad de Nigeria y Centro Religioso de los Yorubas.

Ikú—Muerte.

Iruexin—Plumerillo formado por crines o cola de caballo, denominado o conocido también como "Iruké."

Kábala—Tradición. Explicación del sentido de las Sagradas y Antiguas Escrituras, transmitidas oralmente por los Hebreos. Los judíos la adoptan como fuentes místicas bíblicas. Mediante ellas interpretan a Dios y el Universo.

Karma—"Ley de Causa y Efecto."

Kiumbas—Espíritus de muertos, perturbadores; los cuales en vida adolecieron de graves defectos pudiendo ser asesinos, violadores, estafadores, etc. con un contenido generalmente de un alto grado de maldad. Luego de desencarnados, pasan a componer esta "Categoría Espiritual," quien persigue a los

follow incarnated beings to make them sin. Black magicians or *mayomberos* make use of these spirits to bring about bad influences on other people.

Kundalini—Spiritual force also known as the serpentine fire, because it is a vital energy accessing through the fundamental Chakra along the spine. In it the nucleus of feminine and masculine essences are blended. The feminine face is the high one, and is called the World Mother. Even when asleep, its force is great and is the support of the vital energy. Linked to the center of the Earth where the fire is *ab aeternum* alive, makes a whole with the supreme alchemy, giving birth to a perfect triad as Fire, energy, and Sun, creating that sure laboratory for manufacturing the formula that may be energized day after day.

The energy flows along three channels, which seem to describe the design of Mercury's caduceus. The first one is named Ida, that is the feminine essence; the second is Pingala, or masculine energy; and in the middle is found Sushumna, the great channel, which represents the potential to rise to superior levels of consciousness. This is the way followed by the yogis and Hindus to pick up the energetical processes derived from spiritual sources.

Lucumí—Also known as Ulcumis, and coming from the near regions of the delta of the Niger River. The word *Lukkami* became *Lucumi,* and they lived in the Oyo or Ulkama kingdom.

seres encarnados, presionándolos para que cometan toda clase de atrocidades. Espíritus de los cuales se valen los llamados Brujos Negros" o "Mayomberos," para efectuar sus maléficos planes.

Kundalini—También conocida como "fuego serpentino," energía vital que penetra por el Chakra Fundamental ascendiendo a través del trayecto de la columna vertebral. En ella se funden las esencias femeninas y masculinas, pero se refiere cuando se la nombra como si preponderara lo femenino, llamándola la "Madre del Mundo." Aún estando dormida su fuerza está latente y sostiene la energía vital. Conectada a su vez con las entrañas de la Tierra, en donde hay fuego eterno, combustiona conjuntamente como Alquimia Suprema, creando un terceto perfecto con el fuego y la energía del sol, y como certero "Laboratorio" nos provee de la fórmula para revitalizarnos día tras día.

Se conduce a través de tres canales, que parecieran describir el Caduceo de Mercurio, uno de ellos llamado "Ida" esencia femenina, otro conocido como "Pingala" o parte masculina de la energía; y en el medio de los dos el tercer y gran canal "Sushumna," el equilibrio por el cual se puede llegar a planos superiores de conciencia. De esta forma conciben los procesos energéticos los "Yoguis" e "Indos."

Lucumí—Conocidos también como "Ulcumis," procedentes de las regiones cercanas al Delta del Niger. El vocablo "Lukkami" se

Lilith—Psychoanalytically represents the dark side of the psyche, the feminine one. The Moon being a feminine satellite, not only by its gender but also for her faculties, it is said that Lilith is the Moon's dark side. The Kabbalistic text, the *Zohar,* defines her as the Sovereign of the Depths, imitating our sub-consciousness.

Many authors see in her man's ancestral fears, making several comparisons.

Lotus Position—Physical posture or special attitude for meditation.

Generally, Buddha's profile is seen in this posture. It is believed that the name of the lotus flower was chosen because of the ideal whiteness of the petals. In spite of having grown in the mud, it always remains stainless. It is the symbol of troubles overcome and teaches maturity.

Macumba—A pejorative term for all Afro-Brazilian cults in general, relating it to practices completely different from the real Santería.

Maleme—Mercy. Asking for mercy is an act of profound and deep humility.

Mahayana—Branch of Buddhism, meaning "great vehicle," and a revolutionary and liberal vision of the Universe. Developed the Bodhisattva concept. A Bodhisattva is a being who tries to reach illumination or the pure mind, traveling the path of wisdom seeking the Buddhic state. The Bodhisattva is not only concerned with seeking spiri-

fundió en Lucumí quienes vivieron en el reino de Oyo o Ulkama.

Lilith—Representa psicoanalíticamente el lado oscuro de la psique femenina; y por ser la Luna un satélite considerado como "femenino," no solo por su género sino también por sus facultades, se dice que Lilith es el "Lado Oscuro de la Luna." En el "Zohar" (libro de la Kábala) es la Soberana de las profundidades, o sea nuestro subconsciente. Muchos revelan y representan en ella a los "Temores Ancestrales" del Hombre, dándoles diversas comparaciones.

Macumba—Forma despectiva e irrespetuosa, con que se denomina a los Cultos Afrobrasileros en forma general, relacionando este término con prácticas que nada tienen que ver con la Santería.

Maleme—Misericordia. Pedir Misericordia es un acto de profunda humildad y compenetración.

Mahayana—Rama del Budismo, que significa gran vehículo, y que lo revolucionó tomando una visión más amplia del Universo y una actitud más liberal, desarrolló el concepto del "Bodhisattva" o" Ser en procura de iluminación, de mente pura," que va en camino de la Sabiduría o "Estado Búdico." El "Bodhisattva" no solo se preocupa de su elevación espiritual sino también en la de sus semejantes. Y en su camino de Superación alcanzará diferentes estados de Inteligencia hasta convertirse y llegar a ser su propio y futuro Buda, tal como su propio Templo, como quien em-

tual perfection, but also with bringing it to others. Along the way of improvement, one will reach different stages of consciousness until one becomes one's own Buddha, as if one were one's own temple. This is the moment when you begin to know yourself and find God within. Within the Mahayana, the best known schools are Tantra and Zen. There is also the Buddhist Nichiren Shoshu, found in the 13th century in Japan by Nichiren Daishonin, who took the Buddhist Lotus Sutra writings as his inspiration. The followers of this school continuously repeat the sentence "Nammyoho-Renge-Kyo," which means "I am the cause and the effect, too."

Medium—Bridge between the material world and its counterpart, the spiritual world, The medium is the means to link both of them.

Mediumism—Also called the sixth sense. Psychic faculty that when developed enables a human being to be in contact with the beyond.

Mystic—Person who seeks spiritual perfection by means of religious and philosophic doctrines in order to reach God through the soul while being in the state of communion and using universal love as a vehicle.

Nations—The different lines or traditions within the Yoruban African cult, which are likely to change in certain details but never in basis or essence, always keeping the same foundations.

Nigeria—Republic in West Africa.

pieza a conocerse a sí mismo, encontrando a Dios dentro nuestro. Dentro del Mahayana las escuelas más conocidas son las del "Tantra," el "Zen," y otra fundada en el Japón en el siglo XIII, por Nichiren Daishonin, conocida como Budismo Nichiren Shoshu, quien toma las escrituras Budistas Lotus Sutra como inspiración; los integrantes de esta Escuela cantan ininterrumpidamente la frase—"Nammyoho-renge-kyo," que significa "Me identifico con la Causa y el Efecto."

Manteca o Aceite de Corojo—Aceite concentrado utilizado en Santería Cubana, su similar es el Aceite de Dendé.

Médium—Medio o puente entre el Mundo material y el espiritual, para lo cual se vale de la "Mediumnidad" para tal fin.

Mediumnidad—También llamada "Sexto Sentido," facultad psíquica que desarrollada le permite al Ser Humano comunicarse con el "Más Allá."

Místico—Persona que busca la perfección espiritual mediante doctrinas religiosas y filosóficas, que lo comunicarían con Dios a través de su alma, en estado de comunión utilizando como vehículo al Amor Universal.

Naciones—Diferentes líneas de Culto dentro del Africanismo Yorubano, pudiendo variar en ciertas particularidades, más nunca en sus bases o esencia; manteniendo los mismos fundamentos.

Oba—King.

Obi—Coconut, which is also used for fortunetelling.

Odús—They are also known as "letters" *(letras)* within Cuban Santería. They are the stories related at Dilo-gun readings.

Ogá—Person of second authority within the temple, assistant to the Babalorisha. Relieves him in his absence.

Omorisha—Belongs to Santería, and is also the child of some Saint or Orisha.

Olodumare—The almighty God. the beginning without end.

Omiero—Liquid of rainwater, sea or river water, honey, saint water of seven churches, etc., employed for washing and purifying the elements of the cult.

Ordún—Each one of the positions in which shells fall when Dilogun readings are made.

Oriaté—Opele or Rosario of Ifa.

Orí—Head.

Orún—The other world.

Otá—Stone that according to its characteristics is offered to one Orisha or another, for its settlement. They are things and objects that form part of the Orisha's vehicle on Earth, and also the Ashé symbols that as magnets attract energy to be channeled at will.

Padé—Food or offering intended for Exu within the Camdomblé cult. All the ceremonies begin with Pade to

Nigeria—República del Estado de Africa Occidental.

Oba—Rey.

Obí—Coco, quien también es utilizado como método de Adivinación.

Odús—También conocidos como letras dentro de la Santería Cubana, son los relatos relacionados con la lectura del Dilogun.

Ogá—Persona que dentro del Templo ocupa el 2do. lugar como autoridad luego del Babalorisha, colabora con él y lo reemplaza en su ausencia.

Omorisha—Integrante de la Santería, quien es "Hijo" de determinado Santo u Orisha.

Olodumare—Dios Todopoderoso. El principio sin fin.

Omiero—Líquido formado por agua de lluvia, de mar y de río, miel, agua bendita de 7 iglesias, etc., para lavar y purificar elementos del Culto.

Ordún—Cada una de las tiradas, en que caen los caracoles en la lectura del Dilogun.

Oriaté—"Opelé" o "Rosario de Ifá."

Orí—Cabeza.

Orún—"El otro Mundo."

Otá—Piedra, que de acuerdo a determinadas características se destina a tal o cual Orisha, para su "Asentamiento" (cosas y objetos que forman parte del vínculo del Orisha con la Tierra, símbolos de su Ashé en ésta, que como imán ejercen atracción de su Energía en forma canalizada).

EXU in order that he be favorable and take care of everything, and that things will run without troubles. ESHU is the first one to receive the offerings, because he is the link between human beings and Orishas.

Palha da Costa—Name given in Brazil to a kind of raffia used in rituals.

Patuá—Small leather or cloth bag containing a cowrie shell, and sometimes little pieces of coral, imman, rue, or some other herb, according to the matter to be protected or conciliated. It may be effective as an amulet. It is used in Brazilian and UMBANDA Santería.

Paxoró—Oxalá or Obatalá's walking stick. It represents his power on Earth.

Pegí—Altar or Saint room.

Peribody—Etheric wrapper around the body, about 5 centimeters from it. This creed is held by many spiritualist schools.

Perispirit—Same as PERIBODY, but with a different name once a person is disincarnated. According to belief, it retains traces of good and bad conduct as colored stains, where black, red, and white would predominate. The intensity of one of these colors would mark the grade of the spirit once disincarnated. This belief is upheld by some Kardistic currents and other spiritualists.

Pomba Gira or **Bombo Giro**—Woman ESHU or EXU who works as an "employee" of female Orishas. Actually, they are called Bombo or Pombo Gira.

Padé—Comida u ofrenda destinada a Exú, dentro del Candomblé. Toda ceremonia principia con el "Padé de Exú," para agraciarlo, y que cuide que todo se desenvuelva normalmente, sin perturbaciones. Exú es el primero en recibir ofrendas, ya que él es el intermediario entre los Hombres y los Orishas.

Palha da Costa—Denominación dada en el Brasil a una especie de rafia utilizada en los Rituales.

Patuá—Pequeña bolsa de género o cuero, conteniendo un cauri, y a veces pedazos de coral, de imán, ruda, o alguna hierba; de acuerdo a lo que quiera propiciar o proteger. Puede funcionar como amuleto o talismán. Se utiliza en la Santería Brasilera y la Umbanda.

Paxoró—Báculo o cetro de Oxalá u Obatalá. Representa su Poder en la Tierra.

Pegí—Altar o "Cuarto Santo."

Pericuerpo—Envoltura fluídica, que rodea el cuerpo a una distancia aproximada de 5 cm. Creencia que tienen muchas escuelas espiritualistas.

Periespíritu—Igual envoltura, siendo el pericuerpo, pero cambiando de denominación, una vez que la persona desencarna. Según la creencia en él quedan grabadas las buenas o malas acciones de los Hombres a manera de manchas de colores, en donde predominarían tres— el negro, el rojo, o el blanco. La intensidad de algunos de estos, determinaría la "Categoría Espiritual" a la que iría a integrar el espíritu una

Prayers—Psalms which are backed by drums, also called REZAS, that often make narrations of stories, legends, and other sayings that explain the Orishas' life. They are performed in their honor and each Orisha has his touch (i.e., the kind of percussion on the drum) which is different from the others. The REZAS also may be sung a capella. They are used to invoke some Saint, along with the performance of some spiritual work, offering, feast, etc.

Pretos Velhos—In Portuguese, "Old Negroes," slave souls, spirits that are glowing with "Light" and work for good.

Reincarnation—By this act a disincarnate spirit comes back to his or her body or matter, fulfilling the law under his or her name. In incarnated form, it is possible for the spirit to repair past mistakes, having the possibility to choose the body where the reincarnation is going to take place. In this way the nucleus or home chosen will have among its components a common karma to be fixed, producing in this manner just the perfect equilibrium of the reparations.

Roncó—In Portuguese, this is generally called *camarinha*, a physical place where beginners pass the night, and the crossing or Saint compromise is to last the entire time. Here a state of spiritual retirement must be completely accomplished under the obedience of previously established difficult rules.

Santería—Saint worship. American Orisha religion.

vez que desencarnó. Así lo sostienen, algunas corrientes Kardecistas y otras espiritualistas.

Pomba Gira o Bombo Giro—"Eshú" o "Exú" mujer, oficia como "empleada" de los Orishas femeninos. En realidad son llamadas "Bombo o Pombo Gira."

Posición de Loto—Postura física considerada ideal para la "meditación." Posición en la cual comúnmente vemos a la figura de Buda. Se cree que la flor que lleva su nombre, se eligió, porque el "Loto" permanece inmaculadamente blanco a pesar de emerger o nacer del fango, es decir no se ensucia. Representa la superación de los inconvenientes y la maduración de las enseñanzas.

Pretos Velhos—Significa en Portugués—"Negros Viejos." Almas de esclavos, espíritus que vibran en la "Luz" y que trabajan para el Bien.

Punta de Fuego—Vara de madera encendida en forma de tea, con la cual se descarga espiritualmente a cosas y personas. Algunos denominan así a la práctica de marcar un punto de fuego (punto riscado en el piso generalmente adelante de cada puerta de la casa, cubierto en el dibujo por un camino de pólvora, la cual es encendida con el fin de limpiar la casa y alejar de ella o de sus componentes a "Kiumbas" o elementos perturbadores). Prácticas desarrolladas dentro de la "Umbanda." La pólvora utilizada es casi inofensiva llamada dentro de las casas que la venden, como "Pólvora de Teatro," por tener un

Soup Tureens *(Soperas)*—Pots of crockery or cooked mud, sometimes resembling earthen cooking pans, where *Otanes* are put, with all their bases.

Sutra—Aphoristical writings referred to Buddha's teachings.

Telepathy—Phenomenon produced within parapsychology, generally known as thought transmission.

Terreiro—Religious house or Afro-Brazilian Santería temple.

Umbanda—Branch apart from Afro-Brazilian Santería, with religious contents from Native Americans and Spiritualism.

Usnisha—Small bulb on Buddha's skull.

Vassoura—Tool of "Naná," made of strips of some kind of raffia, with cowrie-shell decorated.

Xire or **Shire**—Prayer commands for Orishas' *toques* (touches).

Xarará or **Sharará**—Omulu's symbol, raffia made, and resembling but not identical to her mother's.

Yahweh—Word linked to the root of the verb "to be." Its meaning could signify "That which is," or, even assuming a more eternal character, "He who will ever be." This word, according to knowledgable people, would be the result of pronouncing the sacred Tetragrammaton JHWH or YHWH, which means God for Hebrews.

Yaos—Initiated women within the Santería cult.

efecto de gran humareda y no bélico, ni peligroso.

Punto Riscado—Actúan como puntos Kabalísticos y Esotéricos. Marcados en el piso o sobre una tablilla de madera, con una tiza pura o piedra de color. Son el símbolo de reconocimiento de una entidad, o de un determinado "Punto" para un trabajo espiritual específico.

Reencarnación—Acto por el cual un espíritu desencarnado, vuelve a tomar un cuerpo o materia, cumpliendo así con la "Ley" que lleva su nombre. Se produce, para que el espíritu encarnado, pueda reparar sus errores y faltas pasadas, teniendo la posibilidad de elegir el cuerpo en donde encarnar, tomando en cuenta, que en el núcleo u hogar elegido, tendrá entre sus integrantes un "Karma" en común que reparar, accionando de esta manera un justo y perfecto equilibrio de compensaciones.

Rezos—Cánticos acompañados por tambores, llamados también "rezas," que muchas veces relatan historias, leyendas, que explican la Vida de los Orishas. Se realizan en su Honor, y cada uno de los Orishas tiene su "Toque" (referido a la acción de percutir sobre el tambor) diferente. Las rezas pueden ser también cantadas a "Capela" (término musical que significa, sin acompañamiento de instrumento musical alguno, solo con la voz humana). Se utilizan para invocar a algún Santo, acompañando la ejecución de algún trabajo espiritual, ofrenda, festividad, etc.

Ying-Yang—Name given in Oriental world for designating the equilibrium between two natural principles—feminine and masculine.

Zambi—Another name for Olorun, the God. Mainly used by all the religious descendants of the Angola region of Africa, .

Roncó—Comúnmente llamado en Portugués "Camarinha," es el lugar físico donde los iniciados pernoctan, permaneciendo todo el tiempo que dure su "Cruzamiento" u Obligación de Santo" en estado de "Retiro Espiritual," observando estrictamente las reglas y condiciones que lo fundamentan.

Santería—Devoción de los Santos. Religión de los Orishas en América.

Soperas—Recipientes de loza o de barro cocido, a veces en forma de cazuelas; en donde se depositan los "Otánes" con todo sus fundamentos.

Sutra—Escritura aforística, referida a las enseñanzas del "Buda."

Telepatía—Fenómeno estudiado dentro de la Parapsicología, comúnmente conocido como transmisión de pensamiento.

Terreiro—Casa de Religión o Templo de la Santería Afrobrasilera.

Umbanda—Desprendimiento de la Santería Afrobrasilera, con contenidos religiosos Amerindios y prácticas Espíritas.

Usnisha—Protuberancia en el cráneo de la cabeza del Buda.

Vassoura—Herramienta de "Naná," formada por tiras de una especie de rafia, adornada con caracoles cauris.

Xire o **Shire**—Orden de rezos para los "Toques" de los Orishas.

Xarará o **Sharará**—Símbolo de Omulú, hecho de rafia, parecido pero no igual que el de su madre.

Yahweh—Palabra ligada a la raíz del verbo "ser," pudiendo significar "El que es" o con un carácter más de Eternidad podría significar— "El que siempre será." Palabra que en realidad, según los entendidos sería la pronunciación del tetragrama Sagrado "Jhwh" o "Yhwh," Dios para los hebreos.

Yaos—Mujeres iniciadas dentro de la Santería.

Ying-Yang—Denominación dada en el Oriente, para designar el equilibrio entre los dos principios de la Naturaleza, el femenino y el masculino.

Zambi—Otra designación para Olorun, Dios. Sobre todo para los descendientes religiosos de la región de Angola, Africa.

BIBLIOGRAPHY/BIBLIOGRAFIA

Amadou, Robert. *La Parapsicología*. Ed. Paidos, 1976.

Bladle, George W., and Muriel Bladle. *Introducción a la nueva genética*. Edit. Universitaria de Buenos Aires, 1973.

Burns, Edward McNall. *Civilizaciones de Occidente*. Siglo Veinte, 1980.

Carr, Archie, et al. *La tierra y la fauna de Africa*. Ed. Offset Multicolor S.A. 1966 Ed. Life.

"Del Origen de la Vida al Fin del Mundo." In *Las Ciencias Prohibidas*. Ediciones Iberoamericanas. Quorum, 1987.

de Nerac, Gastón. *Mitología*. S.E.L.A., 1961.

Diccionario Enciclopédico Salvat. Salvat Editores, 1967.

Drewal, Henry John, and John Pemberton III, with Rowland Abiodun. *Yoruba: Nine Centuries of African Art and Thought*. Edited by Allen Wardwell, New York: The Center of African Art in Association with Harry N. Abrams Inc. Publishers, 1991.

Hall, Angus. *El mundo de lo oculto: Monstruos y bestias míticas*. Barcelona: Editorial Noguer S.A., 1976.

Iveline, M. *Nostradamus*. Ed. Orbe, 1973.

Leadbeater, C.W. *Los Chakras*. Editorial Kier S.A., 1990.

Morente, Manuel García. *Lecciones preliminares de Filosofía*. Ed. Losada, 1978.

Pijoan, José. *Summa Artis, historia general del Arte*. Espasa Calpe S.A., 1953.

Three Initiates. *El Kybalion*. Editorial Kier, 1981.

Zucchi, Hernán. *Estudios de Filosofía antigua y moderna*. Universidad Nacional de Tucumán, Instituto de Filosofía, 1956.

☽ LOOK FOR THE CRESCENT MOON

Llewellyn publishes hundreds of books on your favorite subjects! To get these exciting books, including the ones on the following pages, check your local bookstore or order them directly from Llewellyn.

ORDER BY PHONE
- Call toll-free within the U.S. and Canada, 1-800-THE MOON
- In Minnesota, call (612) 291-1970
- We accept VISA, MasterCard, and American Express

ORDER BY MAIL
- Send the full price of your order (MN residents add 7% sales tax) in U.S. funds, plus postage & handling to:

  Llewellyn Worldwide
  P.O. Box 64383, Dept. K844-3
  St. Paul, MN 55164–0383, U.S.A.

POSTAGE & HANDLING
(For the U.S., Canada, and Mexico)
- $4.00 for orders $15.00 and under
- $5.00 for orders over $15.00
- No charge for orders over $100.00

We ship UPS in the continental United States. We ship standard mail to P.O. boxes. Orders shipped to Alaska, Hawaii, The Virgin Islands, and Puerto Rico are sent first-class mail. Orders shipped to Canada and Mexico are sent surface mail.

International orders: Airmail—add freight equal to price of each book to the total price of order, plus $5.00 for each non-book item (audio tapes, etc.).

Surface mail—Add $1.00 per item.

Allow 4–6 weeks for delivery on all orders.
Postage and handling rates subject to change.

DISCOUNTS
We offer a 20% discount to group leaders or agents. You must order a minimum of 5 copies of the same book to get our special quantity price.

FREE CATALOG
Get a free copy of our color catalog, *New Worlds of Mind and Spirit*. Subscribe for just $10.00 in the United States and Canada ($30.00 overseas, airmail). Many bookstores carry *New Worlds*—ask for it!

Visit our website at www.llewellyn.com for more information.

SANTERÍA: THE RELIGION
Faith, Rites, Magic
Migene González-Wippler

When the Yoruba of West Africa were brought to Cuba as slaves, they preserved their religious heritage by disguising their gods as Catholic saints and worshiping them in secret. The resulting religion is Santería, a blend of primitive magic and Catholicism now practiced by an estimated five million Hispanic Americans.

Blending informed study with her personal experience, González-Wippler describes Santería's pantheon of gods (*orishas*); the priests (*santeros*); the divining shells used to consult the gods (*the Diloggún*) and the herbal potions prepared as medicinal cures and for magic (*Ewe*) as well as controversial ceremonies—including animal sacrifice. She has obtained remarkable photographs and interviews with Santería leaders that highlight aspects of the religion rarely revealed to non-believers. This book satisfies the need for knowledge of this expanding religious force that links its devotees in America to a spiritual wisdom seemingly lost in modern society.

1-56718-329-8, 400 pp., 6 x 9, 64 photos, softcover   **$16.95**

HOW TO READ THE TAROT
The Keyword System
Sylvia Abraham

In as little as one week's time you could be amazing your friends with the accuracy of your insights, when you study the easy-to-learn Keyword system of Tarot reading! Here is a simple and practical guide to interpreting the symbolic language of the Tarot that anyone can quickly learn to use with any Tarot deck.

Unlike other Tarot books that provide key word interpretations, *How to Read the Tarot* provides an interpretive structure that applies to the card numbers of both the Major and Minor Arcana. In the Keyword system, for example, every number "Two" card (the Two card of each suit in the Minor Arcana as well as the High Priestess, the Two card of the Major Arcana) has a basic "I KNOW" key phrase. These simple key phrases are then combined with the symbolic meaning of the four suits, to give you a rich source from which to draw your interpretations. The book includes five spreads and a dictionary of symbols.

Few Tarot books on the market are as concise and accessible as this one—and no other book shows how to use this unique system.

1-56718-001-9, 256 pp., mass market, softcover   **$4.99**

To order, call 1-800-THE MOON
Prices subject to change without notice

THE WITCHES TAROT KIT
Ellen Cannon Reed, illustrated by Martin Cannon

This tarot deck has become a favorite among paganfolk who enjoy the presentation of the mystical Qabalistic symbolism from a clear and distinctly Pagan point of view. Creator Ellen Cannon Reed has replaced the traditional Devil with The Horned One, the Hierophant with the High Priest, and the Hermit with the Seeker. Each of the Magical Spheres is included, in striking color, on the corresponding cards. Even non-pagans have reported excellent results with the cards and appreciate their colorful and timeless beauty.

In the book, Reed defines the complex, inner workings of the Qabala. She includes is a complete section on divination, with several layout patterns. In addition, she provides instruction on using the cards for Pathworking, or astral journeys through the Tree of Life. An appendix gives a list of correspondences for each of the Paths including the associated Tarot card, Hebrew letter, colors, astrological attribution, animal, gem, and suggested meditation.

1-56718-558-4, Boxed set:
Book: 5 1/4 x 8, 320 pp.
Deck: 78 full-color cards   **$34.95**

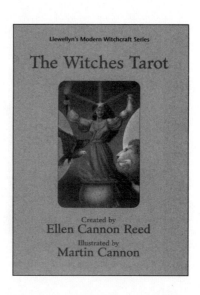

ROBIN WOOD TAROT DECK
created and illustrated by Robin Wood
Instructions by Robin Wood and Michael Short

Tap into the wisdom of your subconscious with one of the most beautiful Tarot decks on the market today! Reminiscent of the Rider-Waite deck, the Robin Wood Tarot is flavored with nature imagery and luminous energies that will enchant you and the querant. Even the novice reader will find these cards easy and enjoyable to interpret.

Radiant and rich, these cards were illustrated with a unique technique that brings out the resplendent color of the prismacolor pencils. The shining strength of this Tarot deck lies in its depiction of the Minor Arcana. Unlike other Minor Arcana decks, this one springs to pulsating life. The cards are printed in quality card stock and boxed complete with instruction booklet, which provides the upright and reversed meanings of each card, as well as three basic card layouts. Beautiful and brilliant, the Robin Wood Tarot is a must-have deck!

0-87542-894-0, boxed set: 78-cards with booklet **$19.95**

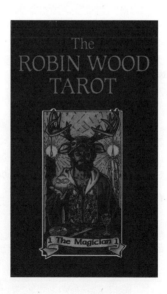

To order, call 1-800-THE MOON
Prices subject to change without notice

THE GOLDEN DAWN MAGICAL SYSTEM
A Complete Tarot Set
Chic Cicero and Sandra Tabatha Cicero

Encouraged by famed occultist Israel Regardie himself, this tarot deck was created by Sandra Tabatha Cicero, an active adept of the Hermetic Order of the Golden Dawn. The result is a visually stunning, sensual deck that skillfully blends the descriptions given in Golden Dawn initiation ceremonies with traditional tarot imagery.

No other deck contains two versions of the Temperance card (as specified in Golden Dawn ritual)—and no other deck makes interpretation so easy. Each card shows the proper Hebrew letter, planetary and zodiacal symbols, and the color scales of the Four Worlds of the Qabalah throughout the Minor Arcana. It also features the Golden Dawn "flashing colors."

For anyone who wants a beautiful and reliable deck that follows the Western magickal tradition, *The Golden Dawn Magical System* is perfect both for divination and for ritual work. The layout sheet will help guide your readings and meditations beautifully.

The accompanying book provides a card-by-card analysis of the deck's intricate symbolism, an introduction to the Qabalah, and a section on the use of the deck for practical rituals, meditations and divination procedures.

1-56718-134-1, Boxed set:
Book: 6 x 9, 256 pp.
Deck: 79 full color cards,
Layout sheet   **$34.95**

To order, call 1-800-THE MOON
Prices subject to change without notice

TAROT SPELLS
Janina Renee

This book provides a means of recognizing and affirming one's own personal power through use of the Tarot. With the practical advice and beautiful illustrations in this book, the reader can perform spells for: influencing dreams, better health, legal matters, better family relations, beating addiction, finding a job, better gardening and more. Thirty-five areas of life are discussed, and spells are provided which address specific issues in these areas.

The reader uses Tarot layouts in combination with affirmations and visualizations to obtain a desired result. Many spells can be used with color, gemstones or magical tools to assist the reader in focusing his or her desire.

Graced with beautiful card illustrations from the Robin Wood Tarot, this book can be used immediately even by those who don't own a Tarot deck. No previous experience with the Tarot is necessary. Those familiar with the Tarot can gain new insights into the symbolism of their own particular deck.

0-87542-670-0, 288 pp., 6 x 9, illus., softcover   **$12.95**

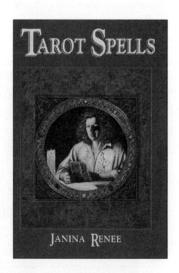

To order, call 1-800-THE MOON
Prices subject to change without notice

THE COMPLETE BOOK OF SPELLS, CEREMONIES & MAGIC
Migene González-Wippler

This book is far more than a historical survey of magical techniques throughout the world. It is the most complete book of spells, ceremonies and magic ever assembled. It is the spiritual record of humanity.

Topics in this book include magical spells and rituals from virtually every continent and every people. The spells described are for love, wealth, success, protection, and health. Also examined are the theories and history of magic, including its evolution, the gods, the elements, the Kabbalah, the astral plane, ceremonial magic, famous books of magic and famous magicians. You will learn about talismanic magic, exorcisms and how to use the I Ching, how to interpret dreams, how to construct and interpret a horoscope, how to read Tarot cards, how to read palms, how to do numerology, and much more. Included are explicit instructions for love spells and talismans; spells for riches and money; weight-loss spells; magic for healing; psychic self-defense; spells for luck in gambling; and much more.

No magical library is complete without this classic text of magical history, theory and practical technique. The author is known for her excellent books on magic. Many consider this her best. Includes over 150 rare photos and illustrations.

0-87542-286-1, 400 pp., 6 x 9, illus., softcover   **$14.95**

MAGICK OF THE GODS & GODDESSES
How To Invoke Their Powers
D.J. Conway

Magick of the Gods & Goddesses is a handy, comprehensive reference guide to the myths and deities from ancient religions around the world. Now you can easily find the information you need to develop your own rituals and worship using the Gods/Goddesses with which you resonate most strongly. More than just a mythological dictionary, *Magick of the Gods & Goddesses* explains the magickal aspects of each deity and explores such practices as Witchcraft, Ceremonial Magick, Shamanism and the Qabala. It also discusses the importance of ritual and magick, and what makes magick work.

Most people are too vague in appealing for help from the Cosmic Beings—they either end up contacting the wrong energy source, or they are unable to make any contact at all, and their petitions go unanswered. In order to touch the power of the universe, we must re-educate ourselves about the Ancient Ones. The ancient pools of energy created and fed by centuries of belief and worship in the deities still exist. Today these energies can bring peace of mind, spiritual illumination and contentment. On a very earthy level, they can produce love, good health, money, protection, and success.

0-87542-179-1, 448 pp., 7 x 10, 300 illus., softcover **$17.95**

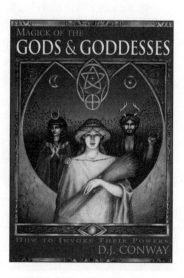

To order, call 1-800-THE MOON
Prices subject to change without notice

THE COMPLETE BOOK OF AMULETS & TALISMANS
Migene González-Wippler

The Pentagram, Star of David, Crucifix, rabbit's foot, painted pebble, or Hand of Fatima … they all provide feelings of comfort and protection, attracting good while dispelling evil.

The joy of amulets and talismans is that they can be made and used by anyone. The forces used, and the forces invoked, are all natural forces.

Spanning the world through the diverse cultures of Sumeria, Babylonia, Greece, Italy, India, Western Europe and North America, González-Wippler proves that amulets and talismans are anything but mere superstition—they are part of each man's and woman's search for spiritual connection. This book presents the entire history of these tools, their geography, and shows how anyone can create amulets and talismans to empower his or her life. Loaded with hundreds of photographs, this is the ultimate reference and how-to guide for their use.

0-87542-287-X, 304 pp., 6 x 9, photos, softcover   **$14.95**

ANGEL MAGIC
The Ancient Art of Summoning &
Communicating with Angelic Beings
Geoffrey James

One of the most universal religious beliefs is that a magician can harness the power of spiritual beings to gain influence and power over the physical world. The highest and most beautiful manifestation of this belief is Angel Magic, the art and science of communication with spiritual beings. Angel Magic is a set of ritual practices that is believed to control angels, daimons, fayries, genies, and other personifications of the elements, the planets, and the stars. Banned for centuries, it is at once the most practical and effective of the occult sciences. This book traces Angel Magic from its birth in folk magic and shamanism through centuries of oppression to its greatest flowering in works of the great magi of the Renaissance. You will learn how this system of magic was almost lost until the researchers of magical lodges (such as the Order of the Golden Dawn) saved it from obscurity. What's more, you will witness accounts of the modern day practice of this curious and powerful art.

1-56178-368-9, 224 pp., 6 x 9, illus., softcover **$12.95**

COMO DESCUBRIR SUS VIDAS ANTERIORES
Ted Andrews

Conocer sus vidas anteriores puede acarrearle grandes recompensas. Puede ayudarle a abrir nuevos senderos que le permitan conocer mejor su propia configuración sicológica. Puede ampliarle las percepciones sobre las circunstancias de su vida presente, tanto en las relaciones con sus seres queridos como en su profesión y sus condiciones de salud. Y además es muy divertido.

Ted Andrews propone a sus lectores nueve técnicas distintas para acceder a sus vidas pasadas. Además, entre ejercicio y ejercicio, el autor aborda temas como el karma y la forma en que se expresa en su vida presente; la fuente de información sobre vidas pasadas; medias naranjas y almas gemelas; pruebas de animales y reencarnación; aborto y muerte prematura, y el papel que desempeña la reencarnación dentro del cristianismo.

Este libro le ayudará a entender que sólo usted es el dueño de su propio destino. Sus vidas anteriores han contribuido a moldearlo hasta ser lo que es en este momento. A medida que va comprendiendo esto, al aprender sobre sus otras existencias, su habilidad para controlar y reconfigurar su vida actual también aumentará. Se volverá más activo en todos los procesos de la vida. Ya no volverá a golpearse la cabeza contra la pared gritando: "¿Por qué siempre me sucede lo mismo?". Este libro le ayudará a ver los patrones más amplios de la vida dentro de sus propias circunstancias indivi-duales.

0-87542-916-5, 5¼ x 8, 160 pp. $6.95

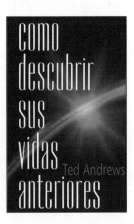

To order, call 1-800-THE MOON

Prices subject to change without notice

PEREGRINAJE
La vida después de la muerte
Migene González-Wippler

¿Quésucede después de la muerte? En realidad nadie lo sabe con certeza porque nadie ha regresado a la vida material después de haber estado muerto. Pero en este libro extraordinario, Migene González-Wippler, una de las escritoras de más renombre internacional en el campo del misticismo, nos presenta su teoría personal de acuerdo a la cual la personalidad consciente sobrevive el trauma de la muerte física. Con genial e irreprochable lógica, basada en leyes físicas como la primera ley de termodinámica, Migene González-Wippler nos presenta la posibilidad de la sobrevivencia de la personalidad de una forma tan original y brillante que convence al mas escéptico. La autora también discute los diferentes fenómenos y teorías relacionados con el concepto de la vida después de la muerte, como el famoso tunel de luz, la experiencias cercanas a la muerte, los poderes extrasensoriales, el espiritismo y espiritualismo, el canalizaje, los 7 planos de existencia y el mundo astral de acuerdo a Panchadasi, los viajes astrales, la reencarnación de acuerdo a Madame Blavatsky, Edgar Cayce y el siquiatra canadiense Ian Stephenson, además de la misa espiritual y la mezcla de tradiciones entre santería y espiritismo.

0-56718-330-1, 5¼ x 8, 240 pp.   **$9.95**